市民が育む持続可能な地域づくり

地域メディアの役割と
文化拠点としてのミュージアム

松本恭幸／編

同時代社

まえがき

　今日、人口減少と高齢化が進む日本の各地域では、移住・定住者の受け入れ、関係人口の創出・拡大が大きな課題となっている。そのために必要なのが、教育環境、社会インフラの維持以外に、地域の情報（魅力）を地域の内外に発信して地域を活性化するとともに、地域の情報文化拠点として博物館や図書館を有効に活用して、様々な市民の交流の場と機会を確保して市民活動を活発にし、さらに地域の記録と記憶を地域コミュニティに伝えて継承していく情報メディア環境を整備することだろう。

　こうした情報メディア環境が備わっていない、あるいは充分に機能していない地域では、今後の衰退が加速化し、移住・定住、関係人口の確保も困難になる。そして、近い将来に発生することが予想される南海トラフ巨大地震のような大規模災害に際し、被災した人に必要な情報を伝える災害対応も難しくなる。また、関係人口をどれだけ確保できているかが、大規模災害時にどれだけ災害ボランティアとして関わる人を確保できるかにもつながる。

　そのため各地域では、移住・定住、関係人口の確保、そして将来的に予想される大規模災害対応に向けて、自治体と市民が連携して地域の情報メディア環境（単に地域情報化に取り組むだけでなく、地方と大都市圏の文化面での格差を解消する図書館などの読書環境や様々な市民の交流の場を含む）を整備するとともに、地域の文化拠点としての博物館や地域メディアの情報発信を強化し、地域の記録と記憶の継承などにより、シビックプライドを醸成して市民活動を活発化させるといったことが必要になる。

　この本では、持続可能な地域づくりに向けて、地域メディアや博物館が果たす役割、そして市民が育む地域の情報メディア環境とその課題について、全国各地の主要な事例をもとに考察する。

もくじ

第 III 部
市民が育む地域の情報メディア環境

第 I 部

地域の情報を
伝えるメディア

第Ⅰ部の構成と概要

　第Ⅰ部では、地域の情報を伝えるメディアとして、コミュニティ放送、地域の市民が様々な情報を発信するニュースサイトやインターネット放送局について紹介したい。

　第1章ではコミュニティ放送の30年の軌跡を振り返り、東日本大震災での臨時災害放送局の活躍を経て、地域の生活情報を伝えて地域の人々のコミュニケーションを育むまちづくり（地域づくり）のメディアとしての役割、災害で被災した地域の人々に必要な情報を伝える災害時のメディアとしての役割について見ていく。

　また、コミュニティ放送は地域の人々のコミュニケーションを育むため、多くの局が住民参加型の番組を数多く放送しているが、東北地方のニュースサイト「TOHOKU360」も、各県の住民が通信員となり、自身の住んでいる街のニュースを記事にして発信する住民参加型のインターネットメディアである。

　第2章では「TOHOKU360」の編集長が、住民参加型ニュースサイト立ち上げのプロセス、地域住民である通信員が記事を書くことの意味、他の市民団体や自治体、企業などと連携した地域から発信するプロジェクトについて紹介するとともに、住民参加型ニュースサイトが拡がるための課題について考察する。

　なお、住民参加型のインターネットメディアは、「TOHOKU360」のようなニュースサイトだけでなく、他に動画を活用したインターネット放送局もある。

　東京都板橋区のハッピーロード大山商店街の振興組合が運営するハッピーロード大山TVは、商店街の魅力化の取り組みの中から生まれたもので、10年以上の歴史を持つ。第3章では、ハッピーロード大山商店街によるハッピーロード大山TVの番組を通した情報発信の概要と、こうしたインターネット放送局が成立する要因について考察する。

第 1 章

誕生から30年を迎えた
コミュニティ放送

　筆者自身がコミュニティ放送の黎明期に生業として携わった経験を基に、現在の研究者としての立場から語りたいと思う。そして、今後への新たな課題を考えつつ、災害時の再評価も含めこのメディアの可能性を見据えたい。

　2022年12月23日から３日間、函館市にあるコミュニティ放送局「FMいるか」では開局30周年記念特別番組「街ing（マッチング）ラジオ　FMいるか」が放送された。1992年12月24日の開局以来30年の月日が流れたこの日は、コミュニティ放送局第１号として産声を上げた日であり、コミュニティ放送にとっても30年目の節目となった。現在稼働している局は339局に及んでいる。[*1]

　しかし、業界としての
30年とはいえ、各々の局
にしてみれば、開局から
の節目としての振り返り
は経過期間において差異
があり、このタイミング
を特別な感慨を持って迎
えるとは限らない。ただ
し、業界全体を俯瞰すれ
ばこの30年という年月の
意味するところは大きい
と考える。本文中に記し

開局30周年記念特別番組終了後の集合写真

たJCBA（一般社団法人日本コミュニティ放送協会）の章にもあるような社会的変化の背景に呼応したコミュニティ放送の存在意義、ひいては業界全体の認知を促しかつ市民権を得るための長い努力の歴史であったとも言えよう。

「コミュニティFMって、ミニFM ？」「ぜんぜん聴こえないけれど」「趣味で
やっているのか」「CM入れても効果がない」という黎明期に見られた声が示
すように、周知不足による住民の反応は冷ややかなものであった。筆者も広告
営業という立場から随分苦労した記憶がある。従って、今回30年間の軌跡を振
り返る機会を得て、鬼籍に入られた多くのコミュニティ放送関係者の努力を思
うにつけある種の感慨もあり、またコミュニティ放送を研究する立場にある者
として、多くの課題を通して「これから」を見据えていかなければいけないと
襟を正して考えている。

1 | コミュニティ放送30年間の軌跡

　まず、初めに大きく捉えてコミュニティ放送の、萌芽期（黎明期）1992～
2001、展開期2002～2010、転換期2011～2022と三分割に分類してみたい（次頁
の表参照）。そこに、情報提供⇒双方向参加型⇒議論循環・地域世論形成型と
いうメディア・コミュニケーションの質の変化と時間的経過の相関関係が考え
られる。[*2]これはコミュニティ放送というメディア全体の公共的なコミュニケー
ション媒体としての変遷と社会的認知の過程である。従って、初期に設立され
た局ほどこの時代の変遷と認知過程に晒されてきたことになる。この過程で
「まちづくり（地域づくり）」や「災害時」における役割が定着してきた。
　そのなかで、マンパワーの問題や、コンテンツにおけるクオリティ批判が起
こってきた。常に県域の大きな放送局（マス・メディア）との比較に晒されてきた。
しかし、現在はコミュニティ放送の認知も進んできたため、同レベルで語られ
ることは減っている。
　萌芽期（黎明期）からしばらくの期間は音楽著作権の課題が各局に大きくの
しかかっていた。県域局並みの著作権料を支払うことは中小・零細のコミュニ
ティ放送局においては切実な課題であった。また、デジタル化に伴う設備投資
に関しても厳しい時期が続いていた。この点に関してはJCBA（一般社団法人日
本コミュニティ放送協会）の節で詳しく触れたいと思う。
　このような業界的模索のなかで2011年、東日本大震災が起こる。災害時のメ
ディアとしての評価は1995年の阪神淡路大震災で既に高まってはいたが、その
後どこまで市民権を得られてきたかは曖昧なままであった。東日本大震災は首

コミュニティFMの時間的経過（イメージ：筆者作成）

期	段 階	概 要
萌芽	メディア認知期	新しいメディアとして、既存のメディアとの差別化や有意性を流布していく活動の時期であり、認知に当たっては出来る限り、リスナー（住民）のニーズに即した情報収集、提供を行う。そのため、娯楽性も重要な要素となる。
	コミュニケーション黎明期	認知の高まりとともに、地域メディアとしてテーマ性を持った公共的なコミュニケーションをメディア側から積極的に投げかける時期である。
展開	コミュニケーション成熟期	公共的なコミュニケーション・テーマが積極的にリスナー（住民）側からも投げかけられてくる時期である。そのための議論空間をメディアが多数創造する作業に入る。
	コミュニケーション発展期	メディアとリスナー（住民）の双方向で循環してきた公共的なコミュニケーションを、ソリューションに結びつける時期であり、この段階から多様なセクターを絡めたコミュニケーションへの拡大が始まる。
転換	コミュニケーション拡大期	地域の課題を地域内の公共的なコミュニケーションで熟成された後、幾つかの課題解決（ソリューション）には、地域を越えたコミュニケーションも必要となる。そのため、地域メディアは多様なメディア機能を援用し、他のメディアともネットワーク（協働）を結び、拡大する。

都圏も含めて東日本全体に波及する未曽有の激甚災害であり、かつ東北の沿岸部での津波と二次的被害である原発事故を通して、臨時災害放送局という形でコミュニティ放送の評価が一気に増すことになった。

　その少し前からインターネットの利活用がコミュニティ放送に新たな価値をもたらした。可聴範囲の限られた電波が、難聴地域対策としてのサイマル放送によって広域化し、またSNSによるリスナーの囲い込みや独自のコミュニケーションはかつての深夜放送のハガキを彷彿させるかのようにリクエストやメッセージというかたちで浸透した。

　しかし、30年という月日の流れは、当然のごとく萌芽期（黎明期）設立の局を中心に世代交代問題として浮上し、それが長年の経営課題や雇用問題も含めて具体化したことも事実である。さらに黎明期より現在に至るまで、閉局（停波、免許返上、休眠、廃業、合併、経営移譲等々）と言われる組織が29局にのぼっ

ている。*3 放送メディアはつぶれないという一般的な思い込みは早い段階からコ
ミュニティ放送の現実の前で否定されてきた。

　ここまで述べた動きと新たに生まれてきた課題の前でコミュニティ放送は更
なる転換を図る時期に入った。30年を超えた現在、これからの期間を何と表記
すべきか……そこには多様な業種・業態の参加という萌芽期（黎明期）にはな
かった組織形態が社会の変化と共に生まれている。株式会社、有限会社、合同
会社、第3セクター、特定非営利活動（NPO）法人、一般財団法人、一般社団
法人、社会福祉法人、学校法人等々がコミュニティ放送に参入してきた。この
ことは経営課題において、あるいは人材確保の面でも新たなヒントを提示する
ことになると考える。

　ここまで雑駁な総括であったが、次節より幾つかの個別課題について解説を
試みたい。

2 ｜ まちづくりのメディアとして

▌ 地域メディアとしてのコミュニティ放送 ······

　実は、このまちづくり（地域づくり）という原点ともいうべき本来の役割に
ついての認識が徐々に希薄になってきたことは重要な点である。今こそここに
立ち戻るべきではないかと考える。

　これまでも論じてきたことだが、地域社会における情報伝達のための地域メ
ディア、コミュニケーション・メディアは歴史的に見ても多様な種類がある。
古くは回覧板に始まり、新聞（地方紙）、ちらし、ミニコミ、フリーペーパー、
自治体広報誌、有線放送（有線放送電話）であり、やや広げて、地方ローカル
局などがある。また、パブリック・アクセスの草分けと言われるケーブルテレ
ビ（以下、CATV）、そしてコミュニティ放送が生まれた。

　1970年代よりニューメディアとして話題になったこのCATVを中心に地域
情報化がクローズアップされた。*4 しかし、この地域情報化はほとんど政策（国
策）によるもので、国や自治体が中心となり、ともすればハードウェア中心の
インフラ事業という形で定着した。従って、ソフト、つまり情報形成が後手に

回った。当時は中央集権体制の下、地域情報化政策に委ねてきたことは結果的に視聴者としての住民の支持を得られず、メディアの役割も不明確であった。住民のコミュニケーション過程から生まれてきた古くからの地域メディア（回覧板やチラシに代表されるような）も、全てではないが上意下達型の政策の産物としてのイメージは色濃くあった。

　地域情報化の本来の目的は、単に中央情報の地域間格差をなくすためではなく、地域独自に地域に役立つ情報を流布し、地域の持つ資源再生および地域産業の発展に寄与するものである。言い換えればまちづくり（地域づくり）に役立てるためのツールである。そこで、1990年代に入って登場したのがコミュニティ放送であった。単なる情報伝達手段だけではない、ラジオの持つコミュニケーション媒体としての実態も見出せる。

　元来、コミュニティ放送は、地域の生活情報の収集と発信を基本として発達してきたメディアである。また、市民参加型の地域生活者によって運営される形態が多く、彼らの目線で得た情報を糧に、地域の資源（ヒト、資本、施設など）で営まれる。そのうえ、技術的な素養を持ったマス・メディア出身者（無線従事者）などの参加が多く含まれることも特徴的である。当初より地域の自治体との連携も強く、阪神淡路大震災以後、現在に至るまで災害時メディアとしての評価は高まってきており、社会全体に注目されている。

■ コミュニティ放送の特徴 ……

　コミュニティ放送は、1992年に制度化され、地域メディアとして発展してきたコミュニティ・メディアである。音声メディアであるラジオ特性も手伝い、また携帯の簡便さや操作性の単純さから当時の老若男女に親しまれてきたことも、普及の一因である。

　特に、地域経済の疲弊や過疎化などの地域への具体的な危機感を背景に、地域のコミュニケーションを担う装置として発達してきた。

　コミュニティ放送の多くは一般的に「地域内のコミュニケーションの活性化を促す」目的で成立している。[*5] その内容は多種、多様であり、近年では行政を中心に災害時メディアとしての役割を重視し始めている。コミュニケーション媒体としてのコミュニティ放送の特徴に、その可聴範囲の限界性が功を奏し、顔の見える距離でのコミュニケーションが容易であることが挙げられる。ただ

し、マス・メディアを追随するような、単なる娯楽的な情報メディアに終わらせないための理念が現場において常に論じられる。さらに、番組内容は地域の情報が中心ではあるが、行政からの情報の比重も高い。地域によっては聴取率が県域局を超える例も珍しくない[*6]。

コミュニティ放送局は、その特徴である「電波的限界性」をどれだけ意識できるかが「鍵」である。ある一定の範囲内の情報や課題の掘り起こしと、その範囲内での生活者に対する情報の発信および課題提起は、ともに地域という身近な距離を前提としたものである。また、コミュニティ放送自らが、生活者の視点で地域社会でのコミュニケーション循環の場として存在していることが重要である。これはコンテンツの中身にも影響する。

コミュニティ放送は、地域の生活者がリスナーとしてだけではなく、番組制作や自らパーソナリティとしても参加することが多い。つまり、身近な生活情報や課題を、生活者自らが発信することにより、他の生活者に対して「呼びかけ」かつ「意識の喚起」という共有機会を増やすという特徴を持つ。即ち、一方的な情報発信ではなく、受信する立場にもなるというラジオならではの双方向性が特徴的である。

▌コミュニティ放送とパブリック・アクセス ‥‥‥‥

メディアを通して行われる地域生活者の社会参加を保障する形態を欧米に倣って「パブリック・アクセス」と呼ぶ[*7]。具体的に言えば、各自治体、行政機関、一般の組織・団体など、情報を発信したい人がメディアにアクセスし、それが放送によって地域社会に還元されるような仕組みを指す。

パブリック・アクセスを改めて定義してみると、各自治体、行政機関、一般の組織・団体・市民など、情報を発信したい人が公共メディアを使い簡単に情報を発信し、それが放送によって地域社会に還元される仕組みを指す。ただし、日本では法制度としての保障はなく、既存のマス・メディアにこの市民参加、市民発信を期待しても構造的に限界がある。しかし、コミュニティ放送は、市民が単なるゲスト的な参加だけではなく主体的に番組制作や情報の受発信に参加するシステムを持っている。これは、まちづくり（地域づくり）のメディアとして長きにわたり位置づけられてきたのである。

コミュニティ放送の多くは、ラジオという音声メディアとして、従来初期投

資が小さいこともあり、地域生活者が開局することが可能なメディアである。また、顔の見える範囲内での放送ということで身近な存在感を持つメディアである。音声を介した寄り添い方という独特の距離感はラジオならではである。従って、市民の放送参加が比較的容易なメディアと考えられるため、市民（住民）の放送参加に主体的、自覚的に取り組む局は多い。しかし、コミュニティ放送は基本的に商業放送（民放）であるため、局により意識のバラツキも多少ある。ただし、マス・メディアのような、単なるオーディエンスとして、あるいは予定調和的な視聴者参加という類とは一線を画す。

3 | 災害時のメディアとして

■ コミュニティ放送の社会的評価 ‥‥‥‥

　昨今注目されてきた災害時メディアとしての立ち位置について考えたい。

　この認識はコミュニティ放送が誕生して以来、萌芽期（黎明期）から継続しているものである。ただし、大きく社会が認識を持つようになったのは、1995年の阪神・淡路大震災であり、その後、自然災害のたびに注目を集め、2011年の東日本大震災において一般的なコミュニティ放送の代名詞のようになった。次頁の図にあるようにコミュニティ放送局数の伸びは、大きな災害発生と相関関係にあると思われる。その都度、被災地の既存放送局や臨時災害放送局においてその活動が様々に流布され定着した。

　コミュニティ放送は自治体はじめ関連組織との災害協定によって支えられるが、特に重要な点は、コミュニティ放送の当該地域内で「情報を繋ぐ・人を繋ぐ・心を繋ぐ」部分である。発災時の初期報道に関しては情報量やインフラとの公式なネットワークの強さにおいてNHKが圧倒的に強いことは自明である。そこへの期待とコミュニティ放送の災害時メディアとしての役割を混同してはいけない。それをインフォメーションとコミュニケーションに分けた場合、前者は卑近な地域範囲における行政を中心とした公式なインフォメーションであり、かつ地域生活者と結ぶラジオとして収集された当該地域に特化したインフォメーションである。また、コミュニケーションはさらに重要で被災したも

コミュニティ放送事業者の推移[*8]

○ 震災等を受け、右肩上がりに増加（平成8年〜10年度に急増）
○ 開局数が300を超え、近年は微増傾向にある。
○ 令和4年12月1日現在で339事業者

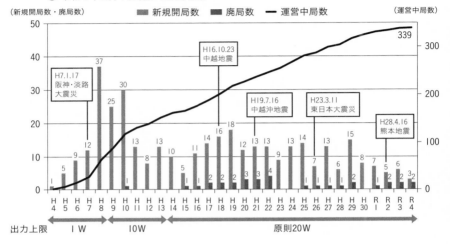

のが被災した地域に送る切実な声である。これらは大きなメディアでは難しい。

　もちろん電波媒体の「強み」で言えば、県域放送もコミュニティ放送も同様に、有事の際には受信の簡便さと電池があれば長時間聴取可能な「ラジオ」である。

　そこでメディアの機能として以下のプロセスに沿って考えたい。すなわち、緊急時・発災時（emergency radio）→復旧（recovery radio）→復興（rehabilitation radio）へと進む時系列での役割である。被災した地域において、繰り返しになるが緊急時・発災時（emergency radio）の初期報道はマス・メディアがリードする。しかし、その後の近隣範囲での逐次変化する情報はコミュニティ放送からしか届かない。まさに自分たちのいる場所とその周辺に関する情報である。そこに被災したものが被災した地域に送る「声」の強さが加わる。これこそが当該地域内で「情報を繋ぐ・人を繋ぐ・心を繋ぐ」ために求められる部分である。

　さらに復旧（recovery radio）→復興（rehabilitation radio）へと進めばさらに質的変化を伴って、地域内の情報の必要性が増し、そこに応えられるメディアはコミュニティ放送に収斂される。大きなメディアの役割は緊急性のある画一化した情報であり復旧（recovery radio）→復興（rehabilitation radio）におけるコミュニケーションとしての機能には限界があると考えられる。強いて言えば

復興支援の企画番組、あるいは娯楽性のあるエンタテインメント的な癒しを除けば、である。

ただし、コミュニティ放送も、平時に聴き続けられることにより、初めて有事・災害時に役に立つと言えよう。そこは課題でもある。

■ 日常からの定着方策 ……

大前提は、災害時に地域住民がラジオの周波数に合わせてコミュニティ放送を受信できるかということである。災害時・有事の際にはコミュニティ放送が役に立つという「住民への認知度アップのための広報」と「普段からの防災、防犯などの情報発信」が必須である。そのためには通常の番組に可能な限り住民参加型企画を増やす工夫を行い、できるだけ多くの市民に知ってもらう働きかけを常時行うべきである。一つの方策として、放送ボランティア、番組サポーターと言われる有志を中心に、番組企画やゲスト出演を体験してもらうことで「放送局への親近感」を持ってもらうことである。また、地味ではあるが、放送局側もタイムテーブルの頻繁な配布や、公共施設を中心にした街頭イベント放送（サテライト局での常時顔出し）も効果的である。

後述するが市民や企業も費用対効果という広告感覚から、まちづくり（地域づくり）を目的とした社会的企業としてのコミュニティ放送に対するサポート意識への転換が図られることは何より重要である。県域ラジオやテレビのような「面白さ」とはオルタナティブな役割と機能、さらには自ら参加型で支えるメディアという存在に気付いてもらうことが重要である。もう一つの方策として、普段から地元マス・メディアとの協働による情報交換や番組づくりは意外にメディア側にも認識が薄い。オルタナティブであることを当事者が伝えることが肝要であり、そのためにお互いの違いを理解し合いかつ補い合う存在として市民に提示することで、「ローカルメディア」としての強いきずなが生まれると考える。

さらに重要なことは、当該地域の行政（自治体）が地域にある「コミュニティ放送」の存在意義を正しく認識し、その啓蒙のための広報を積極的に市民に対して行っていくことである。そのお墨付きがあることで初めて公的な信頼性が担保され、災害時・有事に役に立つメディア、頼られるメディアとしてのコミュニティ放送に近づけるのである。

▋臨時災害放送局に関する考察 ……

　臨時災害放送局とは、災害発生直後に、その被害を軽減するため、地方自治体が開設する臨時かつ一時の目的のためのFMラジオ放送局のことである。臨時災害放送局は免許取得者が地方自治体の首長であるため基本的に自治体運営であり、経費も補助金を含め予算化される。ただし、復興に目途がついた場合の補助期間終了後の維持継続（自治体経営を離れたのち）は困難を極めている。

　先述したコミュニティ放送の災害時における時系列推移からみた役割の詳細を解説する。以下を参照いただきたい。[*9]

災前
　防災（disaster prevention radio）：平常時からの啓蒙が必須である。

発災時～災間
　緊急時・災害時（emergency radio）：直接的で細かな身近のエリア情報が優先される。

災後
- 復旧（recovery radio）：直接的なインフラ回復の情報、生活情報が増え、かつメンタルを回復するための音楽やトークが行われる。
- 復興（rehabilitation radio）：復興に向けた直接的な制度や政策にもかかわる内容が多くなる。また、平時に向かうエンタテインメントや生活情報番組が増える。

　本来はこのような変化に対応する認識が必要であるが、東日本大震災時の臨時災害放送局はその制度的な終了要件に照らして多くはひと月足らずで閉局している。その中で長期間にわたって継続した局もあった。例えば、「女川さいがいエフエム」もその一つである。「女川さいがいエフエム」が４年にわたり継続した理由は、沿岸部であり特に被害の大きかった地域であることから、長期間にわたり避難生活を継続したことや、女川の避難所が高台にあり避難所間の連絡も滞りがちであったため、ラジオがいわゆる業務連絡の一斉送信の役割を果たしたことが考えられる。そのため災害対策本部であった役場へのストレスがこれで回避されたという利点もあった。

元来、コミュニティFMは規模やノウハウの面では共通した存在であるが、運営の前提としては、その地域内の企業なり、自治体なり、地域内で支援スポンサーを獲得し、その売り上げを元に放送局を持続させていく必要がある。つまり、規模が小さいとはいえ、民間放送局として維持していかねばならない。被災地域のように、震災前の人口が激減し産業も崩壊したなかで、域内の企業や商店からスポンサー、広告費を潤沢に得ることは不可能である。これは切実な問題であり、継続すべきなどと軽々しく他者が言えない事情がある。

　すなわち、現行制度においては先述したように継続にあたっての資金確保が最大のネックになる。仮に自治体が免許主体であれば公的な補助である程度賄われるが、災害という単語が外れた後に自治体から民間に免許主体が移行することになり、既存局が臨時災害放送局の免許を得た場合を除けば、新規で継続することは難しい。結果的に既存のコミュニティ放送同様自助努力に委ねられる。復興途上での経営資源の確保は被災地域内のみでは難しい。

　では、どのように考えるべきか。この問いに対する解を導くのは容易ではないが、参考までに幾つかの判断材料を提示したい。

① 臨時災害放送局の現行制度にある終了要件の見直し。
② 終了後の継続に向けての行政指導（民間として継続可能になるまでの移行措置）としての第３セクターや公設民営方式のような公的資金活用の促進。
③ 基金的な国の補助・支援制度の拡充という項目の検討。

　上の諸点は必須であると考える。[10]有事に必要なメディアという前提に立てば前向きに検討する必然性はあると考える。

▎災害時メディアとしての総括 ‥‥‥‥

　本来、災害情報の発信にはコミュニティ放送はもちろん、多様なメディアを駆使する重層性が必要だと感じている。もちろんメディア各々に特性、言い換えればメリット、デメリットがあるため最善のツールを選ぶことは困難だが、多様なメディアを駆使するメディアミックスは必要である。その中でもとりわけラジオは双方向のコミュニケーションが可能な「癒し」のメディアでもあり、特に有事の際は、平時のパーソナリティ（地域生活者）が、いつもどおり話し

続けることで、人々の心を平穏に保つことを可能にする。地域パーソナリティの強みは「語り」の強さにある。彼ら自身も被災者になっている事実は重く、また平時よりラジオを通じて親しんできた彼らであるからこその言葉の重みは有事に強い影響力、説得力を持つ。コンテンツとしても「地域発・地域着」であることを再確認すべきである。

　また、近年ウェブサイトによる災害情報が普及しているが、ネット至上主義に陥るのは危険である。なぜならば、インターネット利用は使用端末の電源が確保できない限り、またアクセスの集中で基地局がダウンした場合などは容量制限を伴うので、稼働できないケースが報告されている。[*11] 屋外防災無線は豪雨の時や厳冬期、締め切った室内では聴き取れないことも多い。その点ラジオという簡易な電波媒体は乾電池で長時間作動し、かつ携帯性、操作性にも優れている点で災害時に有用であることは繰り返すまでもない。

4 ｜ 経営課題の再考

　コミュニティ放送は地域における「社会的企業」という側面があり、地域生活者、企業、行政などの支援に支えられることで事業成立している。民間企業である以上は市場主義・ビジネス主義（収益主義）を抱えているビジネスである一方で、一種の公益事業、コミュニティ事業、まちづくり（地域づくり）組織という両面がある。

　当然、広告収入はメディア組織の大小を問わず、事業存続のためには大きくかつ必要な財源である。しかし、マス・メディアのような費用対効果を優先する出稿が広告主の一義であれば、ほとんどのコミュニティ放送は危機に陥るはずである。これは決してコミュニティ放送の広告効果が薄いという意味ではない。実際にコミュニティ放送局に信頼を寄せる地域のリスナーたちの口コミや評判による一定の経済的波及・宣伝効果は大きい。

　地域メディアであるコミュニティ放送に広告を出稿する、あるいは投資する最大の意味は、このメディアが「地域の活性化を前提に公共的なコミュニケーションにとって必要不可欠なインフラ企業」という点にある。これを地域全体で支える、あるいは維持する行為そのものに価値を見出せるからに他ならない。従って、実際に放送を聴かずにメディアデータのみに依存するスポンサー企業

は危険である。

　コミュニティ放送局の役割として、地域内の広告主の生活者側に立った企業姿勢の提示や、社会的、公益的事業としてのまちづくり（地域づくり）姿勢を伝える「お手伝い」が、結果的に「支援」という形でスポンサードとなって返ってくる可能性を高めるのではないだろうか。ただし、放送局への支援とは単に「支える」という意味にとどまらず、「共生する」「育てる」「持続させる」という意味も併せ持っていると考える。

　冒頭でも触れたが、近年、民間型の中にも多様な形態が生まれてきた。以下の分類は一例である。

◎　純民間型（合同会社を含む）：株式会社、有限会社という形での出資型企業
　　組織であるが、コミュニティ放送の場合、必ずしも利潤追求を最大の目的と
　　しているものではない。
◎　第3セクター型：民間に比べ資金面でのサポートが安定性を担保する反面、
　　「意思決定のトップダウン型」「単一性の価値観の形成と維持」を得意とす
　　る「縦型ネットワーク」の中に組み込んだパートナーシップの仕組みであり、
　　環境変化とリスク対応に弱い構造を持つ。
◎　NPO法人型：「運動性」「事業性」が強く出てくることで「収益性」が低
　　下するケースも多い。この「運動性」「事業性」のバランスを取れたなら安
　　定に繋がる可能性は高い。
◎　その他法人：一般財団法人、一般社団法人、社会福祉法人、学校法人等々。

　この30年の中で特筆すべきは、京都コミュニティ放送（京都三条ラジオカフェ）が、特定非営利活動法人（NPO法人）として2003年に開局したことである。以降、NPO法人の設立が増加し、これまでに30局以上が開局した。しかし小川明子によれば、その存在が多くの人びとに理解されるようになった一方、行政との協働という点において厳しい立場に置かれがちだという傾向が指摘される[*12]。「NPO法人によるコミュニティ放送局では、非営利放送独自の広告基準を設定したり、ある程度の利用料を支払って一般市民が番組を担当したりして運営されてきたが、2015年以降は、NPO法人としての設立は減少している。ここ10年ほどは、株式会社以外に学校法人、一般財団法人や一般社団法人による開局が増加してきた。また最近では、2006年の会社法で導入された新しい会社形態

である合同会社による運営もあり、なかには個人による100％の資本出資というケースも見られる」と述べている。[*13] このような設立形態の多様化は「流行」ではなく、これまで述べた経営課題が背景にあり、かつ各々の地域性とも関連するため、どの組織形態が最善かは慎重な見極めが必要であろう。

　また、多くの第3セクター型のコミュニティ放送局は阪神・淡路大震災以降に防災・災害時目的で生まれた。自治体側にとってそれは当然の動機であるが、「エフエムひらかた」の閉局事例にあるように、第3セクターであっても終了する可能性は否定できない。[*14] むしろ、第3セクターであれば経営の安定性、持続性が担保されているという「神話」はもはや現実的ではなく、精査すれば出資割合も地域によって相当な幅がある。自治体にも経営感覚が必要なのは当然であるが、本来は「商業ベースに乗りづらいもの、不経済だけど必要なもの」を提供するのが仕事である。従って、図書館や消防署などと同様、災害時も含めて地元密着の情報提供という公益的なメディアであるコミュニティ放送も同様に「地域のインフラ」という理解が必要であろう。

　コミュニティ放送を防災、災害時メディアとしてのみ考えることで、その対価としての出資とだけとらえるのであれば、「エフエムひらかた」のように一方的にラジオはオワコンとかネットがベストとかのメディアの二元論で切り捨てられる可能性がある。[*15] 重要なのはコミュニティ放送の役割は災害時だけではなく、行政情報の正しい伝達も含め平時のコミュニケーションに対する期待からまちづくり（地域づくり）に向かうということである。

5 ｜ JCBAの役割

　コミュニティ放送の30年はある意味JCBA（一般社団法人日本コミュニティ放送協会）が行ってきた政府や各種団体との交渉と改善の歴史ともいえる。それは決してJCBA会員だけのメリットとしてなされてきたのではなく、コミュニティ放送全体を支えるための制度の見直しなど、底上げに尽力し続けてきた。長期にわたって行われてきた著作権課題もその一つであり、一般社団法人日本音楽著作権協会、一般社団法人日本レコード協会、公益社団法人日本芸能実演家団体協議会（以下、JASRAC、レコ協、芸団協と表記）との3者協議を続けてきた。コミュニティ放送各局がマスメディアのように全日、全楽曲報告を行う

にはマンパワーやコストの関係で現実的に不可能であり、そのため再三再四にわたり交渉を継続してきた。

　また、無線従事者を置くという課題も、以前必須とされていた「１級免許取得者」は地方地域にはほとんど存在しない。仮にいてもリタイアし現役を退いた高齢者がほとんどである。そこで2018年以降、３級免許資格（筆記試験型）でも了解となり、無線従事者の課題は緩和された。このようにそれまでの放送行政が対象としたマス・メディアと同列に扱う制度を徐々にコミュニティ放送に見合ったものに変更し続けている。その他、サイマル放送は基本的に難聴取地域対策で始まり、サイバー攻撃に対してのセキュリティにおけるガイドラインをJCBAのHP上で公開するなどインターネット社会に即応した啓蒙も行い、コロナ禍における放送ガイドラインを一般会員向けに公開もしている。

　以下、これまでのJCBAを中心とした主な動きの一部を年次系列で紹介する。[*16]

1991年：コミュニティ放送という新たな放送制度が誕生。
1992年：コミュニティ放送第１号局「FMいるか」が北海道函館市に誕生。
1993年：近畿地区に「FM HANAKO（守口市）」、東海地区に「FM DiNO（豊橋市）」、関東地区に「湘南ビーチFM（逗子・葉山町）」が誕生。
1994年：「全国コミュニティ放送協議会」（JCBA）が発足し、設立総会開催。
1995年：送信電力１Wから10Wへの増力に規制緩和。また、阪神淡路大震災をきっかけに開局ラッシュが始まる。
1996年：JASRACと著作権使用料協定を締結。
1997年：コミュニティ放送におけるFM文字多重放送試験研究会の中間報告。
1998年：全国で100局を超え、記念キャンペーンが始まる。社民党の政党広告を放送。
1999年：送信電力の出力上限が10Wから20Wへ変更。
2000年：コミュニティ放送局災害放送セミナーを開催。
2001年：民主党スポットCMを放送（124会員社が参加）。
2002年：「有限責任中間法人日本コミュニティ放送協会」が誕生し、法人化。
2003年：「マスメディア集中排除の原則の見直し」「放送のデジタル化におけるコミュニティ放送としての対応」に対する取りまとめ。
2004年：JASRACなど著作権権利団体との交渉で災害により被災した局の著作権使用料の免除の決定。

2005年：JCBA災害基金の成立。災害時におけるコミュニティ放送としての対応マニュアル作りを行う。非常時に使用する多用途FMラジオを100台購入。

2006年：Jリーグの100年構想とJCBAの地域密着の共通した思想を基に、協力関係を構築し、Jリーグの試合中継を例外なく放送することが可能に。

2007年：6月6日「コミュニティ放送の日」制定によりキャンペーンCMを全国で流す。新潟中越沖地震の甚大な被害に対しJCBAより100万円の見舞金を信越地区協議会へ贈る。信越地区（FMながおか、FMピッカラ）では緊急災害放送を実施し、全国に対応の早さをアピール。関東地域のコミュニティ放送局の中で「拉致問題を考えるみんなの集い」の広報CMを放送。

2008年：岩手、宮城内陸地震の被害を受けてJCBAは東北支援「東北は大丈夫 観光篇」「東北観光は今が旬！篇」「東北は元気です篇」のCMを展開。コミュニティ放送業界のレベル向上に向けた会員向けの法令順守資料の作成。

2009年：ハイチ地震、チリ地震を受けて日本赤十字社の被災者支援災害救援金募集の告知に協力。

2011年：3月11日に発生した東日本大震災の発災と同時に「災害対策本部」を立ち上げ、総務省と連携し被災局の状況を会員社に提供、支援体制を整える。臨時災害放送局の設立や送信機の手配、ラジオの収集、配布、支援物資を届ける。また、災害積立金の一部を取り崩し被災局への御見舞金として拠出。
引き続き東日本大震災の被災局へ総務省と連携した様々な支援活動の実施。赤い羽根「中央共同募金会・災害ボランティア・NPO活動サポート募金」の助成を申請し、岩手、宮城、福島県の臨時災害放送局に対する送信機などの無料貸与活動を実施。

2012年：継続的に被災局へ総務省と連携した様々な支援活動の実施。インターネットサイマルラジオのインフラ整備が整い、著作権3団体との契約締結も完了。

2013年：JFN（全国FM放送協議会）・TOKYO FMとの「災害時における地域情報ネットワークの構築に関する協定」の締結。

2014年：JASRACと放送利用実績の取り扱いに関する覚書の締結。「コミュニティ放送関係無線設備などの安全・信頼性基準ガイドライン」の作成。

2015年：東日本大震災関連防災啓発告知の実施。茨城県・常総市臨時災害放送局への支援。

2016年：NPO法人日本地域放送支援機構と「災害連携協力に関する協定」「送信機保管に関する業務委託契約」の締結。NIED（国立研究開発法人防災科学技術研究所）との連携協力協定の更新。

2017年：楽曲管理団体「JASRAC・Nex Tone」と地上波「使用料」に関し「利用割合相当値」を導入した協定を締結。（株）あどもふ「衆議院選挙政党CM（自由民主党）200会員社参加」の取りまとめ。

2018年：無線従事者の資格緩和に向けて（電波法施行令の一部改正）第3級以上の総合無線通信士および第2級以上の陸上特殊無線技士を追加。JASRACなど著作権権利団体と2018年度以降の音楽著作物の使用に関する契約を締結。

2019年：環境省補助事業「地方と連携した地球温暖化対策活動推進事業」への参加を促し、54会員社が採択。2020年度内閣府拉致問題の放送委託業務の落札。

2020年：JCBAインターネットサイマルラジオ事業において、従来のポータルサイトからの聴取に加え、スマートフォン用公認アプリを導入し、ラジオを持たない世代や難聴地域のリスナーへの利便性向上を行う。「新型コロナウィルス感染者発生時におけるCFM運営方針」策定。「コミュニティFMにおける新型コロナウィルス感染者発生時の対応に関するガイドライン」策定。地区協議会へのコロナ対策費補助。「サイバーセキュリティ関連ガイドライン」策定。「新しい生活様式におけるコミュニティ放送事業者のガイドライン」策定。

2021年：自由民主党出稿「第49回衆議院総選挙」政党広報の実施。

2022年：JCBAホームページの全面リニューアルを敢行。

　ここまで見てきたように災害時メディアとしての議論もJCBA内で継続しており、先述したように発災後の復旧（recovery）、復興（rehabilitation）にこそ、コミュニティ放送の威力は発揮されること、二次被害を緩和する機能に優位性

があることを提唱している。業界団体として単なるロビー活動、啓蒙活動だけではなく、会員局のみならずコミュニティ放送全体の社会的な周知、底上げに陰ながら日々尽力していることはぜひ認識してほしい部分である。

6 │ 将来に向けて

　最後に、本稿でここまで述べてきたことを総括してみる。

　コミュニティ放送というメディアは「まちづくり（地域づくり）」のツールでありかつ手段であることを送り手、聴き手双方が認識すべきであり、放送が目的化されないことを強調したい。そして、放送局はそのためのプラットフォームとしての組織であることが重要である。具体的には、地域内のコミュニケーション活性を通して、まちづくり（地域づくり）に向かうかたちと言えよう。このことはとてもシンプルに聞こえるが、実際は「コミュニティ・メディアリテラシー」と呼べるような基軸にある考え方ではないであろうか。多くのコミュニティ放送局を運営している方々や、行政、市民がそのことをどこまで認識しているか。また、スポンサーや株主は「地域貢献出資」名目と捉え、これが徹底されていることを望みたい。

　コミュニティ放送局は現在339局あるが、どこも各々地域性を反映し個性を持って日々継続している。一見放送スタイルや組織づくり、スタッフ構成、姿勢などにはそれほど差異がないように映る。では何で差が出るのか。理念なのか。

　ひとつの仮説ではあるが、「（放送局の）住民や行政への向き合い方なのではないか」。

　行政や企業からの経済的な支援の多い地域ということだけで、コミュニティ放送の評価を一面的に、経営がうまく行っている、と捉えていないであろうか。

　本来のコミュニティ放送の役割とは何か。その地域のなかで住民も行政も含めてコミュニティ放送に何を期待し何を求めているか。その声に応えられているか、あらためて再考すべきである。

　特に、手段と目的（手段は放送で、目的は何か）の履き違えは問い直されるべきであると感じる。これから新規に立ち上げを考えている組織は、コミュニティ放送を開設して何をやりたいのか。本来のまちづくり、地域づくりに向か

うべきではないか。このなかに防災や災害発生時、発生後の役割も含まれてくると考える。コミュニティ放送30周年を迎えて原点回帰と更なる発展を望みたい。

（北郷　裕美）

＊１　全国運営社数：339　JCBA会員社数：249（株式会社等：240、NPO：9）非加盟社数：90（株式会社等：68、NPO：22）（以上、2023年１月現在　JCBA調べ）。

＊２　北郷裕美（2018）『コミュニティ放送──世代交代にみる理念の継承と変革の可能性　試論』大正大學研究紀要（103）より。

＊３　北郷裕美（2021）『コミュニティ放送の安定継続に向けて〜閉局事例から見た経営基盤および理念に関する検証』大正大學研究紀要（106）pp.51-74参照。

＊４　日本におけるケーブルテレビの開始は、1955年群馬県北群馬郡伊香保町とされている。基本的に山間僻地の地上テレビ放送の難視聴解消が目的で、共同受信施設という形態を取っていた。（川島安博（2008）『日本のケーブルテレビに求められる「地域メディア」機能の再検討』７-８頁）。

＊５　日本コミュニティ放送協会HPでは下記のように定義されている。「放送エリアが地域（市町村単位）に限定されるため、地域の商業、行政情報や独自の地元情報に特化し、地域活性化に役立つ放送を目指しています。放送エリアに相応した営業エリアの狭さをカバーするため地区ごと、全国での共同営業に取組むほか、使命ともいえる防災・災害放送では地域と緊密な連携を保つなど、様々な問題に放送を通じ、貢献しています」。

＊６　聴取率の調査方法は局独自のサンプル調査が多いため単純に県域局と比較することは難しい。その中で「FMあやべ（京都府綾部市）」が行っている独自の「認識調査」では綾部市選挙人名簿をもとにインターバルに無作為抽出したサンプル数641人に対する葉書回答という形で精度を高め、結果として50％を超える聴取率が得られている。

＊７　アメリカでは、1984年のケーブルテレビ法により、国民にパブリック・アクセスの権利が保障されている。ケーブルテレビ事業者は「パブリック（住民）」、「教育」、「地方政府」向けに３種類のチャンネルの提供と、その運営のための資金として売り上げの５％の拠出が義務付けられている。地域住民は、自分たちが企画・制作した番組をそのチャンネルを通じて放送する編集権を持っている。（http://www.jri.co.jp/JRR/2003/03/op-public.html　日本総研

調査部メディア研究センター主任研究員 野村敦子『地域情報化施策に求められるパブリックアクセス』Japan Research Review　2003年03月号）。ただし本稿では、パブリック・アクセスを、このような欧米における制度的な縛りではなく、むしろ地域の生活者が放送に自由に参加することを促す、という程度の意味合いで使用する。日本でのパブリック・アクセスは、郡上八幡（ぐじょうはちまん）テレビ（1963年　岐阜県）が最初と言われている。

＊8　JCBAコミュニティ放送の現況について　令和４年12月15日版より引用。

＊9　災前・災後・災間の表記は、金山智子（2021）「災後・災間におけるコミュニティ放送による記憶の継承」『社会情報学』第９巻２号より参照。

＊10　市村元（2012）は「その後の運営についての支援はどうだったのか。ここで大きかったのは、二つの財政的支援であった。一つは日本財団の支援。もう一つは「緊急雇用創出事業」という国、県を通じての支援である（中略）。この支援がなければ、ここまで新設局の開局が広がることはなかっただろうし、開局した局がここまで放送を継続することもなかった」として、「緊急雇用創出事業」の評価と共に民間の支援として日本財団の貢献が大きかったと述べている。

＊11　2018年の北海道胆振東部地震の停電はブラックアウトが全道的に起こり、この現象は顕著であった。

＊12　山岸秀雄「NPO法20年　その意義と未来は」NHK視点論点2018.5.23より「最近の政治動向の影響で国の協働事業、自治体の協働予算が削られ、行政との協働は大きく後退しています。さらにNPOを行政の下請けとみる傾向が強まり、契約金も大きく削る傾向にあります。対等な関係の中から生まれる協働原則から遠くなっている傾向が強まっています」https://www.nhk.or.jp/kaisetsu-blog/400/297852.html

＊13　小川明子「多様化するコミュニティFMの運営形態〜社会福祉法人と一般財団法人〜」放送レポート2022年７月号　メディア総合研究所。

＊14　エフエムひらかた（大阪府枚方市）は25年継続して2022年２月28日を以て閉局した。

＊15　オワコンとはインターネットスラングの一種であるが、一般ユーザーまたは個人ユーザーに飽きられることで、一時は繁栄していたが現在では見捨てられてしまった（終わってしまった）コンテンツやメディアを意味する。

＊16　このまとめは「日本コミュニティ放送協会10年史〜未来に拡がる地域の情報ステーション〜」、およびJCBA事務局よりお借りした各年度の事業報告、定時総会資料を参考にした。

第 2 章

「住民」がニュースを発信する
新たな報道を目指して

「誰もがニュースを書ける世の中になれば、ニュースはもっと多様で豊かになるはず」。そんなひとつの仮定から始まったニュースサイトが「TOHOKU360」だ。その最大の特徴は、「住民」がニュースを書くこと。これまでプロの記者だけでは手の届かなかった網目の細かい地域・分野の情報を、地域を誰よりもよく知る住民の手で見つけて発信することがねらいだ。

TOHOKU360では、東北6県にいる約60人の通信員（2023年1月現在）が、自分の住んでいる街の人やできごとを自由に取材して全国に記事を発信している。筆者は2016年から手探りでこのしくみを構築し、7年間運営してきた。そのなかでわかった「住民参加型」ニュースサイトの可能性と課題、そして地域でインターネットメディアを運営することの意義について、その現在地をありのまま報告したい。

1 ｜「住民参加」のニュースのしくみを設計する

筆者は2013年から全国紙の新聞記者として宮城県に赴任し、独立後2016年2月に「TOHOKU360」を立ち上げた。生まれ育った関東から東北に移って感じたのは、首都圏に住んでいるときは見えてこなかった多様な生活様式や文化、風景、歴史観が各地に息づいているということだ。

東北に限らず、日本でも海外でも、その地域の広大さや話題の多様さに比して日々報道機関でニュースになる話題は限定的だ。ニュースには報ずべき優先事項があるうえ、記者がアクセスしやすい地域や人の情報に頼ってしまう傾向もあり、多様な地域の話題を満遍なく扱うのは難しい。

それならば、現地にいる人自身がニュースを発信できるしくみさえできれば、こうした地域の多様性を可視化し、日々のニュースに反映できるのではないだろうか？　ニュースに現場の住民の生の声を反映できれば、よりリアルな実感や、知られざる事実が伝えられるようになるのではないか？　そんな素朴な思いを膨らませていった筆者は、賛同する仲間を集め、「住民参加型」の報道のしくみづくりを模索し始めた。

■ 住民参加型ニュースサイトの3つの前提 ……

　前例を知らなかった私たちは、どうすれば「住民参加」のニュースを生み出すことができるのか、そのしくみを一から考え設計するしかなかった。まだ見ぬ「住民参加型ニュースサイト」をつくるにあたっては、以下の3つの前提を出発点とした。

① さまざまな場所に住む住民がニュースの制作過程に参加するようになれば、これまであまり報じられてこなかった地域や分野の話題が表に出てくるようになり、住民発のスクープや多様な価値観を反映したニュースが生まれるはずだ。
② 一方で報道の未経験者である住民には、取材や執筆、発信のルールについての知識がない。報道の最低限のルールや手法を共有する場が必要になる。
③ 誤報やセンシティブな表現が生まれる可能性があり、編集経験のある人が最終的にチェックしてから記事を配信するしくみが必要である。

　①の仮説を実証するには、②と③の実現が必要となる。2016年2月に自作でサイトをオープンし、初期は「日本初のVR動画ニュースサイト」として、元新聞記者らが中心となりVR動画（360度動画）を活用した東北のニュースを公開していった。その半年後の2016年夏に始めたのが、②を試みるための「東北ニューススクール」という取り組みだ。
　ニューススクールでは元新聞記者や動画編集者らが講師を務め、参加者が取材、執筆、発信の一通りの基礎を学ぶ。座学の後は参加者がそれぞれ自由に取材テーマを決め、取材・執筆を進める。そして一本の記事を完成させ、サイトに掲載できれば修了となる。修了者の中で希望する場合はTOHOKU360の「通

信員」となり、自分の住む地域からニュースを発信することができる。

参加者は特に制限を設けず、初回は仙台市で取材や執筆に興味のある人を広く募集した。媒体としての知名度もないなかで参加者がどのくらいいるのかと不安だったが、20人ほどが参加し、それぞれが身近な人やできごとを取材して個性豊かな

2018年に仙台市で開いた「東北ニューススクール」の様子。大学生から仕事帰りの会社員、他県から通う参加者までさまざまな参加者が集まった

表現で記事を書いてくれた。以来、宮城県内を中心に青森、秋田、岩手、東京、そしてオンラインでニューススクールを開催。毎年1回以上はスクールを開催し、地道に通信員のネットワークを広げてきた。

TOHOKU360では通信員に金銭的な見返りは少ないが、原稿の出稿について義務やノルマは一切課していない。通信員は各自好きなときに、好きな話題を取材・執筆して編集者に原稿を送付する。通信員の書いた原稿は、必ず編集経験のある編集者がチェックしてから記事を公開している。こうしてサイトオープンから2023年1月末時点に至るまでの約7年間で、950以上の記事を配信してきた。

2 | 「住民参加」が報道にもたらす価値

それでは、そんな「住民参加型」のニュースサイトから生まれるニュースとはどのようなもので、どんな意義があるのか。7年間の運営からわかったことは、ニュース制作の門戸を解放し、さまざまな地域や立場の人々をニュースの作り手として歓迎することで、より多様な価値観や地域性を反映したニュースを生み出せるということだ。

地域住民である通信員のニュースの制作過程を観察すると、ニュースの「発

見」「取材」「発信」それぞれの過程で職業記者（マスメディアなどで働く記者）とは異なる点があり、その違いが記事のユニークさをもたらしていることに気付く。筆者がこれまで通信員のすべての原稿を読んだうえで浮かび上がってきた「住民（通信員）が作るニュースの特徴」を、職業記者と比較する形で表にまとめた。*1

通信員のニュース制作過程における特徴

	テーマの傾向	情報源・取材先の傾向	発信による効果・ねらい
職業記者	時事性・社会性	記者クラブ、プレスリリース、配属先で培った人脈	不特定多数の読者に影響を及ぼす
通信員（地域住民）	個人の興味・関心	元々所属している地域のコミュニティ（職場、町内会、知人友人など）	地域のつながりを作る・強める

「テーマの傾向」は、ニュースのネタとして何を選ぶか、取材テーマを決める際の傾向だ。マスメディアの記者であればその時に人々の間で大きな話題になっている、時事性・社会性のあるネタを選ぶ傾向が強い。一方で通信員は、個人的な興味・関心がネタを選ぶ強い動機になることが多い。

「情報源・取材先の傾向」は、どこから情報を得てニュースにしているのかを示している。マスメディアの記者は自分の担当の記者クラブ（警察、省庁、地方自治体など）や配属先の地域で人脈を築いて「ネタ元」にしていくことが多いのに対し、通信員は自分が元々地域で所属している職場、町内会、知人友人などの周囲のコミュニティから自然と情報を得て記事にする傾向がある。

　ニュースを発信する動機にも違いが見られる。マスメディアの記者は不特定多数の視聴者や読者に向けて情報を投げかけることで、人々の考えや行動に影響を与えようとする。通信員にもそうした傾向はあるのだが、独自の特徴といえるものとして、自分の住んでいる地域に入り込んで知り合いを増やしたり、連携を強めたりするために記事を発信するという動機がある。

　このような特徴から生まれる「住民参加型のニュース」が持つ意味や可能性について、TOHOKU360の通信員が実際に書いてきた記事を手がかりに考えていきたい。

▌多様な視点と話題の提供 ‥‥‥

　まず、さまざまな地域、職業、立場の人々がニュースの制作に関わることで、発信されるニュースのテーマが多様になることだ。TOHOKU360の通信員には、会社員や自営業者、NPOのメンバー、主婦、学生などさまざまな立場の人々が参加している。異なる職業や立場の人々が参加するほど多様なネットワークから情報を得ることができ、独自性のあるニュースの発掘・発信につながる。

　例として、通信員たちが2020年から続く「コロナ禍」をどんな視点からニュースにしてきたのかを振り返ってみたい。新型コロナウイルスの流行は地域社会にも暗い影を落としてきたが、通信員たちはそれぞれの立場や関心、情報網から今起きている問題をキャッチし、記事にしてきた。

　新型コロナウイルス流行当初、地域で大きな経済的打撃を受けたのが飲食店だ。接客応対のスペシャリストで飲食店関係者に知り合いの多い若栁誉美通信員は、宮城県石巻市の焼き鳥店がいち早く「無人販売機」という手法を取り入れて売り上げを伸ばしているという情報を得た。手づくりで「無人販売機」を設置した店主の取り組みや思いをリモートで取材し、2020年8月に「コロナ禍で誕生した『焼き鳥無人販売機』が人気」という記事を公開。すると宮城県内の地域紙やローカルテレビ番組が次々と報じ、全国放送のニュース番組でも各局でコロナ禍の飲食店の先進的な例として紹介されるなど話題が拡大していった。

　台湾出身で宮城県に移住して暮らす邱文心通信員は2021年3月、コロナ禍で外国人の留学生や労働者が困窮しているとの情報を得て、「コロナ禍で困窮する外国人労働者のいま」を執筆。外国人労働者の支援をしているNPO法人の事務所を訪ね、現在どのような相談が寄せられているのかなど、外国人労働者の置かれている現状を取材して発信した。課題だけでなく、今どんな支援が必要なのか、今参加できるボランティア情報など解決に向けた具体的な情報も記事に盛り込んだ。

　現役の医師である矢坂健通信員は、救急外来の業務を担当するなかで、生活困窮が原因で健康を害している患者と出会ってきた。中には水道が止まっている患者もいて、「このような場合、医師としての治療介入よりも、社会福祉などの支援の方が重要であり、歯がゆい思いをしました」という。そんな問題意

識を背景に、TOHOKU360では2022年５月に「仙台の大学生はなぜ『水道代滞納者への給水停止』に反対したのか？」と題する記事を執筆。仙台市の水道代滞納者への給水停止措置に対して反対活動を展開した大学生たちに取材し、生活困窮者の現状や考えうる解決策を記事としてまとめ、問題提起した。

　同じ新型コロナ禍という状況にあっても、人々の置かれた立場や環境によってその影響や感じ方はさまざまだ。多様な通信員の存在は、社会のさまざまな場所にいる人々とつながる貴重な情報のネットワーク源となり、社会の問題やその解決策について時には直接の「当事者」として、多角的な視点をもたらしてくれる。

🕑 2020年7月6日
コロナ禍で中断した猫たちの里親探しが再開　仙台の「保護猫シェルター」はいま

🕑 2019年10月7日
殺処分ゼロを達成した広島の地域猫活動から学ぶこと｜震災とペット(下)

🕑 2019年10月1日
東日本大震災と広島土砂災害で見えた「同行避難」の課題｜震災とペット(中)

🕑 2020年2月3日
2月は「ねこの月」仙台と盛岡でスタンプラリーを通じた猫のチャリティー企画が開催

🕑 2019年1月17日
賃貸でも猫は飼える！仙台初『猫と人をつなぐ』アパート
【鈴村加菜通信員＝仙台市青葉区】　「猫と暮らした

🕑 2018年6月18日
「飼い主のいない猫」について考える「地域猫活動」を支える行政・地域・ボランティアの立場から 仙台市

　　猫が大好きな通信員がこれまでに書いた、地域の「猫」にまつわる問題を取材した記事の一部。コロナ禍での支援活動や災害時の避難など、多角的な視点から取材を続ける

　職業や立場だけでなく、通信員それぞれの「興味・関心」の多様性もニュースに豊かさをもたらす。例えば、猫が大好きな鈴村加菜通信員は2018年から現在に至るまで、仙台の野良猫の問題を継続して追いかけ続けてきた。これまでに仙台市の担当者、ボランティア団体、町内会と多くの関係者に取材を続け、関連する条例が制定される際には市議会に傍聴に行くことも。よりよい解決策のアイデアを求めて、先進例を取材するために広島まで飛び立ったこともあった。執筆してきた記事は「東日本大震災と広島土砂災害で見えた『同行避難』

の課題」、「コロナ禍で中断した猫たちの里親探しが再開　仙台の『保護猫シェルター』はいま」など、その時々の重要な地域の課題を反映している。自分の好きなテーマについて多角的な取材を長く続けることで、地域にとって何がいい解決方法なのかを考え、発信し続けているのだ。

　立場や興味関心が異なる通信員が参加すればするほど、そして「個性」を発揮するほど、ニュースサイトの話題は多彩になっていく。「住民参加型」のニュースサイトは、そんな予測不可能で不思議な魅力を持つ。近年ではTOHOKU360の通信員が発見・発信したニュースを地元紙やローカルテレビ番組が追いかけ、それが全国放送のニュース番組やワイドショーで取り上げられるという例も増えてきた。マスメディアが今後地方支局から記者を引き揚げていく傾向が強くなれば、こうして現場から発信された「住民発のスクープ」は、ますます存在感を発揮していくのではないだろうか。

■ 災害時の情報ネットワークとしての機能 ……

　ニュースの制作・発信に住民が参加することのもう一つの大きな意義は、地域に網目の細かい情報のネットワークが作れることだ。マスメディアの記者が駐在していないような小さな市町村にも「通信員」がいれば、重要な情報をいち早くキャッチし、発信できる可能性が高まる。

　特に力を発揮すると考えられる場面が、災害時だ。災害発生時には、広範な被災地の中でメディアで報道される地域に偏りが生じてしまうという課題が繰り返し指摘されている。もし、周囲の情報を的確に発信できる住民のネットワークが広がっていけば、災害時の信頼できる大きな情報源になりうる。

　2019年、東北地方でも大きな被害を引き起こした台風19号の発生時には、TOHOKU360の通信員たちが岩手、宮城、福島の各地の細やかな現状や課題について写真や記事を送ってくれた。編集部では各地から送られてくる被害情報をまとめて発信したり、自治体単位でのボランティアの募集状況を更新し続けたりと、細やかな情報発信に努めた。当時筆者が出演していたNHK仙台放送局制作のラジオ番組「ゴジだっちゃ！」に登場して周辺地域の被害情報を詳細にリポートしてくれた通信員もおり、マスメディアと協力することを通じても、通信員のネットワークが貴重な情報源となることが再認識された。

　近年では毎年のように被害が広範囲にわたる災害が多発しており、情報発信

🕐 2019年11月1日
排水機能が無くなった3.11被災地で大雨の度に冠水　仙台市荒浜のスケートパーク

🕐 2019年10月28日
台風19号からわずか2週間後の「二重被災」に悲鳴　福島県相馬市

🕐 2019年10月23日
【台風19号】土地や河川へのダメージが今後の農業に影響　宮城県色麻町

🕐 2019年10月14日
【台風19号】東北の被災地に今できる支援まとめ※随時更新

🕐 2019年10月13日
【台風19号】阿武隈川氾濫で浸水した福島県郡山市のドローン映像(13日午前)

🕐 2019年10月14日
【台風19号】宮城と岩手の14日の被害状況リポート

台風19号の際には岩手、宮城、福島の各地から台風の被害情報や
ドローン映像などが寄せられ、各地の支援情報などもまとめていた

の機能をマスメディアだけが担うのはもはや難しいとも考えられる。マスメディアがSNSに投稿された一般ユーザーの情報や動画を紹介する場面は近年よく見られるようになったが、日頃から信頼関係が築かれている通信員のネットワークがあれば、迅速で確実性の高い情報が得られる貴重な情報源になる。多様な地域に住む「住民」自らが信頼性の高い情報を発信できるしくみと場を作っていくことができれば、マスメディアの課題、特に災害時に顕著に現れる課題として再三語られてきた地域ごとの「報道格差」を小さくしていくことができるのではないだろうか。

3 プロジェクトとしての地域メディア、アクターとしての通信員

▋「プロジェクト」としての地域メディア ……

　ここまで、住民参加によって多様で網目の細かいニュースを提供できる可能性を紹介してきた。一方で、地域メディアは単に情報を発信する「媒体」にと

どまらない。地域メディアを地域をより良くしていくための一つの「プロジェクト」として捉え、地域で活動する人々と協力すれば、メディアは媒体を超えたあらゆる役割を担うことができるはずだ。TOHOKU360では、地域の行政機関や企業、NPO、教育機関などと連携した地域密着の取り組みを進めている。

① 地域課題を可視化するYouTube番組「いづいっちゃんねる」

　TOHOKU360では2020年から、仙台市の市民活動の支援拠点「仙台市市民活動サポートセンター」と協働し、地域課題を考えるYouTube番組「いづいっちゃんねる」の配信をしている。「いづい」は仙台弁で「なんとなくすっきりしない。居心地が悪い」という意味。地域が抱えるさまざまな「いづい」問題にフォーカスし、視聴者みんなで何ができるのかを考える番組だ。コロナ禍で対面取材が難しくなった際、通信員会議で「オンラインで動画の生配信をしてはどうか」と、フリーランスの人事コンサルタント・前川雅尚通信員が発言したことが企画のきっかけとなった。

　番組では「路上生活者の今」「コロナ禍での子ども食堂」「宮城県のLGBT」「働く人の悩み」など、毎回一つのテーマを取り上げ、その地域課題に取り組んでいる市民団体をゲストに迎えてトークする。前川通信員がMCを務め、その課題が起きている背景や現場の状況、私たち一人ひとりができる行動について掘り下げてインタビュー。コメント欄では視聴者が自由に意見や質問を書き込み、ゲストに問いかけることができる。

　決して視聴者数が多いわけではないが、この放送をきっかけに支援団体同士でのつながりが生まれたり、実際にボランティアへ参加しようと思ったという声が寄せられるなど、視聴者の行動変容につながったことがわかる感想も届いている。地域で活動する多様な人々の存在を可視化して広く伝え、人と人とをつなぐこと。今地域で起きている現象を言語化してストーリーとしてまとめ、課題を浮かび上がらせること。こうしたメディアならではの役割を果たすことで、地域課題の解決に少しでも寄与できるのではないかと考えている。

② 高校生、大学生が自分のまちや被災地を取材

　TOHOKU360の発足当初から続けてきた「ニューススクール」の試みは今、教育面でも活用されるようになってきている。2020年から2023年現在までは仙台市宮城野区中央市民センターと協働し、地元の高校生たちが自分の住む地域

を取材・発信する取り組みを実施している。取材や発信の基礎をTOHOKU360の編集者がレクチャーし、高校生たちがそれぞれ自分たちの決めた現場を取材。執筆した記事をTOHOKU360が編集し、サイトに掲載するという取り組みだ。

　2020年度は東日本大震災の被災地を高校生が取材し、「高校生が取材した沿岸部の今」と題した連載を掲載。なかでも「汚水の逆流を防いだ仙台の影の功労者『南蒲生浄化センター』」という記事はSNSでの反響が大きく、「あまり報じられてこなかったが、重要な話」「（高校生が記事に盛り込んだ）身近にできることの提言こそ、本来、報道のすべきことじゃないかとあらためて思った」などの感想が寄せられた。2021年度以降は「福祉」や「国際協力」など自分の興味のあるテーマで地域の施設や団体を取材し、記事を公開してきた。地域包括センターを取材した高校生からは、「これからさらにコミュニケーション能力を身につけ、一人ひとりに寄り添った支援ができるように学び続けていきたいと思った^{*5}」と、自分の将来と結びつけた学びとして取材活動を捉える感想も寄せられた。

　大学生の書いた記事を公開する取り組みも始まっている。2022年からはTOHOKU360のメンバーでもある尚絅学院大学客員教授の寺島英弥さんと連携し、大学生たちが宮城県名取市の被災地を取材・執筆した記事を掲載している。震災の記憶があまりない学生も少なくないなかで、大学生たちが被災地を取材して自らの言葉でその経験を広く伝えようとすることそれ自体が、震災伝承の重要な営みといえよう。2022年度に筆者が講師を勤めた仙台大学でも、地域のスポーツを盛り上げようとする選手や監督らを大学生が取材・執筆し、TOHOKU360でその一部を発表する取り組みを行った。

　地域の高校生や大学生が取材活動に加わることは、自分の住む地域を深く調べて新しい発見をしたり、普段は話さないような大人と交流したりするきっかけになる。学生たちが発表した記事には地域の人々からも「あまり知られていない事実を取り上げてもらって嬉しかった」などの反響があり、学生だけでなく地域の人々にも活力を与える取り組みだと感じている。

③　NPOと協力した地域密着の選挙報道

　仙台市のNPO法人メディアージとは、サイト開設当初から地域の選挙報道の発信で連携してきた。メディアージは地方選挙や国政選挙において、仙台市を中心に候補者の街頭演説をYouTubeでノーカットで配信したり、各候補者

のインタビュー動画を発信したりと独自の選挙報道をインターネットでいち早く展開してきた団体だ。TOHOKU360はメディアージの動画コンテンツを文字起こしや編集する形で記事を制作し、仙台市長選挙、宮城県知事選挙、参議院議員選挙、衆議院議員選挙など、主要な選挙の度に特集ページをデザインして情報の拡散に努めてきた。

街頭演説を文字として残しておくことで、例えば参議院議員に関して2016年と2022年のそれぞれの出馬時の街頭演説を容易に読み比べることができ、その整合性などを確かめることができる。地域密着の選挙報道はリアルタイムで地域の有権者の重要な判断材料になるだけでなく、蓄積されればアーカイブとしても重要な意味を持つ資料になっていくはずだ。

④ 「東北メディアフェスティバル」やVR動画活用イベント

TOHOKU360は発足時からインターネットメディアとしての特性を生かし、VR動画を活用したニュース制作を試みてきた。その技術を活用し、教育機関や企業などと連動したイベントなども実施している。2017年には青山学院大学の被災地ボランティア団体と連携し、岩手県陸前高田市の復興の様子を伝えるVR動画を制作。青山キャンパスで開かれる「青山祭」の展示でVRゴーグルを設置して東京の学生に被災地のようすを伝えた。TOHOKU360が制作したVR動画をVRゴーグルに搭載し、海外の旅行博や日本関連のイベントで東北をアピールするなど、観光業や地域PRの目的にも幅広く用いられてきた。

VR動画にとどまらず、地域の交流を促すイベントも企画・運営している。2019年には仙台市で、東北の情報発信者たちを集めた「仙台メディアフェスティバル」を開催。新聞社、WEBメディア、小説家、漫画家らさまざまな情報発信者たちが集まり、活動についてのブースを出展したり、トークをしたりと「メディア」そのものをテーマとした交流の場を設けた。2020年にはオンラインで「東北メディアフェスティバル」を主催した。被災地を取材し続けるベテラン新聞記者から、VTuberなど新たなジャンルで活躍する配信者まで、地域で活躍するメディア関係者を紹介し、新たな出会いや企画を生むようなイベントとなった。

地域メディアには、媒体を超えた「プロジェクト」としてのあらゆる可能性がある。その可能性を試すには、地域の人々とのつながりを作って連携し、一緒に地域のこれからを考えていけるようなメディアになることが必要だ。

■「通信員」の活動を通じた交流とアーカイブ……

　TOHOKU360が「地域プロジェクト」だとしたら、通信員は地域のために主体的に活動する「アクター」だ。通信員は単なるニュースの書き手ではなく、自ら地域に入り込み、人々と関係を築くことで、地域に波及効果をもたらしてくれる。

　今回、TOHOKU360に活発に参加している通信員たちにヒアリングを行ったところ、参加したきっかけや記事を書く動機として共通していたのが「地域の人々との交流」だった。

　仙台市の鈴木千絵さんと岩崎尚美さんは、ライターとして複数の媒体で執筆活動を行っている。そのなかでTOHOKU360の通信員にも加わった理由は、地域参加だという。岩崎さんは「住民主体のメディアがおもしろいと思ったし、地域に強い関心を向けている人が集まるコミュニティの仲間入りをしたかったから」とその動機を語る。

　フリーランスライターとして活躍する岩崎さんがTOHOKU360で執筆するのは「あくまで住民の視点がベースになっているので、クライアントの意向などはなく、書きたいことを書ける」からという。活動を通じ、「人のつながりが増えたこと。多様な立場、年齢の人たちと『地域メディア』という軸を中心に関わりを持つことができたこと」をメリットとして挙げ、「やっぱり読み手や取材先からの喜びの声は励みになる」と語った。

　鈴木さんは活動に加わった背景をこう語る。「東北以外で暮らした経験がないので、当時は都会に憧れる気持ちが強く、東北には何もないと思っていた。だが、東北各地の通信員の記事を読み、古くからの文化を大切に守る人たちや、地域と折り合いながらも新たな取り組みをしている人たちが沢山いることを知り、魅力的な地域だと感じた。そして、自分も住民目線で地域の魅力を発信し、多くの人に伝えたいと思い、通信員になった」。

　2020年８月に執筆した「10年目の被災地に『スイートポテト店』が誕生するまで　仙台市若林区の『りるぽて』開業を追った」という記事では、SNSを通じて読者から「初めて知った。良い取り組みですね」という書き込みがあり、やりがいを感じた。また、取材先から「活動に対する想いを言葉にしてくれてありがとうございます」と言われることがあると、「書いて良かった」と感じ

るという。TOHOKU360の活動は「日常生活では接点がないであろう人たち
に出会い、話を聞けることが一番のメリットだと思う。自分自身の視野が広が
るし、取材者にエネルギーをもらうことも多い」と言い、地域の人々と出会い、
語り合うきっかけとしてメディアを活用してくれている。

　通信員の活動を「アーカイブ」として捉える人もいる。TOHOKU360の著
者プロフィール欄に「民俗学会の方も知らない『ある秋田の文化』を時々探し
ます」と記しているのは、秋田県横手市の通信員、大沼吹雪さんだ。活動に加
わった動機として、「感動を伝えられること。メディアに載り、広く伝わったり、
記憶だけでなく記録として、ともすればささやかでも、地域の歴史資料として
も残すことができるという思い」を挙げる。

　大沼さんは秋田県横手市の通信員として、地域の風習を取材してきた。「687
年前から続く『念仏』の今を見た[*7]」という記事では、ごく限られた地域の人々
しか知らない、継承も危ぶまれている「念仏」という独自の地域の風習をVR
動画付きで紹介した。地域に溶け込む住民たちが自ら記す記録は、積み重なり、
年月を追うごとに貴重な地域のアーカイブとして、また別の価値を発揮する資
料になるだろう。

　地域のメディアは新しい現象を取り上げたり、現代の課題を深掘りしたりす
る役割を持つと同時に、今の風景を記憶しアーカイブして蓄積していくという
重要な役割を果たす。大沼さんが心がけている活動は、地域各地であまり触れ
られることなく消えゆく文化や風習の灯を、住民自身が保存していく活動とも
いえる。

4 ｜「住民参加」がスタンダードになるための課題

　以上、TOHOKU360が取り組んできたさまざまな取り組みを紹介してきた
が、この7年間、決して順調な道を歩いてきたわけではない。報道への「住民
参加」には大きな可能性があると感じてきた一方、それが報道のスタンダード
になるためにはまだ乗り越えるべきいくつかの課題がある。もし、「住民参加」
をニュース制作に取り入れたいと考える人がこの文章を読んでいたら少しでも
参考になるように、筆者が現在に至るまで直面してきた課題を包み隠さずお伝
えして本章を終えたい。

① 地域の偏り

　TOHOKU360では東北6県に通信員がいるものの、活動を拠点にする仙台市でリアルなイベントを開催することも多く、結果として仙台市に通信員が最も多く集中してしまっている。当初の構想のように、多様な地域の通信員が参加してこそ「住民参加型ニュースサイト」の真価が発揮されると考えられるため、都市部以外や地理的に遠い地域の通信員をどう増やして地域の多様性を確保できるかが課題となっている。

② コミュニティの運営

　住民参加型のニュースサイトには、通信員のコミュニティ運営が必要となる。先述した秋田県横手市の通信員である大沼さんは「取材に対するモチベーションは、『書きたい』と思う取材対象があってこそであるため、私のモチベーションが一定ではありません。記事が出にくいことと、記者（通信員）に『自由』を与えることが裏表のような関係であることが、メディアを持続するために、とても大変だと思います」と指摘している。通信員の取材や執筆へのモチベーションをどう持続できるか、そのしくみを考え実行するコミュニティマネージャーのような役割を果たす人物がいると理想的だ。

③ 「カオス」と「編集」のバランス

　住民が好きなときに好きな話題を書くニュースサイトは、予測不能だ。猫の話題が出た後に原発被災地に関するルポが出るなど、メディア全体で見るとあまり話題の統一性がないニュースサイトのように映るだろう。住民たちのそのときの趣味嗜好によって色が変わる「カオス」なニュースサイトは個人的には好みではあるのだが、完全に住民に話題を委ねるだけでなく、運営者側のコントロールが必要な場面もある。今地域で取り上げるべき話題について運営者側がテーマを設定して記事化するなど、通信員の自由な視点の記事と編集されたコンテンツとのバランスを考え、サイト全体を見渡してデザインする「プロデューサー」のような編集者が求められる。住民参加型ニュースサイトの成功の鍵はそこにあると言っても過言ではない。

④ マネタイズ

　メディアを持続させるために無視できないのがお金、マネタイズの問題だ。

TOHOKU360は広告とスクール運営などの事業との二本柱で運営を支えているが、課題や改善の余地が大きい。メディアは購読料と広告で経営を支えることが多いが、地域メディアを「プロジェクト」として捉えれば、地域の人々と連携したさまざまな事業を展開することでより柔軟なマネタイズができる可能性が広がっている。その意味で、地域メディアには収益化にもクリエイティブな発想とメディアの性格に合わせた企画力が必要になる。

⑤ ニュースのエコシステムの構築

「オルタナティブメディア」という言葉が登場して久しいが、筆者は住民参加型のメディアがマスメディアに「代替」する（オルタナティブ）メディアだとは考えていない。よりよい情報環境を考えるなら、巨大メディアから草の根のメディアまでがどうお互いの利点を生かし、弱点を「補完」し合いながら、メディア全体のエコシステムを形成していくかの視点が大切だ。そのとき、マスメディアとどう協力体制を組めるのかという課題がある。

　著者は2017年から2021年まで、NHK仙台放送局の「ゴジだっちゃ！」というラジオ番組の木曜パーソナリティーを担当していた。番組では宮城県の全市町村に通信員を配置しており、普段は平和な地域情報を伝えてくれるが、災害時には現場からいち早く状況を伝える最前線のリポーターとしての役割を果たす。

　先述のように、この番組にはTOHOKU360の通信員も加わり、災害時に協力して詳細な情報発信を行うことができた。これは一例だが、マスメディアや地域のWEBメディア、住民などの情報ネットワーク同士が協力関係を築いておくことができれば、読者や視聴者は知りたい情報に合わせて適切なメディアを選択しながら、より的確な情報を迅速に得ることができるだろう。

「住民参加」はニュースに豊かさと多角的な視点をもたらす。その住民たちの個性とエネルギーを、どう地域の情報環境にうまく組み込み生かすことができるかは、メディア全体の生態系（ニュースのエコシステム）をどのように設計できるかにかかっている。

（安藤　歩美）

＊1　各項目は職業記者、通信員のどちらにも当てはまる場合が多いが、より
　　　強く見られる「傾向」を差異として強調している。言うまでもないが、ど
　　　ちらが優れているかを表すものでもない。

＊2　2020年8月10日　TOHOKU360「コロナ禍で誕生した『焼き鳥無人販売機』
　　　が人気　宮城・石巻市」（https://tohoku360.com/mujin-yakitori/）

＊3　2021年3月17日　TOHOKU360「コロナ禍で困窮する外国人労働者のいま
　　　支援団体・POSSE仙台支部に聞いた」（https://tohoku360.com/posse/）

＊4　2022年5月2日　TOHOKU360「仙台の大学生はなぜ『水道代滞納者への
　　　給水停止』に反対したのか？」（https://tohoku360.com/posse_mizunakya/）

＊5　2022年3月31日　TOHOKU360「【高校生記者がゆく！】介護や福祉の問
　　　題を、多職種連携で解決「地域包括支援センター」を取材した」https://
　　　tohoku360.com/mypro2022-6/

＊6　2020年8月11日　TOHOKU360「10年目の被災地に『スイートポテト
　　　店』が誕生するまで　仙台市若林区の『りるぽて』開業を追った」https://
　　　tohoku360.com/rirupote/

＊7　2019年8月29日　TOHOKU360「687年前から続く『念仏』の今を見た
　　　秋田・横手」https://tohoku360.com/nenbutsu/

第 **3** 章

メディアを活用した
商店街魅力化の取り組み

　今日、多くの商店街が、来街者の減少、空き店舗の増加、店主の高齢化、後継者不足など、様々な課題に直面している。地方圏のみならず大都市圏においてもシャッター通り化が進んでおり、地域商圏の維持が困難になった商店街も見られるようになった。さらに、新型コロナウイルス感染症（COVID-19）による感染拡大が商店街と個店の営業に大きな打撃を与えた。商店街主催のイベントやお祭りなどを開催することも難しくなり、個店の休業や時短営業が続いたことで、閉店や廃業に追い込まれた店舗も多い。

　そのようななか、2020年12月より、「Go To 商店街事業（現在は、「がんばろう！商店街事業」に改称）」が開始された。この事業は、「消費者と生産者との接点を持つ商店街が、三密対策などの感染拡大防止対策を徹底しながら、自ら率先して『地元』の良さの発信や、地域社会の価値を見直すきっかけとなる取り組みを行い、地域への愛着と信頼と活気を取り戻すことで、地域の暮らしと商店街の活性化につなげる」（がんばろう！商店街ウェブサイト）ことを狙いとしており、商店街における「地域コミュニティ機能」への期待とともに、商店街の魅力を伝え、住民との絆を深める情報発信の必要性が高まっていることがわかる。

　そこで、この章では、インターネット放送局をはじめとした様々な情報発信活動やイベント事業などを通して商店街魅力化の取り組みを継続的に行っている板橋区のハッピーロード大山商店街を取り上げ、それらの取り組みの意義と今後の可能性について考えていく。

1 ハッピーロード大山商店街とは

　ハッピーロード大山商店街は、東京都板橋区、東武東上線大山駅の西側に位置する「近隣型[*1]」商店街である。全長約560mのアーケードを有し、加盟店舗数は210店舗、1日の来街者数は約3万2000～3万4000人である。コロナ禍で来街者数は5割程度まで落ち込んだが、現在では、2万5000～3万人程度まで回復した（板橋中小企業診断士協会通行量調査）。他の商店街と同様に、後継者難、若者の商店街離れなどの課題を抱えつつも、平日休日を問わず多くの買い物客が商店街を行き交い、メディア取材は年間400件以上、他の地域から多くの視察が訪れるなど、活気あふれる商店街である。

多くの買い物客が行き交うハッピーロード大山商店街

　商店街の歴史は、1940年代にまで遡る。1946年に大山駅側に「大山銀座駅前通り商店会」、1956年に川越街道側に「大山銀座美観街」が結成され、多くの買い物客で賑わうようになった。その転機が訪れたのは、1970年代である。池袋のサンシャインシティの建設が決定したことで、池袋に商圏を奪われるとの危機感が商店街に生まれ、1977年に2つの商店街が合併することとなったのである。1983年には、公募によって名付けられた愛称の「ハッピーロード大山商店街」に正式名称が変更され、今日に至っている。

　この商店街を表すキーワードとして商店街関係者が揃って口にするのが「進取の精神」である。商店街のモットーである「一生づきあいします」「『安心・安全・快適・楽しい』街づくり」を実現すべく、他の地域に先駆けて、これまで多くの新しい事業を展開してきた。主なものを挙げれば、1961年に、銀座よりも10年ほど早く歩行者天国を実現。1994年には全国初となる商店街統一のポ

イントカードを発行。2003年には、板橋区所有の有休地を利用して、地域住民が会議や休憩所として使用できる施設「ハロープラザ」を開設。2005年には、商店街組合の直営ショップ「とれたて村」を開店した。

　商店街では、それまでも全国各地の魅力ある特産品を紹介するイベントを不定期に実施していたが、商店街、地方の市町村、板橋区のそれぞれの活性化に貢献し、長期的に事業を安定して運営するために直営ショップの常設に至ったという。現在では、全国の8自治体[*2]が「とれたて村」に参加しており、店舗での野菜や特産品の販売のほか、板橋区の小・中学校全校への給食食材の供給、参加市町村への訪問や修学旅行生の商店街訪問（いずれもコロナ禍で休止中）などを行っている。この取り組みは全国的にもかなり珍しく、2006年に「がんばる商店街77選（経済産業省中小企業庁）」に選出されたほか、多くの賞を受賞している。近年はコロナ禍で休止された催しも多いが、「とれたて村」の参加市町村が商店街の夏祭りに参加したり、商店街内の飲食店へ直接新鮮な食材を提供するなど、地域を越えた人的・物的交流が広がっている。

　そして、2009年にはアーケード型商店街としては全国で初となるアーケード照明をLED化し、2015年には、ハッピーロード大山商店街振興組合が100％出資して、まちづくり大山みらい株式会社を設立した。この会社では、まちの価値向上のために、エリアマネジメント事業、地域貢献事業などを行っているほか、2017年には地域内でエネルギーが循環する社会の実現を目指して、電気の代理販売を行う「大山ハッピーでんき」を立ち上げた。

　さらに、2020年には、まちづくり大山みらいとシェア事業の専門集団「ジェクトワン」が連携して、シェア（時間貸し）キッチン「かめやキッチン」を開店。この店舗は、商店街で80年にわたって営業していた履物屋「かめや」が閉店することを受けて、住民や近隣店舗などとの協議を経て、本格的なキッチンスペースを設けたシェアキッチンとして再生したものである。現在は、地元住民や飲食店起業希望者らによる飲食の提供、料理教室など様々な活用が進められている。

　そして2023年、複数のまちづくり・再開発事業の進行により、ハッピーロード大山商店街の姿が大きく変わろうとしている。東武東上線大山駅付近の高架化が決定しており、また、商店街のちょうど中間地点を都道26号線（正式名称は都市計画道路補助第26号線）が交差するというものである。この道路と商店街が交差する場所はクロスポイント地区と命名され、現在、この場所に立地して

いた施設や店舗の立ち退き・移転や整備が進められている。事業完了は、2025年頃の見込みであり、クロスポイント地区付近には、商業施設、公共施設、タワーマンションなどが建設される予定となっている。このほか、再開発がもうひとつ（ピッコロ地区）予定されており、これまでの商店街の姿が大きく変わることを見越して、商店街の新たな賑わいにつなげるために商店街振興組合を中心に日々検討が進められている。

2 | ハッピーロード大山商店街魅力化の取り組み

　ハッピーロード大山商店街では、商店街の魅力度向上のためのイベントが数多く行われ、それが街の賑わいに大きく貢献している。毎週日曜日には、アーケード内で、ミュージシャン、アーティストなどによるライブやパフォーマンスなどが開催され、商店街を訪れた人たちが足を止めるきっかけになっている。そして、年に数回、商店街のそれぞれの店主が講師になってミニ講座を行う「大山ハッピーゼミ」、東武東上線沿線にある複数の商店街で連携して共通チケットで飲み歩きができる「板橋バル」などが行われており、商店街の回遊を生み出すきっかけになっている。また、コロナ禍で中止していた「大山ふるさと夏祭り」が規模を縮小した「ハッピー夏祭り」として2022年に3年ぶりに復活し、アーケード内で行われた縁日やライブには、子どもから大人まで多くの人々が訪れ、久しぶりの祭りを楽しんだ。

　他にも様々な取り組みが行われているが、この商店街ならではの大きな特徴は、商店街公認アイドル（2022年よりハッピーアンバサダー）のCUTIEPAI・まゆちゃんと公認レスラーのハッピーロードマンの存在である。

　まゆちゃんは、2014年に商店街公認アイドルに就任した。就任のきっかけは、まゆちゃんの所属事務所代表の原田経弘氏（板橋区出身）が、それまでシンガーソングライターとしてライブ活動を行っていたまゆちゃんの活躍する場所を地元に作りたいと商店街事務所を訪ねたことによる。その後、夏まつりのライブに出演し好評を博したことで、商店街振興組合の事業部会、理事会の承認を得て、商店街公認アイドルとして正式に就任することとなった。まゆちゃんは、商店街のチラシ・マップやアーケードのフラッグなどにイメージキャラクターとして毎回登場し、2014年から毎月1回、商店街でミニライブを開催している。

ライブには多いときには150人程度が集まり、まゆちゃんの歌に合わせて、子どもから年配者までがまゆちゃんコールをするという人気ぶりである。

　コロナ禍では密を避けるためにライブをオンラインに切り替えざるを得なかったが、2022年11月には記念すべき100回を迎えた。まゆちゃん自身、最初の頃はライブが100回続くことも想像しておらず、初期の頃は商店街の人からも認知されていなかったのではないかと言う。だが、10年近く商店街で活動をしてきたなかで、まゆちゃんは「自分ができることでみんなをハッピーにしたいという思いから、ライブ以外でも商店街と町の人に接して積極的に行動するにつれ、心が通じ合ってきたと感じています。今ではちびっ子からおじいちゃんおばあちゃん、中高年のみなさん、ワンちゃんまでも楽しみに来てくれています。生きがいだとも言ってくれる方もいます」と言っており、商店街の雰囲気も徐々に変わってきたと言う。まゆちゃんの存在が商店街を明るくしているのは間違いのないところであり、商店街の活性化のために欠かせない存在である。

まゆちゃんのミニライブ

　また、ハッピーロードマンは、地元のプロレス団体「いたばしプロレスリング」代表の西田秀樹（はやて）氏からハッピーロード大山商店街に商店街のレスラーを作ってはどうかと働きかけがあったことをきっかけに、商店街公認レスラーとして誕生した。ハッピーロードマンは、本名は大山幸道（おおやまさちみち）、誕生日は8月8日という設定がされている。さらに、「試合前はハッピー地蔵とお福さんにお参りをし、買い物にはハローカードを使う。ハッピーロード大山商店街の青年部に所属しているが、会費が払えないため商店街の各お店でアルバイトをしている。ハッピーロード大山商店街で知名度抜群のプロレスラーである！」（いたばしプロレスリングウェブサイトより）と商店街に密着した架空の設定もなされている。いたばしプロレスリングには、ハッピーロー

ドマン以外にも、ハッピーロードマンの誕生のきっかけになったグレート・ピカちゃん（上板橋北口商店街）、なかいたへそマスク（中板橋商店街）など商店街ゆかりのレスラーが多く所属しており、それぞれのレスラーが出場する大会や商店街の夏まつりでは、自分たちの地元の商店街レスラーへの応援の掛け声が飛び交い、地元愛を高めるきっかけになっている。

　さらに、最近では、商店街の新たな取り組みとして、VTuberとの連携が始まった。そのきっかけは、企業と連携したイベント活動を行っていたVTuberの鯨野アイカ氏と商店街がたまたま接点を持ったことによる。その時期、商店街はコロナ禍で来街者が激減しており、売上げ向上対策の必要に迫られていた。そこで、2022年夏に行われたのが、商店街主催の「コロナに勝つ!!　ハッピーロード大山商店街×VTuber〜公式アンバサダー３店舗同時決定戦！」である。

　このイベントは、イベント宣伝大使としてVTuber３名がイベントの認知度を高めるための活動をすることから始まった。その後、イベントの認知度がある程度高まったところで、商店街の３店舗（大山園、ふうちゃん家、とれたて村）の公式アンバサダーになりたいVTuberを募集した。その結果、VTuberのエントリー数は80名以上に及び、一次審査を通過した65名がアンバサダー候補となった。

　その後、ファン投票期間が１か月設けられた。この期間中に、３店舗のいずれかで買い物や該当商品の購入をすると、1000円ごとに投票券が配られ、推しVTuberに投票することができるというものだった。この期間中、多くのVTuberファンがこの商店街を訪れたことで、新たな来街

「公式アンバサダー３店舗同時決定戦！」のチラシ

者の獲得につながり、3店舗の期間中の売上げは大幅にアップしたという。

　なお、このイベントが好評だったことで、2023年1月には、参加者へのお礼イベントが開催された。商店街のアーケードにVTuber50名のフラッグが展示され、多くのVTuberファンが商店街を訪れ、写真撮影を楽しんだ。

　これらの取り組みにより、イベントに参加した個店の売上げ向上に加えて、商店街が発信しているSNSなどへの反応も増加した。イベントの様子を伝えたTwitterは13万インプレッションに及んだという。この取り組みによって、これまでハッピーロード大山商店街を知らなかった若者層へのアピールに成功し、商店街全体のファンの拡大につながった。

　これらの商店街魅力化のための取り組みに常に最前線で関わってきたのが、ハッピーロード大山商店街振興組合筆頭副理事長兼第一事業部長の臼田武志氏である。臼田氏は、まゆちゃんの商店街公認アイドルとしての活動や、商店街とVTuberとの連携についても、周りを説き伏せて事業を始めた中心人物である。ハッピーロード大山TVにも開局当時から中心となって関わっており、番組の企画と出演を続けている。まさに、商店街のまずはやってみようという「進取の精神」を体現した人物である。

商店街筆頭副理事長の臼田武志氏

3 ハッピーロード大山TVを通じた商店街の情報発信の取り組み

■ハッピーロード大山TVとは ……

　商店街の情報は、ホームページ、折り込みチラシ、フリーペーパー、YouTube、コミュニティボード（商店街内）、Facebook、Twitter、柱の掲示板など、様々なメディアを使って発信されている。その中でも特筆すべきは、商店街が運営するインターネットを使った地域の動画放送番組「ハッピーロード

大山TV（以下、ハッピーTV）」である。ハッピーTVは、2011年11月に番組配信を開始し、コロナ禍の間の収録配信を除いて、月に1回の生配信を続けており、2022年に番組放送開始10年を迎えた。これまでの制作動画数は900本、視聴回数は52万6664回（2023年1月現在）に及ぶ。商店街調査によれば、商店街が運営している地域情報チャンネルの中での再生回数は日本最大級である。

■ 現在までの経緯 ……

　ハッピーTVの開局に至るまでにも商店街ではさまざまな情報発信の取り組みが行われていた。1991年には、放送作家やアナウンサーなどの専門家と共同で、ミニFM局を開局し、1か月間限定で実験放送を行った。この時は、お買い得商品のお知らせといった一般的な内容だけにとどまらず、新聞を通じて何かにチャレンジしたい人を募集して、その人たちに登場してもらっていたという。その後、2008年には、東京都補助事業を活用し、商店街の様々な情報をリアルタイムで伝える「ハローTV」を開局した。商店街内の3か所に50インチモニターを設置し、中継カメラにより商店の特売や商品の紹介や、特設スタジオからの生中継、事前収録による商店街情報番組や区民ニュース、個店コマーシャルなどを放送していたという。

　しかしながら、ハローTVは、外部委託で運営していたため、徐々に商店街側の求めるニーズと番組意図が一致しなくなってしまったという。その状況を改善するために、商店街から相談を受けたのが、現在もハッピーTVのプロデューサーを務めるメディアプロデューサー・中小企業診断士の千種伸彰氏である。千種氏は、元々はテレビ朝日のニュースステーションなどで制作に関わっていた映像制作の専門家であり、現在は、独立し、板橋中小企業診断士協会代表理事などの地元に関わる業務を中心に行っている。

　商店街から相談を受けた千種氏は、インターネット動画配信の特徴、コンセプト、運用の仕方などを商店街にプレゼンするとともに、①半年契約、問題がなければ自動更新、②商店街の人が一緒に制作に関わる、③月に1回生放送配信を行うなどの提案を行い、番組のプロデュース、演出、技術サポートを引き受けることになった。そして、当時、事業部長になったばかりの臼田氏と、千種氏側の番組制作スタッフも含めて6名で番組配信を開始した。ハローTVより体制も内容も変更になったため、「ハローTV」から「ハッピーロード大山

TV」に名称変更が行われた。

　開局当初は、USTREAMを使って生配信を行い、宣伝カードやチラシなどで番組宣伝をしていたが、2011年10月にYouTubeに登録し、以降は、YouTubeにて月1回、商店街事務所やイベントスペース、時には多くの人通りがあるアーケード内から生配信を行っている。

▌番組の特徴 ······

　ハッピーTVのモットーは「明るく、元気に、楽しく」。番組MCは谷厚志氏が担当している。谷氏は、芸能界でタレントとして活動した後にサラリーマンに転身し、クレーム対応責任者の経験を経て、現在は「人を笑顔に」することを目指して全国での講演活動やテレビ番組のコメンテーターとしても活躍中の人物である。

　番組には、臼田氏と商店街の理事でもある日本茶専門店大山園を営む小原宜義氏、谷氏と共に番組進行役としてシンガーソングライターの鈴木友海氏、商店街ハッピーアンバサダーのCUTIEPAI・まゆちゃん、いたばしプロレスリングのはやて氏や所属レスラーのまるこ氏、商店街盛り上げボーイズのリーダーとして商店街のPR活動などを行っている板橋区出身のお笑いタレントの大島和也氏、その他月替わりで商店街に関わる多彩なゲストが出演している。また最近では、スタジオ内のモニターを通じて、VTuberの鯨野アイカ氏らも出演している。

　番組は、谷氏とゲストとのトークによるオープニングから始まり、5～7本程度のコーナー映像にスタジオでのトークを交えて進められていく。台本はコーナー映像の順番程度しか記載されていない、かなり緩やかなものとなっており、スタジオトークはほぼアドリブ

ハッピーロード大山TVの配信の様子

である。1回の配信時間は明確に定められておらず、2時間を超えることも多い。

▌番組制作方針と制作プロセス ……

千種氏は、ハッピーTVの主人公は商店街であり、自分はサポート役であると述べており、制作にあたっては、以下の6つを心がけていると言う。

---

① 企画、アイデアを否定しない。
② 面白くする方法を考える。
③ ダメそうでも「やってみましょう」とやってしまう。
④ 継続する。スタッフがいなくなっても、やる。
⑤ 主人公は商店街。
⑥ (真の) ねらい、(裏の) 戦略を持つ。

出所：千種伸彰「ハッピーロード大山TV——大人の学芸会または運動会」日本メ
　　　ディア学会2022年春季大会ワークショップ2『ネット時代のコミュニティ
　　　情報の可能性：「放送」から「通信」へ 地域情報発信を問う』

上記の6つをまとめてみると、この番組の魅力が見えてくる。千種氏は、ネタ元は常に商店街にあり、それを映像構成・演出の専門家である自分が面白くするのだと言う。「マイナスの事柄をプラスに転ずる手立てはいろいろある」と言っており、失敗やマンネリの中から生まれるものも多く、まずはやってみること、持続するなかで「気づき」があると言う。この方針があるからこそ、商店街発の「面白い」コンテンツが発信され続けているのである。

番組は、以下のような制作プロセスを経て放送されている。1回の番組が終わると、翌月の番組に向けて、制作のための企画会議が開催され、具体的な放送内容が検討される。臼田氏から商店街のイベントや企画が提示され、千種氏がそれをどのように映像化するか検討していく。以前、筆者の大学の学生がインターンシップ生として参加した際は、この時点で学生のアイデアが採用されることもあった。それぞれの自由な発想から商店街のアピールにつなげる仕組みがこの段階から構築されている。

その後、月に1回行われる配信日までに、臼田氏を中心とした商店街関係者

による取材アポや調整の元、千種氏による撮影（取材）・編集・原稿制作など が行われていく。番組配信日などについては、商店街のチラシで告知されてい く。番組配信当日は、毎回、千種氏と映像に精通するディレクターが機材の設 置から撤収まで行い、MCの谷氏やゲストと一体となって番組を盛り上げてい く。コロナ禍になってからは休止しているが、収録の後には必ず交流の場が設 けられており、反省会ならぬ交流会として、次のアイデア出しにつながってい る。その結果、単なる外部委託の番組ではなく、商店街の意思が反映された番 組づくりが可能になっている。

■「主人公は商店街」の番組コンテンツ ……

　これまでにハッピーTVで制作され、ハッピーロード大山TVのYouTubeチャ ンネル（https://www.youtube.com/@happyroadTV）に上がっている約900本の 動画内容を大きく分けると、①生配信のアーカイブ（2時間程度）、②コーナー コンテンツ（2〜10分程度）、となる。①については、7年前から現在に至るま で生配信した番組がYouTubeにそのまま残されているため、過去の番組でも 遡って視聴することができる。

　特徴的なのは、②のコーナーコンテンツである。商店街のイベント紹介、個 店紹介、企画特集、人物紹介、地域紹介、ドラマ、ミュージッククリップなど 多種多様なコンテンツがあり、ハッピーロード大山を様々な角度から知り、ま た楽しむことができるようになっている。これまでのYouTube視聴回数ラン キングを見ると、地域団体との連携、他メディアとの連携、歴史、企画ものな ど、多様なコンテンツがあることがわかる。

　上記以外にも多様なコンテンツが蓄積されているが、ハッピーTVを特徴付 けているコーナーコンテンツを2つほど取り上げ、その概要を紹介する。

『大山幸道物語』（2015年〜2017年）

　千種氏監督・編集による、ハッピーロードマン（大山幸道）を主役としたド ラマである。1回の番組は5分から10分程度であり、3シリーズ19回にわたっ て制作された。ハッピーロード大山でプラカード持ちなどのアルバイトをしな がら生計を立てている大山幸道がレスラーとして活躍を目指すという内容で、 大山幸道が、商店街で出会った女性に一目惚れをした後にフィアンセがいるこ

人気コンテンツベスト10

	動画のタイトル	動画公開時刻	視聴回数
1	大山出身の女子プロレスラーSareee凱旋	Feb 3, 2018	29777
2	お店紹介「横浜小籠包」フジテレビおじゃマップ乱入 商店街騒然!?	Jun 9, 2014	28902
3	【ハッピーTV】ホンマでっか!?　ハロウィンTV	Oct 7, 2017	17479
4	タワシおじさんハッピーロードに現る！ スクープ映像！　都市伝説　散歩	Jul 5, 2014	16552
5	貴重映像　大山の歴史　板橋専門店街CM　昭和30年代	Jun 5, 2014	12123
6	Cutie Pai　まゆちゃん　ラヴちゅるり ハッピーロード大山商店街	Dec 7, 2013	10582
7	都市伝説 – File No.3 – 地下に眠るエンジェルの謎	Oct 13, 2012	9895
8	ハッピーロード大山 〜貴重映像でつづるその歴史とルーツ〜	Nov 17, 2012	9694
9	板橋プロレスリング　はやて選手　ピカちゃん 菊タロー　がばいじいちゃん他	Oct 11, 2014	8384
10	実況ハッピープロレス　騒然！がばいじいちゃん登場	Oct 7, 2016	7735

出所：千種伸彰「ハッピーロード大山TV——大人の学芸会または運動会」日本メディ
ア学会2022年春季大会ワークショップ2『ネット時代のコミュニティ情報の
可能性：「放送」から「通信」へ　地域情報発信を問う』

とを知って恋に破れる姿や、いじめを受けた少年と交流することで友情が芽生
え大事なことに気づく姿などが、商店街内をロケ地として繰り広げられていく。
　商店街内のお店の人たちやハッピーTVの出演者なども多数出演し、試合の
風景はいたばしプロレスリングの実際の大会の様子が使用されている。この
番組は、全てハッピーTV内で放映され、現在でも、いたばしプロレスリング
のウェブサイト、ハッピーTVのYouTubeチャンネルで視聴することができる。
登場人物の台詞は無声映画風に全て字幕で綴られている点も特徴的である。千
種氏によれば、基本的に出演者は地元の関係者で演技の経験がない方々なので、
セリフで素人っぽさを出さないように、あえてこのような演出にしたという。

その結果、ドラマとしてのクオリティも担保され、商店街とドラマの組み合わせにより、商店街の魅力の新たな発信につながっている。

大山都市伝説!?　あのウワサ、ナゾを徹底取材（2012年〜）

MCの谷氏が潜入取材し、商店街にある数々の謎を解き明かしていくバラエティタッチのコーナーである。今までに取り上げたものは、「ナゾの地蔵」「ナゾの巨木」「地下に眠るエンジェル」「いつ見ても元気がないサンタ」などであり、谷氏が訪問先で商店街関係者とのトークを繰り広げていく。なお、第3回（2012年放送）で取り上げられた「地下に眠るエンジェル」とは、ハッピーロード大山商店街の旧キャラクターであり、商店街内の時計店が地下で保存していたものであることが番組内で判明した。この時計店は、一連のまちづくり・再開発事業で移転することとなり、2020年に「地下に眠るエンジェル像信仰その後」として再度取り上げられている。軽妙なタッチでありながらも、商店街の変化を伝えるという重要な役割を果たしていると言える。

4 ┃ ハッピーロード大山TVの放送継続要因と配信効果

ハッピーTVが10年継続できた要因はいろいろあると考えられるが、①商店街内外関係者の分担と協力、②「緩やかな」「無理のない」情報発信ができていること、が大きいのではないだろうか。①については、商店街内外の関係者の出演、技術などの分担や協力体制が構築されていることはここまでに述べたとおりである。②については、発信側が楽しんでおり、放送後の交流を経て、さらに仲を深めている。動画配信によって構築された緩やかなつながりがリアルの場につながることで、意思疎通がしやすくなり、現在に至っていると言えよう。

また、10年間配信を続けてきたことで、さまざまな効果が生み出されている。

第1に、番組を通じて商店街内外の新たな関係性の構築・拡大につながっているということである。臼田氏は自らが個店に取材交渉に行くことで「テレビがきっかけでアポ取りという試練を乗り越えて、他の事業でもお店さんに声かけやすくなったというのがありますね」と述べており、番組がハブとなって、店舗間の新たなコミュニケーションや新たな事業展開に結びつき、その結果、

商店街全体の活性化につながる効果が生み出されている。

　第2に、情報番組やドラマ、MVなどのロケ地としてハッピーロード大山商店街が選ばれるためのきっかけを生み出したということである。そのきっかけは、個店の対応の変化と「蓄積配信」の仕組みの2点に集約される。個店の対応の変化は、ハッピーTVを通じた取材やロケが商店街内で頻繁に行われることにより、個店関係者が「取材慣れ」をするようになったことが理由として挙げられる。ハッピーTVが始まる前は、テレビ番組などの取材が来ても、個店が断ってしまうことも多かったという。だが、「自分たちが情報発信するんだから、外のテレビの人も受けましょうっていう、ノウハウというか体質というかそういう技術を商店街の方が身につけた」と千種氏が述べているように、番組を通じて、取材を受けるための土壌が整備されたと言える。

　また、「蓄積配信」の仕組みについては、千種氏が自身の著書『Self Cast!　ビジネスを加速させる動画配信』（サイゾー）において詳細に解説しているが、マスコミ関係者が情報検索して取材対象を探す時のプロセスを想定して、番組を数分のコーナーコンテンツに分け、キーワードやリスト化するなどの工夫を継続的に施している。この結果、多くの取材がひっきりなしに商店街に来るようになったのである。

　さらに、この「蓄積配信」は思わぬ効果も生んでいる。臼田氏が教えてくれたエピソードを一つ紹介したい。商店街内の大山駅近くに、地元からも大人気の銀扇というとんかつ屋があるが、このとんかつ屋に最近初めて来店した客が、「ハッピーTVの紹介映像を見て来ました」と言っていたそうである。しかし、その映像は、8年前のものであったという。普通の情報番組であれば放送は1回で終了し、放送後に人の目に触れる機会は少ない。また、ハッピーTVのアーカイブが毎回の2時間以上の番組だけであれば、その中から店舗の情報を探すという行為は普通の人であればあまりしないであろう。しかしながら、YouTubeにコーナーコンテンツの映像が多数蓄積されていることで、上述のような行動につながり、結果的に、新たな客層へのPRにもつながっている。

　ハッピーTVは、商店街内外のキーパーソンを軸として、継続的に商店街の情報を発信することで、地域価値を高めるためのコミュニケーションと情報の還流に寄与していると言える。

　ハッピーロード大山商店街は、今その姿が大きく変わりつつある。ハッピーTVはまちづくりの過程のアーカイブとしても有効であろうし、臼田氏が、「テ

レビがテレビだけで完結するのではなく、テレビがハブになり、人がつながり、イベントもつながっていく、そんな存在でありたい」と述べているように、商店街の中核として今後も大きな役割を担い続けていくことが期待される。

（牛山 佳菜代）

＊1　商店街は、①近隣型商店街、②地域型商店街、③広域型商店街、④超広域型商店街の4つに大別することができる。近隣型商店街は、「最寄品中心の商店街で地元住民が日用品を徒歩又は自転車等により買い物を行う商店街」（中小企業庁）と定義されており、4つのタイプの中で最も住民に近い形態の商店街である。

＊2　現在参加している8自治体は、北海道岩見沢市、岩手県二戸市、山形県尾花沢市、山形県最上町、千葉県いすみ市、新潟県糸魚川市、和歌山県田辺市、長崎県平戸市である（2023年1月現在）。

第 II 部

地域の情報文化拠点
としての博物館

第Ⅱ部の構成と概要

　第Ⅱ部では、地域の情報文化拠点としての博物館について、地場産業の歴史を伝える産業博物館の取り組み、学校教育との連携、震災の記録と記憶の継承、過疎化が進む地方での博物館の新たな役割といった点を中心に、多くの事例をもとに紹介したい。

　近年、特定の産業の歴史や概要について紹介する産業博物館が、各地の産業遺産や現役の産業を観光資源として活用して観光プロモーションに役立てようとする動きが活発化するなかで注目されるようになり、地域学習の場としても期待されるようになった。だが、地方の産業博物館ではいろいろな課題を抱えており、第４章ではそうした地方の産業博物館の抱える課題について考察する。

　また、学校教育との連携について、今日、平和教育、環境教育の分野での博物館の活用は、多くの修学旅行生の訪れる大規模施設を除くと、充分に行われているとはいえない状況で、特にこの分野で重要な展示をしている地方の中小規模の民営施設の中には、学校関係の利用がほとんどないところもある。

　第５章では平和教育、環境教育の分野で優れた展示や取り組みを行っている地方の博物館の抱える課題について考察する。

　第６章では、数十年以内に南海トラフ巨大地震の発生が予想されるなか、全国にある防災教育施設や大規模災害の伝承施設が、災害の記憶や教訓を伝え、防災・減災に向けた教育面で担っている役割について見ていく。

　最後に第７章では、過疎化が進む地方での持続可能な博物館経営について、各地の事例をもとに、地域の記録と記憶の継承、関係人口拡大、そして地域で暮らす人々の課題解決などに向けた様々な取り組みについて紹介したい。

第 **4** 章

地方の産業博物館の
現状と抱える課題

　産業博物館とは、特定の産業がどのように誕生して発展してきたのかという歴史やその概要について、様々な展示を通して紹介している博物館[*1]である。特に地方の産業博物館は、博物館が立地する地域の代表的な産業を通した地域の発展の歴史について紹介しているものも多い。

　こうした産業博物館は、公益財団法人日本博物館協会が5年ごとに行っている博物館総合調査に「産業」という館種区分がなく[*2]、全国各地にどれだけの産業博物館があるのか、正確な数は不明である。だが、近年では各地の産業遺産や現役の産業を観光資源として活用し、地域の観光プロモーションに役立てようとする動きが活発になるなか、そうした産業遺産や現役の産業を紹介する産業博物館も注目されるようになった。また、地域の人たちが地域の歴史や文化について学ぶ場としての役割も、こうした産業博物館に期待されるようになった。

　ただ、各地の産業博物館による地域の産業遺産や現役の産業を紹介する取り組みの多くが、必ずしも充分に地域の観光プロモーションや地域学習に寄与し、地域活性化に大きく役立っているわけではなく、いろいろな課題に直面しているところも少なくない。

　第4章ではこうした地方の産業博物館の現状と抱える課題について、福岡県北九州市のゼンリンミュージアム、熊本県熊本市の熊本日日新聞社新聞博物館、長野県大町市の大町山岳博物館、長野県千曲市の戸倉上山田温泉資料館、福岡県田川市の田川市石炭・歴史博物館、福岡県大牟田市の大牟田市石炭産業科学館の6館を取り上げて考察したい。

1 企業が運営する産業博物館

■ゼンリンミュージアム ……

　ゼンリンミュージアムは、地図情報を扱う企業として国内最大手のゼンリンが、本社のある福岡県北九州市で運営する企業博物館である。その母体となったのは、ゼンリンの創業家の二代目社長である大迫忍が収集した国内外の地図コレクションを公開するため、2003年7月に開館した「ゼンリン地図の資料館」である。

「ゼンリン地図の資料館」では、地図コレクション以外に、ゼンリンの歴史や過去に制作した地図、そして地図の制作工程などについての展示もあり、産業博物館としての性格を持っていた。だが、「ゼンリン地図の資料館」はリニューアルのため2019年11月にいったん閉館し、2020年6月に新たにゼンリンミュージアムとして開館した。

　ゼンリンミュージアムではゼンリンの企業色や産業博物館としての要素をなくして、ゼンリンが新たに購入した主に15世紀から19世紀にかけて海外で制作された日本の地図を加え、ゼンリンの所有する地図のコレクションを見せる内容の常設展を行っている。このように博物館のコンセプトを変えた理由として、館長（学芸員）の佐藤渉は、「今日、地図の利用が従来の紙の地図からスマホの地図アプリなどに移行したことで、多くの人にとって地図は身近な存在になったが、一方で地図の歴史や文化に対する関心は薄れており、そうしたかつての地図の歴史や文化を継承して伝えることを、地図制作を生業とするゼンリンという企業のメセナ活動的な役割と考えて、今のスタイルにした」という。

「ゼンリン地図の資料館」の時は入館料が100円と安価で、平日のみ開館していたこともあり、来館者の多くは高齢者だったが、ゼンリンミュージアムでは入館料が1000円とちょっとした美術館並みの価格となり、代わりに月曜日を休館日として土・日・祝日を開館したことで、地図専門の博物館が他にほとんどないこともあり、遠方からの来館も含めて学生から高齢者まで幅広い層の来館者が訪れるようになった。特に、長久保赤水の「赤水図」や伊能忠敬の「伊能図」は、時間をかけて見ていく人が多い。

ゼンリンミュージアムでは今後、「大学などの研究機関との連携による所蔵する地図の研究や講演会・ワークショップなどのイベントの開催、中学・高校生を対象にした教育目的での利用拡大、そして地元の小倉城などの観光スポットと連携した観光振興に力を入れていきたい」（佐藤）という。また、かつて「ゼンリン地図の資料館」で行っていた「ゼンリンの歴史や過去に制作した地図、そして地図の制作工程とかについての展示については、企画展の形で改めて行いたい」（佐藤）とのことだ。

　このようにゼンリンミュージアムは、社会科学的な産業博物館としての展示を外して、人文科学的なゼンリンの企業コレクションを展示して見せる博物館に特化したことで、古い地図に関心のある人たちが数多く訪れるようになった。けれども一方で明治から戦前にかけて、そしてゼンリンの企業の歴史とも関わりの深い戦後から今日に至るまでの地図の展示がないため、その部分に関心のある人たちの潜在的なニーズに応えられていないということは指摘されよう。

　なお、ゼンリンのコレクションには戦前の地図も少なからずあるが、こうした地図については、現在では差別表現とされる表記がされているものも少なからずあり、公開が難しいといった問題もある。ただ戦後、ゼンリンが力を入れて取り組んだ住宅地図に関しては、スキャニングによるデータ化もされており、「特に、地元の人たちにとって関心の高い地図による地域の移り変わりを見せる展示は、これから企画していきたい」（佐藤）という。

　今日、多くの博物館などがデジタルアーカイブの構築に取り組んでおり、そうしたなかでゼンリンの持つ戦後の各時期のデジタル化された地図データとの連携は、将来、大きな可能性を秘めている。そのため是非ゼンリンミュージアムには、自社のこれまでの地図制作を含む産業博物館としての展示の取り組みと併せて、注力してほしい。

■ 熊本日日新聞社新聞博物館 ……

　ゼンリンミュージアムは、自社で収集した美術品を展示する企業美術館のように企業コレクションとしての地図の展示を中心に運営している企業博物館だが、これと対照的に産業博物館としての性格を強く持つ企業博物館として、熊本県熊本市で地方紙の熊本日日新聞社が運営する新聞博物館がある。

　熊本日日新聞では、新聞印刷が活版印刷から電算写植に移行しようとしてい

た転換期の1977年1月の役員会で、不要になる活版印刷機などを破棄処分とするのではなく、新聞博物館を設置してそこで保存していくことが決まった。そして、10年余り後の1987年10月に開館した新聞博物館では、自社で使っていたもの以外にも、メーカーにも呼びかけて不要となった新聞印刷関連の機械や各種資料を寄贈してもらう形で展示品を収集した。

　また熊本県は、國民新聞を創刊した徳富蘇峰、大正日日新聞を創刊した鳥居素川、東京朝日新聞の主筆として活躍した池辺三山、電通の創業者である光永星郎などの出身地であり、こうした新聞界と関わりの深い地元出身の言論人に関する資料も収集して展示している。

熊本市の熊本日日新聞社内にある新聞博物館

　館長の丸野真司によると、「熊本日日新聞社では、新聞博物館が開館する前からNIE活動[*3]に取り組んでいて、新聞博物館を自社のNIEの活動の拠点にしたいという思いもあった」という。そのため新聞博物館では、これまで編集局のNIE担当部門と協力して様々なイベントを行ってきた。コロナの前の2019年には、編集局読者・新聞学習センターくまTOMO・NIE班と連携し、毎週土曜・日曜に熊本日日新聞の朝刊に掲載される「くまTOMO」という小中学生新聞のサポーターに登録している小中学生を対象に、新聞博物館で地元出身のスポーツ選手を招いてサポーターの子どもたちとの交流会を行い、それを「くまTOMO」の紙面で報告するといったことを何度か行った。コロナ禍で、新聞博物館で収録した子どもたち向けの講演会を、オンラインで配信して学校の授業で使ってもらうといった取り組みも行っている。

　こうしたイベント以外にも、新聞博物館では学校の社会科見学の受け入れを積極的に行っており、特に本社の敷地に新聞博物館と印刷工場の双方があって輪転機で夕刊が印刷される現場を見学することができるため、これまで多くの

学校が社会科見学で訪問している。ただ、近年では記者が出前授業で学校に行って話をすることが増えたこともあり、社会科見学自体は減少傾向にある。

　また、新聞博物館では開館当初から企画展に力を入れており、明治から昭和にかけての新聞号外展や新聞漫画展、西南戦争から第二次世界大戦までの各時代の戦争を取り上げた新聞展から、近年の熊本地震を記録した震災報道展まで、毎年数回、それぞれの時代を記録した新聞をテーマに様々な企画展を行ってきた。2020年に行った「感染症報道100年に学ぶ」では、1世紀余り前のスペイン風邪から、コレラ、ポリオ、日本脳炎、SARS、MERS、新型インフルエンザに至るまで、各時代で流行した感染症を伝えた新聞報道を振り返り、改めて昨今のコロナ禍の暮らしを考えることを意図して企画され、多くの来館者を集めた。

　なお、常設展については、1987年に開館してから同じ展示をしていたため、昭和の終わりから平成にかけての資料などの展示がなく、そのため2020年にリニューアルして、過去30年余りの資料の展示を加えた。

　このように新聞博物館では、熊本日日新聞の歴史にとどまらず明治以降の日本の新聞の歴史を網羅して伝える産業博物館としての役割を担っているが、同様の博物館は2000年に開館した日本新聞協会が運営するニュースパーク（日本新聞博物館）しかなく、熊本日日新聞という地方紙がこうした博物館を他に先駆けて開館し、かつての新聞印刷関連の機械を破棄される前に展示品として確保したことの意味は極めて大きい。

　ただ、日本の新聞の貴重な歴史を伝える新聞博物館だが、年間の来館者は、熊本地震の写真展を行った2016年に1万人を超えたのを除くと、近年では5000人余りで推移しており、決して多いとはいえない状態である。だが丸野は、「新聞博物館はある意味で熊本日日新聞がフィランソロピー活動として行っているもので、誰でも来館しやすいよう入館料も無料で日曜以外は開館しており、来館者の中から新聞により関心を持って将来的にも新聞を読み続けてもらえる人が数多く出てくれば、充分にその役割を果たすことになるので、今後とも新聞の紙面やネットでの広報、そしてNIE関連の取り組みの強化に力を入れたい」と語る。

2 | 地域産業を伝える産業博物館

■ 大町山岳博物館 ‥‥‥

　これまで見てきたゼンリンミュージアム、熊本日日新聞社新聞博物館は、北九州市、熊本市といった大都市に所在する地域の中核となる企業が運営する企業博物館、産業博物館だが、その展示内容は地域固有の産業を伝えるものではない。次に、特定の産業に依拠した地域で、その産業の歴史や関連する文化を伝える産業博物館について見ていきたい。

　長野県北西部に位置する大町市は、立山黒部アルペンルートの長野県側玄関口で、北アルプスへの登山やスキーなどの観光客の受け入れが、地域の重要な産業となっている。この大町市がまだ町だった1951年に、日本初の山岳博物館として大町山岳博物館は開館した。その前身となったのが1947年に設置された大町公民館で、その郷土部に所属する地元の青年たちが、北アルプスの大自然と一体となった地域の特殊性を活かして、山岳博物館の設立を構想し、地元の人たちの支持を得て大町山岳博物館が建設されることになった。[*4]

　大町山岳博物館は、いわゆる郷土博物館と違って地域の歴史に関する展示は一切行っておらず、山岳に特化した資料の収集と展示を行っており、化石標本、地質標本、動植物標本などの自然科学系資料から山岳資料、山岳関係の民俗資料や図書など、2020年3月末時点で6万4000点余りの資料を収集している。[*5]副館長（学芸員）の清水隆寿によると、「収集した資料の1％は博物館が自らの予算で独自に購入したものだが、残りの99％は寄贈されたもので、かつて北アルプスの山に登った登山家や登山愛好家から、毎年、登山用品や山岳関係の図書などの

長野県大町市にある大町山岳博物館

寄贈の申し出が多数ある」という。大町山岳博物館では収蔵庫のスペースが限られていて全てを受け取るわけにはいかず、受け入れの可否を厳密に行っている。そして、6万4000点余りの収集資料の内、常設展で展示しているのは1100点余りで、残りのものは企画展などで展示することになる。

　来館者数は、かつて団体旅行が盛んだった頃は、大型バスを連ねて来る団体旅行客が多く、年間10万人程が訪れていた時もあった。しかし、近年では旅行のスタイルが変わって団体旅行がほとんどなくなり、山好きの個人旅行者が家族や友だちと訪れるようになってから、毎年2万人程になっている。来館者の内訳は、直近で2011年に行ったアンケート調査では、首都圏を中心に県外からの来館者が63%、大町市を除く県内からの来館者が25%、大町市内からの来館者が8%で、海外からは1%とインバウンド需要は取り込めていない。年齢層は、60代以上の山好きの高齢者が最も多いが、それに次いで多いのが博物館学習のために訪れる10代の子どもたちである。冬のスキーシーズンには来館者は少なく、夏の登山シーズンに、登山の帰りに訪れる来館者が多い。

　大町山岳博物館の運営費の内、入館者の入館料収入で独自に賄えるのは1割未満で、残りの9割以上を大町市の予算（と一部、補助金）に頼っている。「大町市では、大町山岳博物館を大町市が誇る市の顔となる施設と考えていて、市の財政状況が厳しいなかでも削られることはほとんどない」（清水）という。

　大町山岳博物館が資料収集・保管とともに力を入れているのが教育普及事業で、個々の学芸員の調査研究をベースにした企画展を、年に2、3回企画し、それに合わせてミュージアムトークや講演会、現地見学会などのイベントを行っている。また企画展以外にも、大町山岳博物館付属園（動植物園）を会場とした「ふぞくえんまつり」、「さんぱくこども夏期だいがく」のような子どもたちを対象にしたイベントや、地域の小学校との連携授業も数多く行っている。

　今日、多くの公立博物館が事業予算の削減に直面しているなか、大町山岳博物館は地元自治体から予算措置の面で手厚く支えられ、教育普及事業に力を入れているが、ただ直面している課題として、博物館が企画するイベントの手伝いをはじめ、様々な形で博物館を支える市民のサポーター組織である大町山岳博物館友の会の活動が、メンバーの高齢化などによって弱体化してきていることがある。

　大町山岳博物館友の会は、大町山岳博物館が開館した後の1953年7月に、博物館の誕生に関わった地元の市民が中心となって博物館研究会として発足し、

1959年4月に博物館友の会に名称変更した。「1970年代くらいまでは、友の会のメンバーが頻繁に博物館に出入りして、職員と一緒に博物館の行う調査研究や企画展について話し合ったりしていたが、その後、世代交代が進んで、今は初期の友の会のメンバーの子どもたちの世代がコアメンバーとして役員になっているものの、その多くは60代以上と高齢化し、また地域から若い世代を中心とした人の流出が進み、メンバーの大半が大町市在住でなく、長野県内をはじめ全国各地に散らばっている状態」(清水)という。

　そして、かつて600人以上いた大町山岳博物館友の会のメンバーも、今は300人弱となり、若い世代の新規加入がほとんどなく、こうしたなかで地域の博物館を友の会をはじめとした地域の人が支えるという仕組みを、今後、どのように維持していくことができるのかが大きな課題となっている。

▌戸倉上山田温泉資料館 ……

　長野県北部の千曲川中流域に位置する千曲市は、2003年9月に更埴市、戸倉町、上山田町の3つの自治体が合併して誕生した。この内、戸倉町と上山田町は、明治期に開湯した戸倉上山田温泉によって、戦後、全国的に有名な温泉観光地となったが、1997年に開業した長野新幹線のルートから外れたこともあり、近年では廃業する温泉旅館も増えて、緩やかに衰退している。

　1893年の戸倉温泉の開湯から10年後の1903年に上山田温泉が開湯し、そして1907年に温泉の源泉を管理して地元の宿泊施設に給湯する上山田温泉株式会社が設立された。この上山田温泉株式会社が、創立百周年記念事業で2007年5月に開館したのが戸倉上山田温泉資料館である。戸倉上山田温泉資料館は上山田温泉株式会社が運営する企業博物館だが、ゼンリンミュージアムや熊本日日新聞社新聞博物館と大きく異なるのは、大都市に所在する企業が運営する博物館ではなく、大町山岳博物館同様、特定の産業に依拠した地域で、その産業の歴史や関連する文化を伝える産業博物館としての役割を担っている点である。

　戸倉上山田温泉資料館の展示は、上山田温泉株式会社から依頼された地元の中学校の教員で長野県立歴史館の専門員・資料調査員を務めた滝澤公男が、創立百周年記念誌の編纂と併せて会社の倉庫や地域の温泉旅館に保管されていた資料などをもとに作ったものである。館内には、戸倉上山田温泉の100年余りの歴史を記録する写真をはじめとした各種資料の他、他所では戦時中に供出さ

れてほとんど残っていない戦前の温泉掘削機なども展示され、掘削の技術について
いてパネルで解説している。

　入館料は無料で、見学希望者は事前に予約したうえで訪れ、その都度、上山
田温泉株式会社の社員が開けて、必要に応じてガイドで説明する形となる。代
表取締役社長の小平悟朗によると、「開館した当時から展示内容はほとんど変
わっておらず、毎年、地元の小中学校から地域学習で子どもたちが訪れたり、
戸倉上山田温泉の歴史について関心を持った人が訪れたりするものの、見学者
の数は毎月数十名くらい」とのことで、上山田温泉株式会社の方でも積極的に
PRしていないのが現状である。

　ただ、戦前の温泉掘削機などの貴重な展示品が数多く保存されている戸倉上
山田温泉資料館は、他の人気を博した観光地に立地していれば重要な観光ス
ポットの1つになるもので、マスメディアへの露出を含めたプロモーションの
仕方次第では、今後、地域の貴重な産業観光資源となる可能性は充分に考えら
れる。

3 ｜ 過去の地域産業の記録と記憶を伝える産業博物館

▌田川市石炭・歴史博物館 ‥‥‥‥

　大町山岳博物館、戸倉上山田温泉資料館は、いずれも展示の背景となる地域
産業が現在もその営みを続けているが、過去に存在した地域産業の営みを記録
し、その記憶を伝える産業博物館として石炭博物館がある。

　戦後の高度経済成長期まで産炭地で地域の基幹産業だった石炭産業は、膨大
な数の雇用を抱えて地域社会の繁栄の核となったが、その後、エネルギー市場
の構造変化にともない石炭産業が急速に衰退した結果、基幹産業を失った地域
では人口の流出に見舞われることになる。そうしたなか、かつて基幹産業だっ
た石炭産業とともに繁栄した地域の歴史を記録して保存するため、多くの旧産
炭地だった自治体で石炭博物館が設置された。

　福岡県田川市の田川市石炭・歴史博物館は、かつて筑豊炭田で最大の炭坑
だった三井田川鉱業所伊田坑の跡地に田川市石炭資料館として1983年3月に開

館し、2005年6月に福岡県教育委員会から「登録博物館」として認可され、同年10月に現在の名称になった。

　本館には3つの展示室があり、第1展示室が「石炭産業の歴史」、第2展示室が炭坑労働者で炭坑記録画家である山本作兵衛によるユネスコ世界記憶遺産（世界の記憶）に登録された炭坑画を紹介する「山本作兵衛コレクション」、第3展示室が「田川地域の歴史と民俗」をテーマにした展示が行われている。他に石炭採掘に使われた大型機械類を展示した野外展示場、明治・大正・昭和期の各炭坑住宅を復元した産業ふれあい館がある。学芸員の朝鳥和美によると、田川市石炭・歴史博物館は、かつての「石炭産業の歴史」に関する展示がメインだが、それだけではなく「田川地域の歴史と民俗」に関する展示についても力を入れている。

　ちなみに、三井田川鉱業所伊田坑が1964年に閉山してその跡地が石炭記念公園となった後、田川郷土研究会という地元の市民グループによる炭坑の歴史を記録して残そうとする取り組みなどもあるなか、文化庁の歴史民俗資料館補助事業で田川市石炭資料館の建設が計画され、閉山から19年後に田川市石炭資料館が開館することとなった。そして、旧三井田川労働組合の協力を得て、当時、三井系の炭坑で唯一活動していた三池炭坑労働組合と交渉し、炭坑関係の様々な機械を収集した。また、市内在住のかつての炭坑関係者から、自宅に残っていた器具などの寄贈も多数あり、田川市立図書館からは山本作兵衛関係のコレクションを移管して、所蔵資料を確保した。

「田川市石炭資料館が開館した当時、地元ではかつて採掘現場の事故で多くの死者を出して暗いイメージの強い炭坑の歴史を負の遺産としてとらえる風潮も残っており、田川市では炭坑住宅を残さずに全て取り壊してしまい、そのため1996年に産業ふれあい館を建てる際には実物大で復元することになった」（朝鳥）という。

　その後、田川市石炭資料館（2005年から田川市石炭・歴史博物館）の来館者は、毎年2万人前後で推移していったが、山本作兵衛の炭坑画が2011年5月に日本で初めてユネスコ世界記憶遺産（世界の記憶）に登録されたことで話題となり、2011年度の来館者は14万9798人となった。その後、来館者は徐々に減って、コロナ前の2017年度の来館者は2万6943人となっている[*6]。

　田川市石炭・歴史博物館では地域学習での子どもたちの利用に力を入れており、2019年度から「子ども学芸員育成講座」を開催している。これは子どもた

ちが、①郷土の歴史や文
化を積極的に知る、②調
べたこと、学んだことを
他者に伝える、③博物館
の役割について知り、ユ
ニバーサル・ミュージア
ム（外国人、障がい者、高
齢者、子どもを含む、多様
な人が楽しめる（学べる）
博物館）を考えることを

福岡県田川市にある田川市石炭・歴史博物館

目的にしたワークショップである。また毎年、石炭を実際に燃やしてその火力
や匂いを体感するイベントを行っており、こちらは子どもだけでなくかつて石
炭を日常生活の中で利用していた高齢者にも人気である。

　田川市石炭・歴史博物館の課題として、初代館長の安蘓龍生を別にすると、
その後の館長をはじめとする博物館の学芸員の多くは、もともと石炭産業を専
門に調査研究を行ってきたわけではなく、田川市石炭・歴史博物館に勤めるよ
うになったことで、初めて石炭産業について実際に石炭産業に従事していた人
の話を聞いて勉強し、解説するようになったことがある。

　なお、かつて三井田川鉱業所伊田坑で採掘に従事していた人たちの多くは、
閉山にともなって各地に散らばり、また地元に残った人たちも高齢化して、10
年程前は実際に採掘現場で働いていた人が語り部としてボランティアで解説し
ていたが、今ではそれができなくなり、経験者による伝承が難しくなった。そ
のため博物館の学芸員が、現場の経験者の記憶を伝承すべく、個別にインタ
ビューを通してうかがった話を報告書にまとめるとともに、映像に記録して
DVDにして保存することに取り組んでいる。
「中には採掘現場の事故で身内や知り合いを亡くされて辛い思いをしたため、
過去を振り返って積極的に語ろうとしない方もいて、そうした方に話をしても
らえるようになるまで時間がかかっている」（朝烏）

　ただ、こうしたかつての石炭産業従事者のインタビュー映像は、現在、デジ
タルアーカイブのような形でまとまって公開されているわけではなく、主に学
芸員が来館者への解説や講座などで話す際の資料として活用するのにとどまっ
ている。

また、かつての炭坑関係の公文書については、田川市の方で情報公開条例にもとづいて管理し、個別に請求があればその都度確認して公開しているが、ただ田川市石炭・歴史博物館の方で仕分けしてまとめて公開することは、「少なくとも関係者が在命の間はプライバシーの問題などあって難しく、今後、検討が必要な課題」（朝烏）という。田川市石炭・歴史博物館には、かつての炭坑関係者やその親族などから当時の在職者の名簿に関する問い合わせなども少なからずあるが、炭坑労働に対する負のイメージが残っていた時代が長く続いたこともあり、情報公開には非常に慎重になっている。

　あともう１つ今後の課題として、田川市石炭・歴史博物館は、田川広域観光協会の「たがわネット　田川まるごと博物館」のようなサイトで、田川地域の他の観光スポットとセットで観光プロモーションが行われているが、2015年にユネスコの世界遺産に登録された「明治日本の産業革命遺産　製鉄・製鋼、造船、石炭産業」に筑豊は含まれておらず、産業観光という枠組みでの観光プロモーションはほとんど行われていない状態である。

　それで現在、全国の石炭博物館関係者で構成する全国石炭産業関連博物館研修交流会（全炭博研）という組織があり、田川市石炭・歴史博物館もこちらに参加して、他の地域の石炭博物館と交流しているが、戦後の復興期まで日本の基幹産業だった石炭産業に関心を持つ人たちを対象にした産業観光という枠組みで、今後、全炭博研に参加する他の石炭博物館と共同でサイトを立ち上げ、観光プロモーションを行っていくことは充分に検討に値する。

▍大牟田市石炭産業科学館 ……

　福岡県大牟田市にある大牟田市石炭産業科学館は、1997年に閉山する三池炭田の後の石炭産業に代わる観光産業の育成を目指して福岡県、大牟田市、三井系企業による第三セクターが立ち上げた遊園地、水族館、植物園などを備えた大型レジャー施設「ネイブルランド」に隣接して、有明海臨海部の貯炭場跡地に一緒に建設された博物館である。「ネイブルランド」と同じ1995年７月に開館したが、その後、「ネイブルランド」の方は来館者が集まらずに多額の負債を抱えて1998年12月に閉館し、博物館のみが残った。

　大牟田市石炭産業科学館は大型レジャー施設と一体となって計画されたため、主に石炭産業の技術の歴史を模型や映像で子どもたちにも分かりやすく紹介し

ている自然科学系博物館で、石炭産業に関わった人々の歴史を伝える田川市石炭・歴史博物館とは、かなり展示内容が異なる。

　館長の坂井義哉によると、「1959年から1960年にかけて起きた三池争議で三池労組は第一組合と第二組合に分裂し、その関係者の多くが開館当時に存命だったことや、1963年に起きた三川鉱炭じん爆発事故での一酸化炭素中毒訴訟が開館当時も続いており、それが戦後最大の労働争議である三池争議や戦後最悪の炭坑事故である三川鉱炭じん爆発事故について、展示で取り上げることができなかった背景としてある」という。

　だがその後、1997年の閉山によって地元に石炭産業がなくなったことで、大牟田市では2001年度と2002年度に当時の石炭産業科学館事務局長の吉田廸夫が中心となり、「こえの博物館」事業として映画監督の熊谷博子に依頼し、かつて石炭産業に携わった72名の人にインタビューして、その証言をもとに6本の映像作品を制作した。

　この内、「炭鉱電車の走るまち」、「みいけ　炭鉱（やま）の声が聞こえる」の2作品については館内の映像ホールで通常上映しているが、残りの4作品（「三池の語り部たち」1部、2部、3部、「三池炭鉱（やま）からの声」）については、三池争議や三川鉱炭じん爆発事故の関係者の証言が含まれるため通常上映は行わず、希望者は博物館に問い合わせて許諾を得て視聴できるようにしている。

　なお、熊谷の方ではこの映像作品を再編集して、2005年にドキュメンタリー映画「三池　終わらない炭鉱（やま）の物語」を制作して大きな話題となった。また、映像を制作するうえで収録した人たちの証言は、その後、2017年度にジャンル別に分けてライブラリー化している。

　大牟田市石炭産業科学館の常設展は、この映像を除くと開館当初からほとんど変わっていない。ただ企画展やイベントは、博物館が独自に企画するものは年に2回程だが、代わりに吉田事務局長の頃から地元の様々な市民団体が中心となり、年に数回行っている。そうした企画展やイベントの開催から館内の案内まで委託されて行っている団体として、NPO法人大牟田・荒尾炭鉱のまちファンクラブがある。

　理事長で博物館職員として企画担当をしている中野浩志によると、「NPO法人大牟田・荒尾炭鉱のまちファンクラブは、大牟田市、および隣接する熊本県荒尾市を中心に日本の近代化を支えた炭鉱のまちについて、その地域資源を活かしたまちづくり活動を行い、地域の活性化に寄与することで、炭鉱のまちの

風景と心象を次世代に継承することを目的とした市民団体で、2001年に設立されて2003年にNPO法人となった」という。大牟田市石炭産業科学館でボランティアガイドを養成して館内の案内をするだけでなく、これまで荒尾市の万田坑跡にある万田炭鉱館の管理・運営を、地元の市民団体の万田坑ファン倶楽部と協働で行ったりしてきた。

　このように大牟田石炭産業科学館は、「ネイブルランド」の閉館後も地元の市民団体の協力を得て博物館の運営を継続し、また閉山する前に博物館を建設することが決まったことで、併せて宮原坑跡、専用鉄道敷跡、旧長崎税関三池税関支署といった採炭から運搬までの石炭産業関連の主要な施設をまとめて残すことができたため、その後、三池炭鉱・三池港は「明治日本の産業革命遺産　製鉄・製鋼、造船、石炭産業」としてユネスコの世界遺産に登録されることとなった。

　ただ、「世界遺産に登録された2015年には、来館者数が前年の１万8000人から３万3000人まで増加したものの、その後は減少して2019年には１万8000人まで戻った」（中野）という。そして、「常設展の内容が開館当時からほとんど変わっていないため、来館者の大半が地元ではなくネットなどで大牟田石炭産業科学館の存在を知った福岡県内を中心に佐賀、熊本県あたりから訪れる人たちで、近年では若い人も増えている」（坂井）とのことだ。

　田川市石炭・歴史博物館同様、大牟田石炭産業科学館でも地域学習での子どもたちの利用に力を入れており、大牟田市を中心に周辺地域の多くの小中学校の生徒が見学に訪れている。特に、大牟田市立駛馬小学校と協力して、６年生を対象に宮原坑跡での「子どもボランティアガイド」の養成も行っている。

　大牟田石炭産業科学館の課題として、これまで展示でほとんど取り上げることのできなかった三池争議や三川鉱炭じん爆発事故などについて、将来的にどのように扱っていくのかということがある。これについては「企画展で取り上げていく以外に、三池争議や三川鉱炭じん爆発事故の舞台となった三川坑跡が、2013年に大牟田市の所有となり、現在、市の方で公開しているため、こちらに展示場所を整備して行うこともできるのではないか」（坂井）という。

　また、大牟田石炭産業科学館では、過去の三池の石炭産業関連の写真資料を相当数持っており、その一部を宮原坑跡のデジタルサイネージなどで見られるようにしているが、誰もが広く閲覧可能なデジタルアーカイブの形でタグ付けして公開されているわけではない。こうした写真資料のデジタルアーカイブ化

と公開を、今後、必要に応じてどこか大学などの研究機関と提携して進めていくことが期待される。

4 | 地方の産業博物館の抱える課題

■ 企業博物館として運営する際の方向性 ······

　企業が運営する産業博物館の課題について考えるため紹介したゼンリンミュージアムと熊本日日新聞社新聞博物館は、今日の企業博物館における2つの異なる運営の方向性を示している。

　1つはゼンリンミュージアムのように企業が収集したコレクションの展示を行う人文科学系博物館としての運営で、もう1つは熊本日日新聞社新聞博物館のように自社の事業領域となる産業領域についての展示を行う社会科学系博物館としての運営である。ゼンリンミュージアムの場合、企業が収集したコレクションといってもその事業領域と関係のない美術品とかではなく、自社の事業領域である地図のコレクションを展示しているが、そこで展示されているのはゼンリンという企業が誕生する前の主に19世紀までの地図である。

　ゼンリンミュージアムの前身である「ゼンリン地図の資料館」には、ゼンリンの歴史と過去に制作した地図やその制作工程についての展示もあり、産業博物館としての性格も併せて持っていたが、リニューアルによってメセナ活動として地図の歴史や文化を伝える博物館となって、日本地図学会や大学などの研究機関との連携も積極的に進め、また古地図に関心を持って訪れる来館者からは高い評価を得ている。

　ただ、一方でゼンリンの企業の歴史とも関わる明治から今日に至るまでの日本の地図に関する展示がないため、そうした分野に関心のある人たちのニーズを満たしていない。特に、戦前に国内で制作された地図の中には、現在では差別表現とされる表記がされているものもあり、そうした地図の公開については、博物館関係者や図書館関係者の間で様々な議論がされていて、ゼンリンミュージアムが積極的に公開に取り組むのは難しいということもある。

　ただ戦後、ゼンリンが制作した住宅地図は、様々なデジタルアーカイブと組

み合わせることで、地域社会の風景を記録するデータマップとして大きな可能性を秘めており、ゼンリンミュージアムにはこうした分野での産業博物館としての役割を改めて担っていくことが期待される。

一方、熊本日日新聞社新聞博物館は、熊本日日新聞社が企業のフィランソロピー活動として、自社の新聞制作の歴史と絡めて新聞業界の歴史を伝える産業博物館としての役割を担っているが、この背景にNIE活動がある。

ちなみに、1990年代からの地図のデジタル化の潮流のなかで無事生き残ったゼンリンは、かつてのアナログの紙媒体としての地図をコレクションとして展示することを通して、多くの人に地図の歴史や文化を普及啓発する形の博物館運営でも問題ないが、現在、新聞業界全体がデジタル化の潮流に直面するなかで今後の生き残りのかかった熊本日日新聞社の場合、NIE活動の一環として若い世代に新聞産業全体について知って関心を持ってもらい、新聞離れを食い止めることが新聞博物館のミッションとなっている。そのため熊本日日新聞の紙面とも連携して、時代に即した様々な企画を継続して行い、新聞産業の公共性や社会的な役割について発信し続けていくことは重要である。

▌地域の観光の中での位置づけ ‥‥‥

北九州や熊本のような地方の大都市で、地元の企業が社会貢献活動の一環で運営する産業博物館の場合、観光振興の面では多くの観光スポットの1つとして期待されるだけだが、特定の産業に依拠した地域では、地元の産業を紹介する産業博物館は、観光振興において大きな役割を期待されることになる。地元の学校と連携して地域学習の子どもたちを受け入れる場合、一度、関係ができると毎年定期的に訪れるようになるが、観光客の安定した受け入れは、地域と一体となった観光プロモーションが必要になる。

地方の博物館の多くは、かつて団体旅行が盛んだった頃は、大型バスを連ねた団体旅行客がツアーコースの一環で訪れていたが、近年では修学旅行を除いてそうした団体旅行がほとんどなくなり、来館者の数は大幅に減少している。

大町山岳博物館は、山岳観光が地域の主要な産業で毎年多くの訪問者が登山とセットで来館しているが、ただ近年ではある意味で地域の「関係人口」として大町山岳博物館に地域の外から通ってその活動を支えてきた大町山岳博物館友の会の会員が、若い世代の新規加入がほとんどなく会員数が減少し、会員が

高齢化しているといった問題を抱えている。こうした博物館のサポーター組織である博物館友の会の活力の低下は、将来的に博物館の企画する各種イベントの開催、そして地域の「交流人口」となる博物館を訪れる観光客の集客へ影響を及ぼす可能性があり、そのため大町山岳博物館では今後、リピーターとなる来館者を増やし、その中から博物館のコアなファンに博物館友の会の会員になってもらう仕組みをつくることが望まれる。それには現在、大町山岳博物館のサイトの中でしか紹介されていない博物館友の会について、様々なメディアへの露出によるプロモーションも必要になろう。

　戸倉上山田温泉資料館は、戦前の温泉掘削機などの貴重な展示品が数多く保存されており、他の著名な温泉観光地に立地していれば自然に一定の集客が期待できる重要な観光施設となったかもしれないが、展示を作った担当者が亡くなって以降、上山田温泉株式会社のマンパワー不足もあって資料館について積極的に宣伝しておらず、現在、事前予約による見学希望者のみ受け入れている状態である。今後、上山田温泉株式会社に負荷のかからない形で自治体の補助による運営と、全国各地にトータルでは数多くいる温泉マニアを対象に、戸倉上山田温泉とセットになった観光プロモーションは、充分に検討する価値がある。

　ちなみに、戸倉上山田温泉資料館のような温泉博物館は他に同様の施設は数少ないが、石炭博物館は多くの旧産炭地の自治体が設置しており、その関係者のネットワークとして全炭博研という組織もあって相互に交流している。こちらは産業遺構マニアからさらには近年注目されているダークツーリズムの文脈で石炭産業の産業遺構に関心を持つ人たちを対象に、共同でサイトを立ち上げての観光プロモーションを展開していくことが考えられる。

▌産業遺産の保存、記録と記憶の継承 ‥‥‥‥

　過去の地域産業の記録と記憶を伝える産業博物館として、石炭博物館が代表的な存在である。ただ石炭産業は、地域を分断した労働争議や多くの死傷者を出した炭坑事故の歴史もあって、かつては閉山後の産炭地で負のイメージを持たれたこともあり、田川市のように閉山から時間が経った後に田川市石炭・歴史博物館が誕生したところでは、閉山後に主要な石炭産業関連の施設が解体撤去されていた。開館時に残っていたモニュメントとなる施設は、伊田竪坑櫓と

伊田竪坑第一・第二煙突くらいで、そのためユネスコの世界遺産登録に向けた推薦からも外れることとなった。

　一方、大牟田市では、閉山前に大牟田市石炭産業科学館の建設が決まり、その時点から採炭から運搬までの石炭産業関連施設の保存を働きかけた結果、三池港や鉄道敷跡といった石炭の運搬に関わる施設をまとめて残すことができ、その結果、ユネスコの世界遺産に「明治日本の産業革命遺産　製鉄・製鋼、造船、石炭産業」として登録されることとなった。

　過去の地域産業の記録と記憶を伝える産業博物館にとって、こうした産業遺産のようなモノの保存とともにもうひとつ重要なのが、その産業に携わった人々の記録と記憶を将来に伝える取り組みである。田川市石炭・歴史博物館では、炭坑関係の公文書について、博物館が独自に仕分けして公開することが、少なくとも関係者が在命中の間はプライバシーの問題があってできない状態である。

　また、石炭産業に携わった人々の記憶を伝える語り部は、1964年に閉山した田川市石炭・歴史博物館では、その多くが高齢化して経験者による伝承が難しくなっており、現在、そのインタビュー映像をもとに学芸員が来館者に解説している。1997年に閉山した大牟田市石炭産業科学館でも、語り部はかつての経験者からその次の世代へと移行する時期に入っており、こちらは地元のNPO法人大牟田・荒尾炭鉱のまちファンクラブが、ボランティアガイドの養成を行っている。

　そして、大牟田市石炭産業科学館では、まだ関係者が在命中で対立構造が続いていて、博物館の展示として正面から取り上げることが難しい三池争議や三川鉱炭じん爆発事故のような労働争議や炭坑事故について、その証言を映像で記録し、ドキュメンタリー映画やライブラリー化して保存する取り組みを行っている。なお、写真資料のデジタルアーカイブ化とデータマップの形での公開については、今後の課題となっている。

　このように過去の地域産業に関する産業博物館の設置に際しては、初期の段階で産業遺産をいかに保存するのかということと併せて、その産業が過去に負の歴史を持っていた場合、関係者のプライバシーや対立構造に注意しつつ、その記録と記憶を映像などのメディアを活用し、アーカイブの形で将来に継承することに、長期的に取り組むことが重要である。

以上、第4章では地方の産業博物館の現状と抱える課題として、特定の企業が運営する場合の方向性（コレクションの紹介か、その企業が担う産業の社会的役割についての発信か）をどうするのか、地域の観光の中で博物館の役割をどう位置付けるのか、そして産業遺産の保存と併せたその産業に携わった人々の記録と記憶の保存と継承（映像による記録、アーカイブ化）について、6つの産業博物館の事例をもとに紹介した。

　多くの地方の産業博物館がこうした課題に向き合うことで、産業遺産や現役の産業を紹介する取り組みを通した観光プロモーションや、その地域の人たちが地域の歴史や文化について学ぶ場としての役割を果たすことにつながっていくことに期待したい。

（松本　恭幸）

＊1　博物館法では、所管地域の教育委員会の登録を受けた「登録博物館」、それに相当する施設として教育委員会の指定を受けた「博物館相当施設」、そして博物館法の適用を受けない「博物館類似施設」に分かれるが、日本で一般に博物館と呼ばれる施設の大半が「博物館類似施設」である。

＊2　博物館総合調査の館種区分は、総合、郷土、美術、歴史、自然史、理工、動物園、水族館、植物園、動水植の10区分である。

＊3　NIE（Newspaper in Education）は、新聞社による学校教育の現場で新聞を教材として活用することを支援する取り組みである。

＊4　大町山岳博物館の歴史については、市立大町山岳博物館編（2011）『市立大町山岳博物館60年の歩み』市立大町山岳博物館に詳しい。

＊5　市立大町山岳博物館編（2020）『市立大町山岳博物館令和元年度年報』市立大町山岳博物館、3頁。

＊6　田川市石炭・歴史博物館編（2020）『田川市石炭・歴史博物館　館報』第12号、田川市石炭・歴史博物館、2020年、43頁。

第 **5** 章

平和教育、環境教育における
博物館の活用促進に向けて

　1998年に告示された小中学校学習指導要領、翌1999年に告示された高等学校学習指導要領では、それぞれ博物館のような社会教育施設を活用した学習活動展開が促され、そして小中学校で2002年度、高等学校で2003年度からの実施によって、特に社会（地理歴史）や総合的な学習の時間での地域の博物館を活用した調べ学習や表現活動の取り組みが、全国各地の学校で行われるようになった。

　だが、博物館と学校との連携による博物館の活用は、学校（教員）側での地域の博物館についての理解不足や、博物館側での学校教育への対応力不足などの問題もあり、今日、必ずしも充分に行われているとはいえない状況である[*1]。特に平和教育や環境教育の分野での活用は、地元以外からも多くの修学旅行生の訪れる広島平和記念資料館、長崎原爆資料館、沖縄県平和祈念資料館、水俣

調査対象の概要

館名	立地	運営母体	設立年
もうひとつの歴史館・松代	長野県長野市松代町479-13	「もうひとつの歴史館・松代」運営委員会	1998年
足尾鉱毒事件田中正造記念館	群馬県館林市大手町6-50	NPO法人足尾鉱毒事件田中正造記念館	2006年
山梨平和ミュージアム	山梨県甲府市朝気1-1-30	NPO法人山梨平和ミュージアム	2007年
満蒙開拓平和記念館	長野県下伊那郡阿智村駒場711-10	一般社団法人満蒙平和開拓記念館	2013年

病資料館などの著名な大規模施設を別にすると、平和教育や環境教育の分野で
重要な展示をしているにもかかわらず、学校関係の利用が意外と少ない中小規
模の施設は各地に多数ある。公営と比べて民営の施設では、学校関係の利用が
ほとんどないところもある。

　第5章では、平和教育や環境教育に関わる内容の展示を行っている民営の博
物館^{*2}として、長野県長野市のもうひとつの歴史館・松代、群馬県館林市の足尾
鉱毒事件田中正造記念館、山梨県甲府市の山梨平和ミュージアム、長野県阿智
村の満蒙開拓平和記念館の4館を取り上げ、平和教育、環境教育における博物
館の活用促進に向けて、主に博物館側の抱えている課題について整理したい。

1 | もうひとつの歴史館・松代の取り組み

▌松代大本営跡に隣接した歴史館 ⋯⋯⋯

　長野県長野市の松代町には、第二次世界大戦末期に旧日本軍が本土決戦に備
えて何千人もの朝鮮人労働者を使って建設しようとした松代大本営跡があり、
その一部である象山地下壕が一般公開されている。この象山地下壕の隣に建て
られた民間の博物館が、もうひとつの歴史館・松代である。

　1985年に長野市の篠ノ井旭高校（現在、長野俊英高校）で沖縄の戦跡見学を
した沖縄戦研究班の生徒
たちが、松代の地下壕を
平和のための史跡として
保存・公開することを市
長に提案し、それをきっ
かけに市民レベルで地下
壕の保存・公開を求める
運動が起きたため、1989
年から一部公開が始まっ
た。

　ただ、長野市による象

長野県長野市にあるもうひとつの歴史館・松代

山地下壕の位置づけとしては、商工観光部観光振興課が管轄していて、観光スポットとしての公開の意味合いが強く、当初、地下壕工事の際の強制連行、強制労働に関する記述が案内板やパンフレットになかった。そのためそのことを問題視した市民の抗議によって追加で記載されたものの、今度は異なる立場の市民の抗議もあって削除されるという紆余曲折を経て、2014年からは両論併記の形となっている。*3

　そして、ボランティアスタッフとして館内の受付や解説を担当している原昭己によると、松代大本営の地下壕掘削工事にともない、元製糸工場の集会所だった建物が工事関係者向けの慰安所となり、戦後、1991年にその慰安所だった建物が道路工事で取り壊されようとした際に、「松代・朝鮮人『慰安婦』の家を残そう実行委員会」が発足して建物を解体した木材を保存し、1996年に象山地下壕入り口に土地を確保し、当初、「慰安婦の館」として慰安所だった建物を復元しようとしたという。

　だが、地元で反対運動が起きたことや募金が集まらなかったこともあり、*4 1998年2月に地下壕工事の事実を伝えるもうひとつの歴史館・松代としてプレハブの建物でオープンし、仮展示室からスタートして徐々に開館日数を増やしていった。そして、2013年に慰安所の建物を復元する代わりに、もうひとつの歴史館・松代の奥に吹き抜けのスペースを増築するのに保存していた木材を使い、そこを「歴史を考える空間」として主に慰安所関係の展示に充てている。

■ 平和教育のための施設としての課題 ……

　もうひとつの歴史館・松代は象山地下壕に隣接していることもあり、無料の象山地下壕を見学に来た人の一部が有料のもうひとつの歴史館・松代の方にも自然に流れてくることもあって、コロナ以前には週6日の開館で年間5000人以上の来館者があった。他の小規模な平和教育に関連した展示を行っている博物館と比べると、来館者の数はかなり多いが、地元の中学生や高校生が個人で来ることはあっても、地元の学校の教員が平和教育の一環で生徒を引率して来ることはないという。一方、他所の地域の小中高校からは、数は多くないものの象山地下壕ともうひとつの歴史館・松代の見学をセットで、ガイドを頼まれることはあるとのことだ。

　博物館の収入は、展示内容が植民地だった朝鮮半島から動員された人たちに

よる地下壕の工事と慰安所の歴史といった内容に限られていることもあり、入館料も一般200円と安価で、関連する書籍販売と合わせて年間200万円程で、5名程の地元のボランティアスタッフでなんとか運営している状態である。[*5] こうした限られたマンパワーのなか、原は「かつての戦争の記憶のある世代が、家族をともなって来館することが多いが、できれば若い世代に松代の歴史遺産を通してかつての戦争のことを伝えるため、平和教育での利用拡大に力を入れたい」という。

ただ、長野市の方で象山地下壕を、沖縄における戦跡のように平和教育のための素材として活用していこうとする方針がないと、地域でかつて建設反対運動が起きた歴史もあり、地元の学校が平和教育の一環で、もうひとつの歴史館・松代での校外学習を企画することは、今後ともあまり期待できないのではないか。また、もうひとつの歴史館・松代の展示のテーマが、朝鮮人の強制連行、強制労働、そして慰安婦といった、今日、政治的に大きな問題になっているもので、一部の志のある教員に引率された他所の地域の学校からの訪問は多少あるものの、こちらも拡大していくのはかなり難しい状況である。

2 | 足尾鉱毒事件田中正造記念館の取り組み

▍鉱毒事件の被害地に建てられた記念館 ‥‥‥

群馬県館林市にある足尾鉱毒事件田中正造記念館の前史として、第二次世界大戦終了後の翌1946年に、足尾銅山鉱毒事件の被災地だった渡良瀬村（現在、館林市）で子ども会「伸び行くクラブ」が誕生し、広瀬武をリーダーにかつて鉱業停止請願事務所が置かれた雲龍寺の祭りで、田中正造の演劇を上演する取り組みが行われたこと、および1953年に館林市の小学校の社会科教員の布川了が足尾銅山鉱毒事件の教材化に取り組み、小学校社会科副読本『のびゆく館林』に初めて田中正造について記載したことがある。

その後、この2人を中心とした有志による田中正造についての勉強会がスタートし、1973年に布川が水俣で開催された「公害と教育」研究集会に参加したことをきっかけに、同年、第1回渡良瀬川鉱毒シンポジウムが館林市で開催

群馬県館林市にある足尾鉱毒事件田中正造記念館

される。そして、1975年に後の田中正造記念館設立の母体となる渡良瀬川研究会が発足し、定期的に公開研究会が行われるようになった。

この渡良瀬川研究会の活動を経て、1996年に田中正造記念館設立に向けた動きがスタートし、1998年には教育研究全国集会で記念館建設趣意書が配布され、渡良瀬地区の区長13名による「足尾鉱毒事件田中正造記念館建設に関する請願書」が市議会に提出され、足尾鉱毒事件・田中正造記念館建設促進会が結成された。

建設促進会では、岩波書店から寄贈された『田中正造全集』関係二次資料の整理と目録づくり、公害の原点学習教材ビデオの制作などに取り組むなかで館林市と話し合いを重ね、2006年10月に市が所有する木造の旧渡良瀬保育園園舎の一室を借りて、田中正造記念館をオープンすることになった。そして、建設促進会は記念館を運営するNPO法人となった。

なお、2011年の東日本大震災の後に、旧渡良瀬保育園園舎は耐震強度が不充分なことから、新たに市が古民家を改装して家賃無料で貸し出すことになり、2013年に移転して今日に至っている。*6

▌ 環境教育のための施設としての課題 ‥‥‥‥

田中正造記念館を運営するNPO法人の副理事長の松本美津枝によると、田中正造記念館の展示は、広瀬、布川両名が収集した主要な文献をもとに、NPOで展示作成委員会を立ち上げて、パネルなどを全て手作りで作成しているという。田中正造記念館は多くの人に見学してもらうため入館料が無料で、運営費はNPOの正会員、賛助会員からの会費と頒布物の売上げで賄っている。「ただ、会員の高齢化が進んでメンバーの多くは定年退職者で、若い世代の入会者がほ

とんどおらず、年会費5000円の正会員が100名以下に、年会費2000円の賛助会員も100名台で、財政面ではかなり厳しい」（松本）という。

　コロナ以前の来館者数は週4日開館して年間1000名弱で、もうひとつの歴史館・松代が隣接する象山地下壕の集客力に依存しているのと違って、80キロ離れた渡良瀬川上流の足尾銅山はもちろん、雲龍寺や栃木県佐野市にある田中正造旧宅などの田中正造とゆかりのある場所とも離れて立地するため、施設独自に集客をしなければならない。学校関係では校外学習で地元の小学校の生徒は来館するものの、それ以外の他所からの学校関係の訪問は少なく、松本は「若い人たちがかつての足尾銅山の問題と、今の環境問題を結び付けて学習できるようなイベントがもし可能なら、ぜひ企画したい」という。

　このように田中正造記念館も、かつては学校関係者が建設促進会の中心となってオープンしたにもかかわらず、世代交代もあって現在は学校関係者による活用はほとんどない状態である。ただ、もうひとつの歴史館・松代と異なり、地元自治体からの手厚い支援があり、観光地として整備された足尾銅山とセットで田中正造記念館を含むかつての足尾鉱毒事件の跡地をまわる環境教育のツアー・プログラムを、修学旅行や他県の中学、高校向けに上手くPRすることができれば、他所からの学校関係の訪問を増やすことは充分可能である。

　ただし、今の高齢者中心のNPOにはなかなかその余力がなく、今後、ダークツーリズムが注目されるなかで、群馬県、栃木県をまたいだ渡良瀬川流域の観光プロモーションが行われることで、環境教育のための施設として田中正造記念館が注目されるような流れがおそらく必要になろう。[*7]

3 ｜ 山梨平和ミュージアムの取り組み

▌退職した高校教員が立ち上げた平和ミュージアム ……

　山梨県甲府市にある山梨平和ミュージアムは、正式名称が「山梨平和ミュージアム──石橋湛山記念館」で、甲府空襲、甲府連隊など15年戦争に関わる資料を収集・保存・展示して、戦争の事実と実相を次世代に伝えていくとともに、平和・民権・自由主義を貫いた山梨県出身の石橋湛山の生涯と思想を紹介するこ

山梨県甲府市にある山梨平和ミュージアム

とを目的として活動している。[8]

山梨平和ミュージアムを運営するNPO法人の理事長の浅川保は、大学で日本史を専攻し、学生時代には家永教科書裁判の支援運動にも関わっていた。1969年に教員となり、その後、1980年に甲府第一高校に赴任した際、日本史の授業で夏休みの課題として生徒に自身の父母、祖父母の戦争体験記をまとめさせ、それを近現代史について教える際の参考資料に使ったところ、多くの生徒が戦争を身近に感じることができた。そのため毎年、こうした授業を続けて、1995年にそこでの戦争体験記をもとに『知っておきたいあの戦争』という本を出版した。

その後、1998年に自らが事務局長となり、50名程の市民と山梨県戦争遺跡ネットワークを結成して、県内の戦争遺跡の調査を開始し、2000年にその成果を『山梨の戦争遺跡』という本にして出版した。そして、2003年に山梨県戦争遺跡ネットワークのメンバーを中心とした有志で、甲府市内に平和資料館を建設するため、山梨平和資料センター準備会を結成して事務局長となり、浅川の退職金と集まった寄付とで土地を購入して建物を建てて展示を整え、2007年9月に山梨平和ミュージアムとしてオープンした。[9]

■平和教育の施設として学校関係者が活用 ⋯⋯⋯

山梨平和ミュージアムでは、平和憲法の意義や戦争と平和に関する様々な情報を発信してそこに集まった市民が交流するセンターとしての役割を果たすため、単に常設展を行うだけでなく、半年ごとに異なる内容の企画展を行っている。また毎月1回、平和教育シンポジウムをはじめとする様々なトークイベントを開催しており、多い時には50名以上の人が集まる。

運営するNPOには10数名の理事がいて、毎月、理事会を開催して、半年後のトークイベントの企画を立てている。トークイベントでは、これまで安保法

制やその時々の政治課題について正面から取り組み、また毎回、ゲストスピーカーの講演以上に会場の参加者の議論に時間を割いてきた。

コロナ以前の来館者は週5日の開館で年間1500人程だが、他の小規模な平和教育関連の展示を行っている博物館と比べると、小中高大学生の来館が多く、年によって異なるが毎年数百名程訪れているのが特徴である。特に多いのが中学生で、甲府市内の中学校で山梨県立博物館などとともに山梨平和ミュージアムが校外学習の施設に指定されており、そのため毎年10校くらいの中学校から、少人数のグループで生徒が訪れている。また、地域の小学校の生徒も数校、校外学習で教員に引率されてクラス単位で訪れている。他に大学では、地元の山梨大学、都留文科大学、山梨学院大学などをはじめ、県外の大学からも教員の紹介で主に個人で訪問する学生が多く、中にはインターンシップや卒論のテーマを深めるため通う学生もいる。

残念ながら高校からは毎年学校単位で来館しているところはないが、ただ山梨平和ミュージアムでは山梨県教育委員会、石橋湛山記念財団、マスコミ各社の後援を得て、石橋湛山平和賞という平和や石橋湛山をテーマに書いた論文やエッセイのコンクールを毎年行っていて、そこに石橋湛山の母校である甲府第一高校の2年生が全員応募する関係で、浅川の方で高校に招かれて石橋湛山についての講演を行っており、その後、浅川の話を聞いた生徒が一定数、個人で来館している。また、他にも近隣の甲府東高校などに平和学習に関するテーマで講演に行った後にも、同様に話を聞いた生徒が来館しているという。

このように山梨平和ミュージアムが平和教育の施設として広く学校関係者に活用されている背景として、理事長の浅川が元高校教員で、歴史教育者協議会の山梨県の会長をしており、多くの県の社会科教員やそのOBと繋がりを持っていることがある。また浅川自身、毎月、県内各地の老人会から九条の会に至るまで様々な集まりに講演に出かけており、それらが山梨平和ミュージアムで行うイベントとともに地元の山梨日日新聞をはじめとする主要なメディアで紹介され、学校関係者の目に触れることが多いということもある。

山梨平和ミュージアムは年間200万円程の維持費がかかるが、これは400人弱のNPOの賛助会員の会費と寄付で賄っている。会員の半数以上は県外在住者だが、『平和の港』という会報を年に3回送って山梨平和ミュージアムに関わりのある様々な情報を提供していることもあり、特に会員数や収入が近年減少しているということもない。また、毎月のトークイベントに招くゲストスピー

カーへの謝礼は、もっぱら入館料で賄っている。NPOの十数名の理事の半分近くは、甲府第一高校、甲府南高校、都留高校などでの浅川のかつての教え子で、運営母体のメンバーが比較的若く、「特に、山梨平和ミュージアムの継続的な運営について、今のところ不安な要素はない」（浅川）という。

　ただ一つ大きな課題となっているのが、これまで戦争体験者の語りを映像で記録していないことで、「今後、そうした戦争体験者が減っていくなか、これから映像での記録はぜひ手掛けていきたい」（浅川）とのことだ。

4 ｜ 満蒙開拓平和記念館の取り組み

▌全国で唯一の満蒙開拓をテーマにした博物館 ······

　長野県阿智村には、全国で唯一の満蒙開拓をテーマにした博物館である満蒙開拓平和記念館がある。1931年の満州事変から1945年の終戦までの15年間で、旧満州国（中国東北部・内モンゴル地区）に国内の余剰人口を入植させて防衛の一端も担わせるといった国策として入植した満蒙開拓団は約27万人で、その内、最も多くの満蒙開拓団員を送り出した長野県では、３万数千人が満蒙開拓団に参加した。そしてその４分の１が、飯田市とその周辺の南信州地域からの移民だった。満蒙開拓団は1945年８月のソ連参戦後、旧満州国を実質的に統治していた関東軍に見捨てられ、集団自決なども含めて８万人余りが亡くなるとともに、今日にまで至る残留孤児や残留婦人の問題を生み出した。

　戦後、日本に戻ることのできた満蒙開拓団の人々にとって、多くの犠牲者を出しただけでなく、侵略に加担することで現地の人たちに対して大きな被害を与えた満蒙開拓

長野県阿智村にある満蒙開拓平和記念館

の歴史は、ある意味で「不都合な歴史」であり、また裸一貫で日本に帰国した後も日々の生活に追われ、積極的に語り継がれることはほとんどなかった。だが、満蒙開拓平和記念館の館長の寺沢秀文は、かつて満蒙開拓団にいた父親から話を聞いて日中交流に関心を持って飯田日中友好協会に所属し、中国残留日本人の帰国者の身元引受人になるなどの活動に携わってきた。

そんななか、かつての満蒙開拓の歴史と戦争の悲惨さについて多くの人に知ってもらうため、寺沢は2006年から有志とともに満蒙開拓平和記念館の建設に向けた準備会を立ち上げて、その事務局長に就任した。[*10]準備会では各方面に建設資金の寄付を呼びかけ、南信州広域連合、長野県などからの助成を得るとともに、阿智村から建設場所となる村有地の無償貸与を受けることとなった。そして、市民目線で複雑な満蒙開拓の歴史についてわかりやすく伝えることに注力してほとんど手作りで展示を整備し、2013年4月、満蒙開拓平和記念館はオープンした。

■ 戦争体験のない次世代の語り部の育成にむけて ……

満蒙開拓平和記念館では、満蒙開拓の歴史に関する資料の収集、整理、活用などを行うとともに、展示を通して多くの人に満蒙開拓について伝えることを目指し、元満蒙開拓団員を招いてその体験について話をうかがう「語り部の会」を開催してきた。また、語り部の方の証言を映像で記録し、館内でビデオ上映も行っている。他にも「ピースLabo.」という地元の人たちを中心に40名余りが参加するボランティア組織があり、ボランティアのガイドやかつての満蒙開拓団員に聞き取りをした際の映像の文字起こしなどの作業を行っている。

中国をはじめ海外からの来館者も訪れるなか、「満蒙開拓平和記念館では満蒙開拓団の被害の歴史と併せて、土地や家を奪われた現地の人たちから見れば侵略といえる加害の歴史の両面についてしっかり向き合い、決して満蒙開拓を美化したり正当化したりせず、なぜこのような過ちが起きたのかを共に考え、将来の平和に向けた教訓にするよう取り組んでいる」（寺沢）という。

満蒙開拓平和記念館がオープンした2013年度、来館者は3万人に達し、それ以降もコロナの影響を受けるまで、週6日開館で平均して年間2万6000人の来館者があった。名古屋から車で1時間半程の場所にあるものの、これまで取り上げた他の小規模な平和教育、環境教育関連の展示を行っている博物館と比べ

て、首都圏、関西圏からのアクセスが良くないなか、集客面では大健闘している。

　満蒙平和開拓記念館では、京都府の舞鶴市にある戦後のシベリア方面をはじめとした外地からの引揚げの歴史を記録した舞鶴引揚記念館で、地元の中学生全員が校外学習で訪れて学んでいるのを知り、同様に県や市町村の教育委員会や校長会などに平和教育での利用を働きかけた結果、地元の小中学校を中心に小中高大学合わせて年間30校以上の学校が訪れるようになった。[*11]

　これまで南信州地域のほとんどの市町村の小中高校が、1度は校外学習で訪れている。中には松川高校の一部の生徒のように、「ピースLabo.」の活動に参加してボランティアガイドなどをしているところもある。また、県外からの修学旅行での訪問も数が少ないながらも年間数校ある。特に、修学旅行のような大人数での来館については、当初、近くの公民館を借りて説明を行っていたが、2019年に120人収容可能なセミナー棟を増築した。

　今後の課題としては、現在、元満蒙開拓団関係の語り部として残っているのが10名程で、90歳前後になっていつまで語り部として話せるかわからないなか、ボランティアガイドをしている人の中から、戦争体験のない次世代の新しい語り部を育て、どのように「語り継ぎ」を行っていくのかということがある。「ボランティアガイドは、来館した元満蒙開拓団員やその家族と積極的に会話し、彼らの話を傾聴して交流するなかで、満蒙開拓の歴史の様々な側面について学ぶことに努めている」（寺沢）という。また、「語り継ぎ」に際して重要なのは、かつての満蒙開拓団の写真や語り部の証言を記録した映像の活用で、寺沢自身、満蒙開拓団の2世として各地で話をする際に、積極的に活用している。

5 ｜ 学校との連携に向けた博物館の課題

▌地域との関係、立地、運営面での課題 ‥‥‥‥

　これまで平和教育や環境教育に関わる内容の展示をしている民営の比較的小規模な4つの博物館の取り組みについて見てきたが、もうひとつの歴史館・松代、足尾鉱毒事件田中正造記念館が、学校関係者による活用がほとんどないのに対し、山梨平和ミュージアム、満蒙開拓平和記念館は、地元を中心に多くの

学校と関係を築いて活用されている。

　その背景として、朝鮮人の強制連行、強制労働、そして慰安婦といった教科書への記載をめぐって反対する立場の人たちから意義申し立てのあるテーマについて、それらを象山地下壕建設の歴史の中でストレートに取り上げた展示をしているもうひとつの歴史館・松代は、多くの学校や教員が様々なところからの抗議を恐れ、校外学習や修学旅行での訪問を躊躇するということが考えられよう。

　また、地元自治体の長野市も、沖縄の戦跡を訪れた高校生からの訴えをきっかけに、象山地下壕の公開に踏み切ったものの、あくまで商工観光部観光振興課の管轄による観光スポットとしての公開で、建設にともなう朝鮮人労働者の強制連行や強制労働、そして慰安所が置かれたことを、平和教育という文脈で考えることについてほとんど意識しておらず、市の教育委員会のサイトでも、平和教育の素材として活用することに積極的な記述は見当たらない。

　加えて、地元との接点がほとんどない首都圏在住者が中心となって、もうひとつの歴史館・松代を建設しようとしたことについて、かつて地元で反対運動が起きた歴史があり、今日、緊張関係は緩和されつつあるとはいっても、それが地元の学校による校外学習の阻害要因になっていることは充分に想像される。

　そして、もうひとつの記念館・松代が、象山地下壕という観光スポットの入り口に隣接して立地しており、象山地下壕の集客力をベースに一定数の来館者が自動的に流れてくることで、限られたマンパワーを無理に学校関係の誘致につぎこまなくても、一定数の来館者に朝鮮半島から動員された人たちによる地下壕の工事や慰安所の歴史について伝えることができるため、学校関係者への積極的な働きかけが行われていないといったこともあろう。

　一方、足尾鉱毒事件田中正造記念館の方は、館林市から博物館の建物を無料で貸し出しされるなど、地元自治体からの全面的な支援を受けているが、最大の問題は象山地下壕に隣接するもうひとつの歴史館・松代と異なり、鉱毒事件を引き起こした渡良瀬川上流の栃木県日光市の足尾銅山からは80キロ離れていて、しかも栃木県と群馬県の県境をまたぐため、観光地として世界遺産登録を目指して年間10万人以上の観光客が訪れる足尾銅山からの観光客が、ほとんど流れてこないという点である。

　ちなみに、栃木県内には佐野市に田中正造旧宅や田中正造に関する常設展のある佐野市郷土博物館があり、足尾鉱毒事件の展示については田中正造記念館

の方が詳しくても、多くの修学旅行生を含む観光客は足尾銅山と合わせて田中正造ゆかりの場所として、足尾銅山から近い佐野市の田中正造旧宅や佐野市郷土博物館の方を訪れる。特に佐野市には、田中正造の骨を分骨した「関東の三大師」の１つである佐野厄除大師があり、こちらは人気の観光スポットにもなっていて、足尾銅山とセットで田中正造の足跡を辿る際に、多くの人が佐野市の方を訪れる要因となっている。

　そのため近年のダークツーリズム・ブームのなかで、群馬県側の田中正造の骨を分骨した雲龍寺や田中正造記念館が新たな文脈で注目されない限り、修学旅行を企画する学校や手配する旅行会社で、足尾銅山とセットで県境をまたいで田中正造記念館を訪問場所として組み込む流れにはならないだろう。

　なお、修学旅行と異なり地元の学校の校外学習についても、田中正造記念館のある舘林市が群馬県の中心部から見て周縁に位置することや、1975年の渡良瀬川研究会発足から田中正造記念館建設までにかなりの年月が経ち、学校関係者を中心とした初期の主要メンバーがほとんど残っておらず、また田中正造記念館を運営する事務局に若い世代のメンバーが入ってこないため高齢化が進んでいることもあって、周辺の学校へ田中正造記念館の環境教育での利用に関する働きかけが充分になされておらず、今日、学校関係の訪問は限られている状態である。

　あと、もうひとつ学校関係の訪問が少ない理由として考えられるのは、戦後、後に渡良瀬川研究会を立ち上げた広瀬が田中正造の演劇を上演したり、布川が小学校社会科副読本に田中正造について記載したりした頃は、足尾鉱毒事件での田中正造の取り組みについてリアルに記憶している人がまだ存命だったものの、田中正造記念館が建設された頃には全て鬼籍に入っていて、足尾鉱毒事件の（記録は残っているものの）記憶が必ずしも地域の人たちの間で充分に継承されていないことがある。なお、この問題は今後、戦争の体験者が鬼籍に入るなか、その記憶をどう継承するのかという問題にもつながる。

▌教育関係者との関係構築の必要 ･･････

　山梨平和ミュージアム、満蒙開拓平和記念館が地元を中心に多くの学校関係の訪問がある背景として、象山地下壕や足尾銅山といった他のスポットとセットでその存在が意味を持つもうひとつの歴史館・松代や田中正造記念館と異な

り、施設独自に集客を図る必要があるため、開館当初から地元の学校や教育委員会の関係者に、平和教育利用に向けた働きかけを積極的に行ってきたことがある。

　前述したように、山梨平和ミュージアムの理事長の浅川は元高校の日本史の教員で歴史教育者協議会の山梨県の会長をしていたこともあって、かつての教え子を含む多くの社会科教員とつながりがあり、また独自に石橋湛山について研究するなかで関係を築いた石橋湛山記念財団や山梨県教育委員会などの後援を得て、石橋湛山平和賞の論文、エッセイのコンクールを主催し、県内だけでなく県外の中学、高校、大学からも多くの応募が寄せられるようになっている。そして、山梨平和ミュージアムでの毎月のトークイベントや企画展などについて、広報に力を入れて地元のメディアへの露出に努め、また様々な講演を積極的にこなすことで、学校関係者の間でもその取り組みが知られるようになり、いくつかの県内の学校から平和教育に関する講師を依頼されて出向き、それが生徒の来館につながるといった流れができた。さらに、県内外の大学から、インターンや卒論研究を希望する学生を積極的に受け入れている。

　また、満蒙開拓平和記念館では、長野県や南信州広域連合などからの助成を得て建設されたこともあり、開館当初から県や市町村の教育委員会や校長会などに平和教育での利用を働きかけた結果、地元の多くの学校が校外学習で利用するようになり、一部の高校生はボランティアとして館内のガイドや満蒙開拓団員の方の聞き取り映像の文字起こしなどに携わるようになった。

　山梨平和ミュージアム、満蒙開拓平和記念館とも、平和憲法や「不都合な歴史」について正面から扱っているものの、地元で熱い想いを持ったキーパーソンが中心となって立ち上げた民営の施設のため、展示内容にどこからも干渉されることなく、地域の自治体や学校とは上手く良好な関係を築いて、多くの学校関係者に利用されている。

　もうひとつの歴史館・松代のように、朝鮮人の強制連行、強制労働、慰安婦といったキーワードが正面に出る形ではなく、地元の人間による15年戦争の中での甲府連隊や甲府空襲の歴史、満蒙開拓団の歴史について取り上げ、来館者と対話するというスタンスの博物館展示は、いわゆる平和教育に批判的な市民からの異議申し立てにさらされることも比較的少なく、学校や教育委員会の理解も得やすいと言えるのではないか。

　ただ、現在はまだ戦争体験の語り部となる人たちもかろうじて存命している

が、今後、語り部の人たちが鬼籍に入ると、戦争体験者の記憶をどのように語り継いでいくのかという問題を、多くの平和博物館が抱えることになる。これが上手くいかないと、平和博物館が平和教育の分野で担う役割は大きく低下することになろう。満蒙開拓平和記念館では、戦争体験のない次世代の新しい語り部を育てることに取り組もうとしており、館長の寺沢は、ボランティアガイドをしている高校生にもその一端を担ってほしいと期待している。

　今回紹介した山梨平和ミュージアム、満蒙開拓平和記念館以外にも、修学旅行や校外学習を積極的に受け入れて、平和教育、環境教育のための活動に取り組もうとしている中小規模の博物館は全国に数多くある。平和博物館については、「平和のための博物館・市民ネットワーク」という全国各地の平和博物館が集まるネットワークがあって、毎年、全国交流会を開催して平和教育のための博学連携も含めて様々な情報交換をしており、山梨平和ミュージアムも満蒙開拓平和記念館も参加している。

　以上、第5章では学校側からの平和教育、環境教育における博物館の活用についての課題や取り組みについて触れることはできなかったが、ただこれまで紹介したように受け入れ側の博物館では、いわゆる「出前授業」による講演も含めてこれからの若い世代に戦争や環境問題といった博物館の抱えるテーマについて様々な形で伝えようとしており、論文コンクールのような形での参加の仕組みや、インターンやボランティアの受け入れといった対応もしている。また、もうひとつの歴史館・松代や足尾銅山鉱毒事件田中正造記念館のように、様々な事情で学校関係の訪問は志のある教員に引率される形で一部あるだけの博物館でも、平和教育、環境教育での利用を可能なら増やしていきたいと考えている。

　多くの学校の教員が、平和教育や環境教育に関わる内容の展示をしている民営の博物館の存在を知り、博物館というメディアを有効に活用するようになることを期待したい。

（松本　恭幸）

＊1　『令和元年度日本の博物館総合調査報告書』（公益財団法人日本博物館協
　　　会、2020年）によると、全国の2314の博物館施設に対して行った調査の結果、

学校から生徒が博物館に来る形での連携は多く行われているものの、博物館が主体性を持ったり、学校と博物館が深く関わったりするような連携は少ない（行事や授業、職場体験での来館が中心で、双方向的な取り組みになっていない）ことが指摘されている。

＊2　博物館法では、所管地域の教育委員会の登録を受けた「登録博物館」、それに相当する施設として教育委員会の指定を受けた「博物館相当施設」、そして博物館法の適用を受けない「博物館類似施設」に分かれるが、日本で一般に博物館と呼ばれる施設の大半が「博物館類似施設」である。

＊3　詳細については、「もうひとつの歴史館・松代」運営委員会編『マツシロをあるく　証言とガイド・松代大本営と「慰安所」』（改訂第３版）、「もうひとつの歴史館・松代」運営委員会、2018年（小冊子）参照。

＊4　地元での反対運動に関しては、西条地区を考える会編『松代でなにがあったか！　大本営建設、西条地区住民の証言』（龍鳳書房、2005年）に詳しい。当初、象山地下壕のある松代市西条地区と接点がほとんどない首都圏在住者中心の「松代・朝鮮人『慰安婦』の家を残そう実行委員会」が、地元と充分なコミュニケーションをとらずに「慰安婦の館」を建てようとしたことで反対運動が起きて緊張関係が続いたが、その後、徐々に地元との関係は改善されてきている。

＊5　他に東京に４名のメンバーが月交代で代表を務める「もうひとつの歴史館・松代」運営委員会があり、維持会員が数十名、賛助会員が200名程いる。

＊6　田中正造記念館開館までの歴史は、田中正造記念館開館10周年記念誌編集委員会編『NPO法人足尾鉱毒事件田中正造記念館開館10周年記念誌　わたらせ』（NPO法人足尾鉱毒事件田中正造記念館、2016年。小冊子）に詳しい。

＊7　ダークツーリズムとは人類の悲しみの記憶を巡る観光で、ダークツーリズム研究に携わる観光学者の井手明は、『ダークツーリズム　悲しみの記憶を巡る旅』（幻冬舎、2018年）で、足尾鉱毒事件と田中正造を辿る１泊２日の旅として、足尾銅山から渡良瀬川を下り、田中正造記念館を経て渡良瀬遊水地へと至るコースを紹介している。

＊8　NPO法人理事長の浅川保は、かつて甲府第一高校で教えていた際に石橋湛山が校友会雑誌に書いた論文を発見して読んだのをきっかけに、個人的に石橋湛山について調査研究するようになり、山梨平和ミュージアムでは浅川が独自に収集した資料をもとに、石橋湛山に関する展示が行われている。

＊9　山梨平和ミュージアム開館までの歴史は、浅川保（代表）、今津佑介、大倉昌幸、春日正伸、向山三樹編『山梨平和ミュージアム──石橋湛山記念館

──10周年記念誌「平和の港」10年のあゆみ』（山梨平和ミュージアム──石橋湛山記念館、2017年。小冊子）に詳しい。

＊10　満蒙開拓平和記念館の開館とその後の歴史については、寺沢秀文「語り継ぐ「満蒙開拓」の史実──「満蒙開拓平和記念館」の建設実現まで」（『信濃』、信濃史学会、2013年、第65巻、201-223頁）、および寺沢秀文「「満蒙開拓平和記念館」開館から三年半を経て──記念館の現状と開館の成果、今後の課題」（『信濃』、信濃史学会、2016年、第68巻、817-845頁）に詳しい。

＊11　満蒙開拓平和記念館の運営委員の中には、地元の教育委員会関係者もいて、平和教育の場としての活用についての教育委員会や学校などへの働きかけは、開館以来、継続して行われている。

第 **6** 章

震災の記録と
記憶を伝える博物館

　東日本大震災から12年余り経ち、被災地では震災復興に向けた県の震災伝承施設として、2019年９月に岩手県陸前高田市で東日本大震災津波伝承館（いわてTSUNAMIメモリアル）、2020年９月に福島県双葉町で東日本大震災・原子力災害伝承館、2021年６月に宮城県石巻市でみやぎ東日本大震災津波伝承館がそれぞれ開館した。他にも被災地の各自治体で独自に震災伝承施設を立ち上げており、また仙台市では現在、市の中心部に震災メモリアル拠点となる施設の整備が検討されている。

　こうした施設の多くは、震災から何年かしてから震災の記録と記憶の保存、あるいは復興や防災に向けて震災の経験をどのように将来に語り継いで継承していくのかということが大きな問題となり、国や自治体の震災メモリアル事業として施設の設置の具体的な検討がなされ、開館へと至ったものである。

　そして今日、数十年以内に南海トラフ巨大地震の発生が予想されるなか、東日本大震災の記録と記憶の伝承に向けた震災伝承施設に限らず、全国各地にある防災教育施設や大規模災害の伝承施設は、災害の記憶や教訓を伝え、防災・減災に向けた教育面での大きな役割を担っている。

　第６章では、こうした防災教育施設、大規模災害の伝承施設の取り組みについて見ていきたい。

1 ｜「稲むらの火」の逸話から誕生した防災教育施設

　和歌山県広川町は、1854年の安政南海地震で津波が発生した際、醤油醸造業を営んでいた濱口梧陵が、自身の田の稲藁に火をつけて村人の避難を誘導した

逸話「稲むらの火」で有名な土地である。この広川町の公民館で、1998年にかつて濱口梧陵が開いた稽古場「耐久舎」にちなんで高齢者向けの講座「耐久大学」が設置され、そこに参加して郷土史について学んだ女性が濱口梧陵記念館の建設を提案して100万円寄付したことをきっかけに、1999年に濱口梧陵記念館建設に向けた募金活動がスタートした。

　その後、2002年にヤマサ醤油の創業家である濱口家より濱口家旧宅寄付の申し出があり、濱口梧陵記念館建設は具体化することになる。そして、濱口梧陵記念館だけでなく複合文化施設として、津波防災教育センターを併せて建設することになり、2007年4月に稲むらの火の館は開館した。建物は広川町が建設したが、館内の3D津波映像シアターとそこで上映するオリジナルの津波の映像は、和歌山県が制作した。

　開館した2007年度の入館者数は3万人余りで、東日本大震災が起きた2011年度は4万5000人を超えたが、その後、徐々に減少してコロナ前の2019年度は2万5000人余りとなっている。2015年12月に国連総会で、「稲むらの火」の逸話にちなんで11月5日が「世界津波の日」に制定された。翌2016年1月、2004年のスマトラ島沖地震の津波の最大の被災地であったインドネシアのアチェ州のバンダ・アチェにあるアチェ津波博物館と、津波対策に関する情報を世界に発信するため協力協定を結んだ。

　2018年5月には、濱口梧陵記念館などの構成文化財による「津波と復興の記憶が生きる広川の防災遺産」のストーリーが、日本遺産に認定された。館長の崎山光一によると、稲むらの火の館が最も重視するテーマは津波をはじめとする災害時の「避難」で、稲むらの火の館の施設自体もこれまで台風の時に避難所として活用され、そうした非常時の食料なども備蓄されている。

　稲むらの火の館では、防災教育への取り組みとして、これまで来館した防災などに関する専門家の方を講師に招いて、地元の住民を対象に「稲むらの火講座」を年に2、3回開催している。また、関西大学、龍谷大学の学生たちが、「こども梧陵ガイド」育成プロジェクトを行っており、これは稲むらの火の館を訪れる人たちに地元の小学生がガイドし、その際に出題する濱口梧陵や津波に関するクイズ問題を、大学生と小学生が一緒になって考えるといった活動である。他にも広川町語り部サークルが地元の小学生を対象に「梧陵語り部ジュニアクラブ」を開催しており、こちらで1年間かけて濱口梧陵や津波防災について学んだ小学生が、年度末に学習発表会を行っている。

コロナの影響で2020年度からこうした取り組みは停滞したが、崎山は「津波防災をテーマにした広川町の地域づくりの拠点として、コロナ後は様々な防災教育活動に取り組んでいきたい」という。

2 ｜ 中越地震の震災メモリアル施設

■ 中越地震の震災メモリアル拠点整備 ‥‥‥

　東日本大震災の被災地では、震災から10年経って多くの震災メモリアル施設が誕生したが、その前の2004年10月に起きた新潟県中越地震でも、震災の記録と記憶を伝える「中越メモリアル回廊」の拠点となる4施設の内、長岡市の長岡震災アーカイブセンターきおくみらい、川口きずな館、小千谷市のおぢや震災ミュージアムそなえ館は震災から7年後の2011年10月に、長岡市のやまこし復興交流館おらたるは震災から9年後の2013年10月にそれぞれ開館している。

　こうして震災から一定の年月の後に誕生した震災メモリアル施設が、その後、どのような役割を担い、どのような課題を抱えているのかは、東日本大震災の震災メモリアル施設の今後を考えるうえでも重要である。ここでは先行する中越地震の震災メモリアル施設である長岡震災アーカイブセンターきおくみらいの事例について見ていきたい。

　長岡震災アーカイブセンターきおくみらいを運営する公益社団法人中越防災安全推進機構が設立されたのは、新潟県中越地震から2年後の2006年9月である。新潟県では2005年3月に新潟県中越大震災復興ビジョン、2005年8月に新潟県中越大震災復興計画を策定し、その中で震災メモリアルパークの整備と併せて、被災市町村と協力して震災アーカイブ・ミュージアムの整備について提言した。そしてその担い手として、長岡市の長岡技術科学大学、長岡造形大学、長岡大学、長岡工業高専など専門学校、防災科学技術研究所雪氷防災研究センターの5研究教育機関によって2005年10月に立ち上げられた防災安全コンソーシアムが母体となり、震災復興、震災の伝承、そして震災後の新たな地域づくりを目的に、中越防災安全推進機構が誕生した。

　中越防災安全推進機構の稲垣文彦統括本部長によると、新潟県中越大震災復

興ビジョンでは、策定に携わった長岡造形大学の平井邦彦教授により、「10年後：2014年の二つの記録」という章で震災から10年後のワーストシナリオとベストシナリオが描かれ、そしてベストシナリオで描いた中山間地域の再生を目標に、その後の震災復興を超えた地域づくりの取り組みが行われてきたという。また、「中越まるごとアーカイブ」というコンセプトのもとで新潟県中越地震のメモリアル拠点で震災遺構を極力そのまま保存して将来に伝えようとする「中越メモリアル回廊」の考え方も、この新潟県中越大震災復興ビジョンにもとづいている。

新潟県長岡市の長岡震災アーカイブセンターきおくみらい

なお、長岡市は震災の被害の大きかった山古志村、川口町と、それぞれ2005年4月、2010年3月に合併したが、それ以前に山古志村、川口町の復興計画で震災メモリアル施設をつくることが決まっていたため、3施設が誕生することになった。そして、2007年3月に長岡市、小千谷市、川口町が災害メモリアル拠点整備基本構想を策定し、同年4月に公益財団法人中越大震災復興基金の助成で中越防災安全推進機構を事業主体とする「震災の記録」収集・保存支援事業がスタートした。

けれども、本格的に震災メモリアル施設の整備に向けた議論がスタートしたのは、被災者が仮設住宅を出て生活再建が一段落した2008年2月以降で、同年4月に中越防災安全推進機構で「メモリアル拠点整備委員会」を発足させ、2010年3月の災害メモリアル拠点整備基本構想に関する提言の提出などを経て、同年5月に中越大震災復興基金による「災害メモリアル拠点整備・運営等支援」の事業化が決定した。

「中越大震災復興基金を長期間活用することで、被災者の生活再建終了後に、震災メモリアル施設の整備に向けた議論が可能になり、多くの住民が納得のいく形で震災メモリアル施設を整備することができた」（稲垣）という。

ただ、震災メモリアル施設の整備に向けた議論がスタートする前から、2005

年５月に誕生して稲垣が事務局長を務めていた地域復興のための中間支援組織の中越復興市民会議では、災害ボランティア活動の中で震災復興の記録を資料にまとめたり、被災物の収集を行ったりしていた。

■「中越メモリアル回廊」の４拠点施設 ……

「中越メモリアル回廊」の拠点となる４施設の内、３施設が東日本大震災から半年後の2011年10月に開館した。特に、長岡震災アーカイブセンターきおくみらいを運営する中越防災安全推進機構では、防災と復興後の地域づくり（過疎化対策）も行っている関係で、震災メモリアル施設の開館に向けた準備と併せて、東日本大震災の直後から長岡を拠点に被災地への物資輸送や避難所の運営のサポートなどにも取り組んだ。

そうしたなかで中越地震から７年目に誕生した「中越メモリアル回廊」では、震災から10年の節目を迎えた2014年度に４つの震災メモリアル施設の来館者数が９万923人に達したが、その後はコロナ前まで８万人台に落ち着いている。「当初は東日本大震災をきっかけにその被災地から中越地震の復興過程について関心を持って来られた人も多かったが、近年では防災教育を目的とした学校関係者が増えている」（稲垣）という。

当初は中越地震の被害の大きかった４つの地域で震災メモリアル施設を整備するのに際し、中越地震の全体像について資料を展示した長岡震災アーカイブセンターきおくみらいをゲートウェイに、訪問する人は最初にそこで中越地震の概要について学んだ後、他の地域の施設をまわる「中越メモリアル回廊」というものが構想されたが、実際は各施設を回遊するケースは少なかった。

最も来館者の多いやまこし復興交流館おらたるは、震災当時の被災状況から全村避難による避難生活を経て帰還し、その後の生活再建までの様子を写真パネルや住民の証言をもとに展示している。次に来館者の多いおぢや震災ミュージアムそなえ館は、防災学習施設に特化した展示を行っている。最も来館者の少ない川口きずな館は、中越地震の復興過程で築かれた様々な絆の記録を展示している。来館者の多くは、最初からそれぞれ異なる各施設のコンセプトを意識して個々に来館している。

なお、４施設の内、長岡震災アーカイブセンターきおくみらいは中越防災安全推進機構が直接運営しているが、おぢや震災ミュージアムそなえ館は一般財

団法人小千谷市産業開発センターに、やまこし復興交流館おらたるはNPO法人中越防災フロンティアに、川口きずな館はNPO法人くらしサポート越後川口に、それぞれ運営委託している。特に、震災をきっかけに誕生した地域づくりに取り組むNPO法人に運営委託したのは、持続的な住民主体の地域づくりと連携する形で地域の住民と協働で震災の教訓を伝えることを重視したためで、またおぢや震災ミュージアムそなえ館でも、地元のNPO法人防災サポートおぢやによる語り部プログラムの提供や防災に関する講演会が行われている。

▌震災の記録と記憶を伝えるための課題と取り組み ······

「中越メモリアル回廊」の各施設は、2019年度末まで中越大震災復興基金から19億円余りの助成によって整備、運営され*1、その後は長岡市、小千谷市が引き継いだ基金の残余金を財源に、2025年度まで運営される予定だが、いわゆる博物館法で規定された公立博物館ではないため、自治体が継続して維持するのに必要な費用を将来にわたって負担していくことが確約されているわけではなく、それ以降については運営費確保の見通しが充分には立っていない。もともと施設を整備した後に必要な維持費を考え、既存の建物などを活用してコンパクトに施設を整備したが、それでも人件費を中心とした運営費で4施設合わせて年間8000万円以上かかっている。

　各施設とも入館料無料で開館したため後から有料化することができず、おぢや震災ミュージアムそなえ館では防災グッズの販売や有料プログラムの設定、やまこし復興交流館おらたるや川口きずな館ではカフェの運営によってそれぞれ独自に収益を得ているが、年間の運営費を賄うまでに至っていない。中越防災安全推進機構自体は、独自にコンサルティングや各種受託事業などでやっていくことはできるが、別途、震災メモリアル施設を維持するだけの余力は今のところ充分にはない状態である。

　今後、震災メモリアル施設を維持していくためには、自治体が震災の記録と記憶を次の世代に伝えていくうえでの施設の重要性をどれだけ意識して、予算を工面するのかにかかっている。

　なお、中越防災安全推進機構では、「中越メモリアル回廊」の各施設の運営以外に、自治体、企業、学校からの依頼で防災面での教育や人材育成を行う地

域防災力センター、中越をはじめとする県内の中山間地域に都会の若者を1か月から1年の期間、Iターン留学（インターン）で受け入れて交流人口、関係人口の拡大につなげる「にいがたイナカレッジ」の各事業を行っている。

「地域防災力センターでは、学校関係者を対象に中越メモリアル回廊の見学コーディネートを含めて防災教育に取り組んでいるが、そこでは自分たちの暮らす地域の魅力を知って地域の人達と一緒に震災復興を超えた地域を豊かにする取り組みについて学ぶ、ある意味で地域づくり教育と一体となった防災教育を目指している」（稲垣）

また、「にいがたイナカレッジ」は、震災前から潜在的に進行していた過疎化などの地域課題が、震災によって顕在化した中山間地域において、移住・定住者を獲得するのではなく、交流人口、関係人口となって地域課題について一緒に考えてくれる若者を受け入れることで、地域の人たちの震災の喪失感を埋め、また若者にとっても地域との関わりを通して各自の新たな生き方や価値観を見出すことを目指している。地域おこし協力隊や集落支援員のように地域の課題解決自体を目的とするのではなく、地域に滞在してボランティアで農作業の手伝いをしたり、地域の人たちから聞き取りを行って媒体にまとめたりして地域の役に立つとともに、自分たちの学びにもつなげることを目的としたもので、これまで多くの学生や社会人が参加している。

こうした震災メモリアル施設での展示以外の取り組みも、震災の記録と記憶を伝え、また震災復興を超えた地域づくりにとって重要である。

3 | 東日本大震災後の仙台市の取り組み

▌仙台市の復興メモリアル事業 ‥‥‥‥

東北地方最大の都市である仙台市は、東日本大震災で沿岸部を中心に大きな被害を受けた。2011年11月に発表された仙台市震災復興計画では、そこで掲げられた10の復興プロジェクトの1つに、「震災の記憶を後世に伝える」震災メモリアルプロジェクトが盛り込まれ、具体的な取り組みとして震災の記録の集積と活用、メモリアル施設の整備、絆と協働による復興の仕組みづくりといっ

たことが挙げられた。

　仙台市では震災直後の2011年5月、市の複合文化施設である仙台メディアテークが「3がつ11にちをわすれないためにセンター」を開設して震災と復興の記録のアーカイブを独自にスタートさせており、また同じ5月から仙台市民図書館でも震災関連の資料の収集を開始し、それを「3.11震災文庫」として市民に提供している。震災メモリアルプロジェクトはこうした震災後の個々の取り組みをつなぐものだったが、ただ市では震災からしばらくの間は被災した市民の生活再建が最優先となり、プロジェクト実現に向けて地元の大学教員やNPO／NGO関係者などの有識者15名をメンバーとする仙台市震災復興メモリアル等検討委員会が開催されたのは、2013年7月からである。

　第1回目の委員会でそれまでの仙台市の震災復興メモリアルに関する取り組み状況を整理し、それを今後、どのように繋げて発展させていくかについて検討した。そして、仙台市長もオブザーバーとして参加した計10回の委員会を通して2014年12月に『仙台市震災復興メモリアル等検討委員会報告書〜東日本大震災の記憶と経験を未来へ、世界へ、つなぐ提言〜』がまとめられた。

　この報告書では震災の記憶と経験をつなぐ取り組みとして、地域資源を引き継ぐため「東部地域におけるみどりの再生」、「貞山運河の再生と利活用」、記憶と経験を形にするため「モニュメントと遺構による記憶の継承」、「市民力によるアーカイブの整備と利活用」、明日へ向かう力を育てるため「文化・芸術の力を復興と記憶の継承に活かす」、「知り学ぶ機会をつくる」の6つが掲げられた。

　仙台市まちづくり政策局防災環境都市推進室によると、「検討委員会がスタートした当初は、被災した人々の想いや地域の記憶を残すため、せんだい3.11メモリアル交流館のようなモニュメントや震災遺構、震災アーカイブの整備についてもっぱら検討されていたが、そのなかで震災の記憶や経験を将来に伝えるためには、文化や芸術の力を活用するとともに、地域で震災について学ぶ場が必要ではないかという話が出て、途中から明日へ向かう力を育てるための2つの取り組みが加わった」という。そして、この報告書ではこうした取り組みを実現するため、宮城県、さらには東北地方の玄関口となる市の中心部に震災の情報を収集、編集、発信するメモリアル拠点を、また仙台東部地域の玄関口となる市の沿岸部に震災を知り学ぶメモリアル拠点をそれぞれ整備することとなり、2015年4月に防災環境都市推進室が新たに設置された。

■ せんだい3.11メモリアル交流館の開館 ······

　仙台市が市内中心部のメモリアル拠点に先行して、沿岸部のメモリアル拠点を整備するため、防災環境都市推進室では石巻市で2014年4月に開館した震災伝承スペース「つなぐ館」や、阪神淡路大震災の震災メモリアル施設として誕生した神戸市の人と防災未来センター、新潟県中越地震の震災メモリアル施設などを視察するとともに、2015年3月に仙台市で開催された第3回国連防災世界会議の際に仙台メディアテークで「東北防災・復興パビリオン」の展示を企画した、震災復興メモリアル等検討委員会の委員で東北大学大学院工学研究科の本江正茂准教授に協力依頼した。そして、本江が校長を勤める東北大学大学院と仙台市の連携による人材育成プログラム「せんだいスクール・オブ・デザイン」に関わるクリエイターを中心としたチームで、沿岸部のメモリアル拠点であるせんだい3.11メモリアル交流館のデザインや展示を手掛けることとなった。

　せんだい3.11メモリアル交流館が整備されることになった場所は、仙台市内を東西に繋ぐ地下鉄東西線の東端の荒井駅の駅舎内である。2014年12月に検討委員会から報告書による提言がなされた時、既に2015年12月の開業に向けて駅舎の建設が進んでいたが、たまたま駅舎の一部を市民利用施設にすることが決まっていたため、このスペースに展示壁の高さを確保するための改装工事をして入居した。

　せんだい3.11メモリアル交流館の位置づけとして重視されたのは、他所からこのメモリアル拠点を訪れる人に震災関連情報を伝える施設としてだけでなく、被災した沿岸部の人たちの活動拠点となる施設にもすることだった。そのため地元の人たちと意見交換しながら施設の整備を進めたため、当初予定していた地下鉄東西線の開業に間に合ってオープンしたのが1階の交流スペースのみで、2階の展示スペースを含めた全館オープンは2016年2月となった。

　防災環境都市推進室によると、「せんだい3.11メモリアル交流館の整備に際して最も参考になった他所の施設は、新潟県中越地震の震災メモリアル施設の中の川口きずな館、やまこし復興交流館おらたる、おぢや震災ミュージアムそなえ館のような、それぞれの地域の特性に合わせて防災教育やワークショップなどの機能を持つとともに、震災前の地域の人々の暮らしに関する情報を合わせて伝えるような施設だった」という。

仙台市のせんだい3.11メモリアル交流館2階の展示
スペースに置かれた沿岸部の被災地のジオラマ

「震災関連の様々な情報を網羅した展示をしても、1度見て終わりでは意味がなく、多くの人が繰り返し訪れて震災のことを知り学ぶ活動拠点にしようと考えた」（防災環境都市推進室）

そのため展示の内容が沿岸部の復興のプロセスに応じて柔軟に更新できるよう、展示パネルをマグネット式にしている。ちなみに、市の沿岸部は若林区の荒浜、宮城野区の蒲生など、それぞれ地域ごとの特性があるため、これによって定期的に企画展の形で展示パネルを入れ替え、個々の地域を紹介していくことも可能になる。そして、駅のコンコースと直結した入りやすい造りになっているため、地元を中心にリピーターも多い。ただ、被災した地域の人たちに利活用してもらうことを意識して、「展示内容については津波の恐ろしさを直接表現したものが少なく、その点について他所から訪れた人の中には物足りないと感じる人もいる」（まちづくり政策局防災環境都市推進室）という。

なお、せんだい3.11メモリアル交流館の運営は、2016年度から仙台市の外郭団体で仙台メディアテークなどの市の文化施設の運営を行っている仙台市市民文化事業団が受託して行うことになった。仙台市市民文化事業団では、仙台メディアテークの「3がつ11にちをわすれないためにセンター」をはじめ、「RE:プロジェクト」という震災で大きな被害を受けた仙台市沿岸部で暮らしている市民から地域での暮らしの話を聞いて記憶する取り組みを行っており、沿岸部の地域の人たちとの繋がりのなかでせんだい3.11メモリアル交流館を運営していくのにベストと判断された。

■ 今後の震災メモリアルプロジェクトの展開 ‥‥‥

震災後の仙台市の復興プロジェクトの1つである震災メモリアルプロジェクトでは、震災復興メモリアル等検討委員会の提言を踏まえ、メモリアル拠点と

して仙台市東部の沿岸地域にせんだい3.11メモリアル交流館を整備したが、次に整備するのは市中心部のメモリアル拠点である。こちらは整備されるのはまだしばらく先だが、同じ地下鉄東西線の国際センター駅北側の「せんだい青葉山交流広場」に音楽ホールと合築の形でつくられることになった。立地面ではせんだい3.11メモリアル交流館との連携が容易で、訪問者にとっても回遊しやすい。

　沿岸部の施設との役割分担として中心部の施設では、広く国内外からの来場者も対象に東日本大震災の全体像を伝える役割を担うのと、震災アーカイブとそれを活用した防災教育面での役割を担うことになっている。そして中心部の施設で震災について知った人が、より詳しく仙台市沿岸部の被災状況について知るため、沿岸部の施設であるせんだい3.11メモリアル交流館を訪れ、その後、さらに津波の被害のあった場所を訪れるといった流れを想定している。

　けれども、中心部に先駆けて沿岸部の施設ができたことで、せんだい3.11メモリアル交流館では中心部が担う機能も過渡的に担っており、「しばらくは東日本大震災について知らない人にその概要を伝える常設展示を行う形で、地域に特化できないところがある」（まちづくり政策局防災環境都市推進室）という。

　防災教育面では、校外学習や修学旅行での体験学習の依頼などがあり、これに対しては「震災の記憶や経験を将来に伝えるためにも、積極的に対応していきたい」（まちづくり政策局防災環境都市推進室）とのことだ。また、館内に会議室を設け、こちらと1階の交流スペースは、震災について伝える活動をしている団体が、イベントやワークショップで使えるようにしている。

　せんだい3.11メモリアル交流館を起点に訪問者がさらに津波の被害のあった沿岸部を訪れるための仕組みとして、仙台市では荒浜地区の災害危険区域内にある荒浜小学校校舎を震災遺構として保存して2017年4月に公開し、こうした震災の跡をまわる訪問者のニーズに対応している。地下鉄東西線荒井駅から荒浜小学校まで1時間に1本のバスが出ており、他の沿岸部の被災地と合わせてモデルコースをまわるガイドツアーもある。せんだい3.11メモリアル交流館を訪れた人の中に、震災の語り部から話をうかがいたいという希望も少なからずあり、震災の記憶を継承する語り部の担う役割は重要である。

　あと、震災アーカイブについては、せんだい3.11メモリアル交流館でアーカイブの機能を持っておらず、代わりに宮城県が県内の35市町村と連携して立ち上げた「東日本大震災アーカイブ宮城〜未来へ伝える記憶と記録〜」に参加し、

こちらで様々な震災の記録を公開している。他に仙台メディアテークが「3がつ11にちをわすれないためにセンター」、仙台市民図書館が「3.11震災文庫」を独自に運用しているが、この内、「3.11震災文庫」については、せんだい3.11メモリアル交流館の方で集めた資料もそちらに登録したうえで、館内の図書コーナーに置いて公開するといった連携をとっている。

▮ 震災メモリアル・市民協働プロジェクト「伝える学校」······

　震災メモリアルプロジェクトの取り組みとして、これまで紹介した震災復興メモリアル施設としてせんだい3.11メモリアル交流館の整備事業や震災・復興資料などのアーカイブ事業とともに、もう1つ震災メモリアル・市民協働プロジェクト事業がある。

　仙台市市民局市民協働推進課協働推進係によると、「もともと仙台市では市民協働事業提案制度があり、様々な地域の課題解決に取り組みたい団体が事業提案をして、市の審査を経て採択されたものについては、市と協働で事業を行うというもので、そこで2012年度に募集した翌年度の事業提案（震災メモリアル部門）に、NPO法人20世紀アーカイブ仙台と一般社団法人MMIX Labから応募があり、それを震災メモリアル・市民協働プロジェクトとして一緒に実施することになった」という。

　こうして誕生したのが「伝える学校」で、震災の記憶や経験を後世に継承するための市民が伝える仕組みづくりを目的として、伝える手法について専門性を持った団体と仙台市が協力して、市民参加型の講座やイベントなどのプログラムを提供し、そこで多くの市民が伝える手法について学ぶことによって、震災を語り継ぐ市民の裾野を拡げていこうとするものである。2013年度から2016年度にかけて実施された。2013年8月に「伝える学校」をスタートさせる時点で、仙台市と仙台市市民文化事業団が協働で運営しているRE：プロジェクトが加わることになり、さらに2014年度から東北学院大学教養学部の上田今日子准教授が企画した「街からの伝言板」のチームが加わった。

　NPO法人20世紀アーカイブ仙台は、震災前は主に昭和の時代を記録する写真や8ミリフィルムによる映像のアーカイブに取り組んでいたが、「伝える学校」では「3.11オモイデツアー」を企画し、参加者が津波で被災した沿岸部を訪れ、その地域で暮らしてきた人々の暮らしや文化、過去の記憶について交流

を通して学ぶとともに、自分たちでツアーを企画することを行った。

　一般社団法人MMIX Labは、アートを活用した地域づくり活動などに取り組んでいる団体で、「伝える学校」では地域の記憶と記録を伝えるための様々なアートプロジェクトやワークショップを行った。

　RE：プロジェクトは、オーラル・ヒストリーの手法で被災した地域の人々の地域にまつわる様々な記憶を「聞き書き」を通して記録する活動で、「伝える学校」では「聞き書き──あの人に会いに行く」という講座を行い、これに参加して「聞き書き」の手法を学んだ市民が、沿岸部の被災者を訪ねて話をうかがい、リーフレットにして記録に残した。

　「街からの伝言板」は、メディアの報道からはこぼれ落ちるような震災時の記憶や経験やそれに対応するための知恵について、仙台市街地を中心に拾い集め、それをまとめて地図に落としたポスターを制作した。

　こうした4つの団体が年に数十回の講座やイベントを行い、延べ数千人の市民がそこに参加した。2015年3月に仙台市で開催された第3回国連防災世界会議の際には、「市民協働と防災」テーマ館となった市民活動サポートセンターで「伝える学校」として展示を行い、多くの来場者にその取り組みを伝えた。

■「伝える学校」の運営と課題 ……

「伝える学校」では、年度の初めに仙台市と講座やイベントを主催する各団体が集まり、前年度の振り返りを兼ねて何度か打ち合わせを行い、新たな年度の全体の方向性を調整して決めた。そして、各団体から提案のあった年間のプログラムを、仙台市の方での確認を経て確定した。

「伝える学校」がスタートした2013年度は、まず震災の記憶や経験を伝える様々な手法について参加した市民に知ってもらうため、主に講義形式で開催した。そして2014年度は、伝える手法を学んだ市民が、実践的な活動に携わることができるよう、講義形式ではなく年間通して参加するゼミ形式のプログラムにしたが、参加のハードルが高くなり過ぎたため、2015年度には講義形式とゼミ形式の双方のプログラムを走らせることで、途中参加がしやすい形にした。

　参加者の募集は、「伝える学校」のサイト、フェイスブックでの配信や記者発表を通して行い、更にせんだい3.11メモリアル交流館ができてからは、そちらにチラシを置いた。参加した市民の年齢や背景は学生から60代のシニア層ま

で多様で、中には宮城県外からの参加者もいるが、「各専門分野の講師との繋がりや、既に活動に参加している市民との繋がりで、新たに参加する人が多かった」（市民局市民協働推進課協働推進係）という。

　参加の動機は必ずしも被災地支援を第一の目的としたものばかりではない。生涯学習の一環として「聞き書き」に関心を持って応募してきた人や、あるいは震災当時、同じ市内でも内陸部に住んでいてほとんど被災しておらず、震災について自らの経験で語ることができないので、「伝える学校」の活動を通して語れるようにしたいと考えて応募してきた人もいる。「そうした人たちも含め、結果として震災の記憶や経験を伝える担い手となる市民の裾野を拡げることを目指した」（市民局市民協働推進課協働推進係）という。

　「伝える学校」では年度末に各プログラムの活動の成果について「伝える学校の発表会」を行う他、「伝える学校の学級会」として年間の活動の総括とこれからの「伝える」を考える場を設けた。参加者から、「震災の風化が懸念されるということが言われるが、震災が風化されない状況というのはどのようなものなのか」という疑問が提起され、これについて全員で熱く議論したこともあった。「伝える学校」がスタートした当初は、仙台市市民活動サポートセンターなどに場所を借りて行っていたが、せんだい3.11メモリアル交流館が開館してからは、こちらを拠点に活動することができるようになった。

　以上、仙台市の震災メモリアルプロジェクトについて紹介してきた。震災メモリアル施設を拠点に地域や市民が震災について将来に伝えていく活動は、新潟県中越地震の被災地の長岡市をはじめ、阪神淡路大震災の被災地の神戸市、新潟県中越沖地震の被災地の柏崎市でも行われており、東日本大震災の他の多くの被災地でも、こうした伝える仕組みが地元に定着するための取り組みは重要である。

4 近年誕生した東日本大震災の震災伝承施設

▌東日本大震災津波伝承館の取り組み ······

岩手県陸前高田市で2019年9月に誕生した東日本大震災津波伝承館は、「命

を守り、海と大地と共に生きる～二度と東日本大震災津波の悲しみをくり返さないために～」をテーマに、津波の事実を浮き彫りにし、津波の実体験からの教訓を伝えるとともに、過去の津波災害への対応の歴史を学ぶ展示を目指して、館内を「歴史をひもとく」、「事実を知る」、「教訓を学ぶ」、「復興を共に進める」の４つのゾーンに分け、パネルや映像による展示を行っている。

震災津波の伝承・学習拠点としての機能、被災地域のコミュニティの歩みを記憶する装置としての機能以外に、三陸各地のゲートウェイとしての機能を持ち、道の駅高田松原と隣接して高田松原津波復興祈念公園内に立地していることもあり、来館者の多くは地元以外

岩手県陸前高田市の東日本大震災津波伝承館

の県内外から訪れている。総務担当副館長の熊谷正則によると、「開館からコロナの影響を受ける前の2020年３月末までの半年弱の期間で、15万人近い来館者があった」という。

東日本大震災津波伝承館の展示は、岩手県が県内各市町村、防災関係機関、NPO／NGO、新聞社などから提供された写真、音声、映像、文書などの資料をもとに構築した「いわて震災津波アーカイブ～希望～」を活用し、岩手大学、東北大学の協力を得て企画構成されている。東日本大震災津波伝承館には学芸員はいるが、阪神・淡路大震災の記録と記憶を伝える神戸市の人と未来防災センター、新潟県中越地震の記録と記憶を伝える中越メモリアル回廊の長岡震災アーカイブセンターきおくみらいを運営する中越防災安全推進機構のような調査研究機能を持たず、調査研究については岩手大学、東北大学が担い、そちらと連携する形になっている。

東日本大震災津波伝承館のユニークな特徴として、来館者の案内および展示解説と、その合間に展示施設および資料の保全、整理、あるいは教育普及事業の実施補助といった仕事を担当する専門の解説員を抱えている点だろう。解説員の内、英語、中国語での解説が可能な解説員がそれぞれいて、シフトを組ん

で勤務している。解説員のほとんどが何らかの形で被災経験を持った地元出身者で、自らの被災経験に加えて展示解説のためのトレーニングを受けて、展示解説業務に携わっている。「コロナの影響を受ける前の2019年度は、いわて花巻空港経由で中国語圏から来る観光客を対象に、中国語での展示解説が役立った」（熊谷）という。

　岩手県では、県内の小・中・高校生に向けた復興教育・防災教育の拠点として東日本大震災津波伝承館を活用するため、2020年度に県内の小・中・高校で使う復興教育副読本『いきる　かかわる　そなえる』の中で、東日本大震災津波伝承館について紹介し、多くの生徒に足を運んでもらおうとしている。2020年3月から事業担当の副館長が、県内の小・中・高校を訪問して、校長、副校長と利用促進に向けた意見交換をしており、今後県内の学校利用の拡大が期待されている。

■ いわき震災伝承みらい館の取り組み ……

　いわき市の震災メモリアル中核拠点施設であるいわき震災伝承みらい館は、県の施設である東日本大震災津波伝承館とは対照的に、「次世代を担う子どもたちの未来のために、事業活動全体を通して学びの場を提供し、防災教育への活用を図ることで、災害に強いいわき市の礎を築く」ことを目的とした、地元の小・中・高校生を主な利用者層に想定する施設である。展示は、「東日本大震災と防災」、「震災の記録と記憶の保存・継承＋防災・減災の知識と意識の醸成」、「いわきの現在〜復興、そして防災〜」、「追悼・鎮魂」の4つのゾーンで構成されている。

福島県いわき市のいわき震災伝承みらい館

いわき震災伝承みらい館の展示に使われている資料を主に収集したのは地元のいわき明星大学（現医療創生大学）で、震災から半年後の2011年10月にいわき明星大学復興事業センターを立ち上げ、人文系の教員が中心

となって震災記録の保存事業を開始した。そして、翌2012年4月に震災アーカイブ室が開設され、大学が独自に市民から収集した写真、映像、証言記録などを保存していき、2016年度からはいわき市からの委託で事業を継続することになった。また、それまでに収集した資料はいわき市に移管され、アーカイブされたものの中から公開可能なものについては、いわき震災伝承みらい館のサイトで公開されている。

2020年5月にコロナの影響下で開館したこともあり、来館者の7割が市内からで、また本来のメインターゲットである「次世代を担う子どもたち」についても、いわき震災伝承みらい館館長の荒川信治によると、「2020年秋以降については、地元の小・中・高校からの見学の予約も徐々に入ってきている」という。また、いわき震災伝承みらい館では、窓口となって地元の震災語り部を紹介しており、「館内を見学するだけでなく、震災時に市内で大きな被害を出した久之浜地区、薄磯地区、豊間地区などもセットで訪れ、被災地の現状や復興状況を多くの人に知って欲しい」（荒川）という。

■ 震災伝承施設の抱える課題 ……

東日本大震災から数年経って設置に向けた具体的な検討がなされ、近年開館した震災伝承施設は、震災から10年経つなかで多くの人の記憶から震災を風化させないよう、県や地元自治体の震災アーカイブを活用してパネルや映像による展示を構築し、入館料も無料にして多くの来館者に来てもらう仕組みをつくっている。

東日本大震災津波伝承館は、三陸各地のゲートウェイとしての機能を持つことで岩手県の内外から多くの来館者を集め、また外国語対応が可能な解説員の制度を設けた。その一方で県内の小・中・高校生に向けた復興教育・防災教育の拠点となるよう、利用促進に向けて学校との連携を重視している。いわき震災伝承みらい館は、地元の小・中・高校生を主な利用者層に想定し、防災教育への活用に力を入れている。また、地元の震災語り部ツアーとの連携も図っている。

ただ、震災後に誕生した施設ということもあり、リアルタイムに被災現場の写真などの震災関連資料の収集を自ら行うことができないため、県や地元自治体の震災アーカイブに頼って展示を構築せざるを得ず、また展示の内容は震災

から復興までのプロセス全体を取り上げたものとなっている。

　これに対してせんだい3.11メモリアル交流館では、震災時に市民団体として存在し、地域の文化を伝える活動に取り組んでいたNPO法人20世紀アーカイブ仙台のようなところと協力することで、NPOの当事者が自ら震災直後から被災したまちの最後の姿や震災後の市民の日常生活を記録する写真の撮影や収集と、撮影者の想いを文章で記録に残す作業を行うなかで育まれた経験値を活かして、震災メモリアル・市民協働プロジェクト「伝える学校」のような取り組みを行うことができた。

　NPO法人20世紀アーカイブ仙台については、第10章で詳しく触れられているように、撮影や収集した写真をもとにアーカイブを構築することが目的ではなく、その写真をもとに被災者が被災する前のまちの文化的記憶や被災後の日常生活の記憶を再生し、また被災経験のない人にもその記憶を共有してもらうことで、震災の記憶を正しく将来に伝えるといった利活用に重点を置いて、展示や被災地ツアーに取り組んでいる。

　「伝える学校」のような取り組みは、震災後に新たに誕生した公的な震災伝承施設ではなかなか困難なことで、今後、東日本大震災に続く南海トラフ地震などの大規模災害の発生が予想されるなか、各地域では過去の大規模災害の記録と記憶をもとにそれに備えた災害対応の仕組みを準備するとともに、地域の博物館が地元の市民団体などと協力して、新たに発生する大規模災害の記録と記憶を正しく残して伝える仕組みを構築することは重要である。

5 ┃ 市民団体による東日本大震災の震災伝承施設

■ 公益社団法人による震災展示・交流スペース ……

　宮城県石巻市は、2011年3月の東日本大震災で最も多くの被災者を出した自治体である。この石巻市で、震災後に誕生した復興に関わるNPO／NGO連絡会が、2011年4月に石巻災害復興支援協議会に改称し、同年5月に一般社団法人となった。2012年11月にみらいサポート石巻に改称し、2015年7月に公益社団法人となり、2019年4月に3.11みらいサポートに改称した。

3.11みらいサポート専務理事の中川政治によると、「震災後に多くのボランティアが他所から石巻を訪れた際、作業を終えた夜に地元の人から震災前の現地の様子について話をうかがうことから、ある意味で語り部の伝承活動がスタートした」という。その延長で2011年9月頃から、旅行会社の被災地ツアーでの語り部による伝承活動を行うようになった。

「語り部の方は、地元の新聞の取材に自らの被災体験を語って記事で紹介された方に個別に連絡してお願いしたり、あるいはその方に語り部としてお話していただける方を紹介していただいたりして、少しずつ増やしていった」（中川）

　またそれと前後して、「2011年の夏頃には、震災とその後のボランティアやNPO／NGOによる復興支援活動の記録や記憶の伝承について、石巻災害復興支援協議会の中で話し合われるようになった」（中川）という。

　その後、3.11みらいサポートでは、語り部による震災学習プログラムの提供だけでなく震災展示を行うため、2014年4月にコンテナハウスを活用した震災伝承展示スペースとして、つなぐ館を開館した。そして2015年4月に、石巻市の街中で石巻日日新聞社が運営する震災伝承施設である石巻ニューゼが入居する同じビルに入居した。

　同年11月には市内で津波の被害の最も大きかった北上川河口部に位置する南浜地区に、新たに震災展示・交流スペースとして南浜つなぐ館を開館した。こちらは翌2016年7月に、石巻南浜津波復興祈念公園の中の市民活動拠点に移転する。コロナ前には毎年、5万人近い人がつなぐ館を訪問していたが、大人数の修学旅行生などの受け入れ対応をするうえで手狭で、かつ行政の土地で制約もあって施設の拡大もできないため、2021年1月に閉館し、同年3月に新たに公園の北側に震災展示・交流スペースとしてMEET門脇を開館した。つなぐ館に置かれていた展示品はこちらで展示することになった。

　3.11みらいサポートでは震災展示を行うのに際

宮城県石巻市の震災展示・交流スペースのMEET門脇

し、人と防災未来センター、長岡震災アーカイブセンターきおくみらい、リアス・アーク美術館などを視察して学び、また復興支援に携わった多くのボランティアやNPO／NGO関係者の多くが、被災者に配慮して自ら写真で記録することを行っていなかったため、市民に呼びかけて石巻市内の震災前と震災直後の写真を借り、利用許諾を得て展示資料を作成した。

「3.11でつながろう、未来のために動きだそう」をコンセプトに、訪れた人が震災に直面した際に避難について適切な判断ができるよう、震災当日の100人以上の市民の避難行動について証言を集め、それをプロジェクションマッピングで可視化して展示し、避難の難しさを伝える内容の展示も行っている。ただ、「震災を伝えるモノの展示に関しては、震災から比較的早い時期に被災物の収集をしておらず、今から考えると行っておけばよかった」（中川）という。

MEET門脇、南浜つなぐ館は市外からの来館者が中心で、「特に、コロナ禍で北関東から比較的近いこともあり、震災学習で訪れる修学旅行生が増えている」（中川）という。3.11みらいサポートでは、こうした修学旅行や地元の学校の校外学習向けに、語り部の方の実際の避難行動を追体験する「語り部と歩く3.11」という震災学習プログラムを提供している。

石巻市では、震災で家族や親族を失った子どもたちが多くいたこともあり、震災後は学校で震災学習を行ってこなかった。だが、2021年度に宮城県教育委員会が行った初任者研修では、津波で多くの生徒が亡くなった石巻市内の大川小学校の震災遺構の訪問がプログラムに組まれ、それをきっかけに学校で震災学習がスタートし、校外学習でMEET門脇、南浜つなぐ館を訪れるようになった。

■ 震災伝承活動の継続に向けて ......

3.11みらいサポートは、東日本大震災の伝承に関わる個人・団体・拠点施設が地域を超えてつながるため、2017年11月に立ち上げられた3.11メモリアルネットワークの事務局を担当している。3.11メモリアルネットワークでは、岩手、宮城、福島の東北3県で、震災伝承、防災・減災活動の「連携」「企画」「育成」に取り組んでいる。

具体的には、会員が連携して震災伝承に関する情報を収集・整理し、ネットや紙媒体で発信するとともに、シンポジウムや被災地での視察・交流ツアーを

企画している。また、震災の経験や教訓を未来の世代に伝えるため、若い世代の語り部を育成すべく、被災地で震災伝承に取り組む若者が集まり、伝承活動について語り合う「若者プロジェクト」のような場を定期的に設けている。また、CATVの統合運営会社のJ:comが、CSR活動の一環として東日本大震災の語り部の証言を映像で記録し、番組にして配信する取り組みに対しての協力も行っている。

　ただ、今後の課題として、コロナ禍でオンラインでの震災学習プログラムを提供している施設や団体では、従来の施設訪問と語り部の講話に代えて、企業などによるそうしたプログラムの利用が増えたが、これからコロナが終息した際に、施設を訪問して語り部の話を聞く人のニーズがどれだけ復活するかということがある。また、国の震災復興予算は公設の伝承施設や震災遺構には投入されるものの、NPO／NGOによる語り部の育成などの伝承事業には割り当てがなく、伝承活動を継続するうえで資金確保が大きな課題となる。そのため3.11メモリアルネットワークでは、3.11メモリアルネットワーク基金を立ち上げ、民間での伝承活動の継続のための寄付を募り、それで伝承活動に取り組むNPO／NGOを助成している。

　今後、国の財源で民間の震災伝承活動を支援する仕組みが望まれる。

6 ｜ 個人による私設の原子力災害考証館

■ 原子力災害考証館誕生の経緯 ‥‥‥‥

　東日本大震災から10年経った2021年３月12日、福島県いわき市で原子力災害考証館furusatoが誕生した。この原子力災害考証館は、いわき市の温泉旅館であるいわき湯本温泉古滝屋の館主の里見喜生が、自らの旅館の中に立ち上げた私設博物館である。

　福島県では2020年９月20日に、福島第一原子力発電所の一部が立地する双葉町で、県の施設である東日本大震災・原子力災害伝承館が開館している。そうしたなかで民間の原子力災害考証館が新たにできたことの意味は重要である。

　原子力災害考証館立ち上げの発起人であり運営委員会代表である里見喜生は、

2011年に郡山市に住む仲間と震災復興支援に取り組む「ふよう土2100」を設立し、同年11月にNPO法人となった際に理事長に就任して、この「ふよう土2100」を母体に被災地でのスタディーツアーを行ってきた。

　里見は2017年３月に活動の中心が郡山市になっていた「ふよう土2100」の理事長を退任し、別途、2013年２月にいわき市で設立されて里見が理事を務める「いわきおてんとSUN企業組合」の方にスタディーツアーを移行し、その後、補助金がなくなって「いわきおてんとSUN企業組合」の方でスタディーツアーの事務局機能を担うのが難しくなったことから、「Ｆスタディーツアー」として独立して行う形で、今日に至っている。「これまで毎年平均600名程をガイドし、その中から多くの人がリピーターとして再訪してくれるようになった」（里見）という。

　里見がガイドとして実施したスタディーツアーは、当初はいわき市内沿岸部の津波の被災地が中心だったが、2013年には北上して双葉郡の原子力災害の被災地を対象とするようになった。そうした原子力災害の被災地のガイドをするなか、公の伝承施設ではおそらく充分に伝えられない原子力災害に特化した民間の施設を立ち上げることに、里見は関心を持つことになる。

　その直接のきっかけとなったのは、2014年に熊本県水俣市で水俣病歴史考証館を運営する水俣病センター相思社を訪問したことだった。水俣市には他に県が運営する水俣病情報センター、市が運営する水俣病資料館があるが、「相思社では単に展示物を見学するだけでなく、地元のみかん農家の方などの市井の人の話をいろいろとうかがうことができたのが貴重だった」（里見）という。

　また、里見がもう１つ関心を持ったのが、千葉県芝山町で成田空港問題円卓会議、成田空港地域共生委員会による様々な対話を経て2011年６月に誕生した空と大地の歴史館である。いわき市では、震災と原発事故によってもたらされた地域の分断や軋轢のなか、異なる立場や価値観の者同士の継続的な対話の場として、2013年１月に「未来会議」がスタートしているが、こうした「未来会議」の延長線上に原子力災害の記録と記憶が後世に伝えられることを里見は希望している。ただ、成田空港問題と異なり、福島では加害者と被害者の合意、あるいは原子力発電や中間貯蔵施設を今度どうしていくのかということについての合意が成立しておらず、「原子力災害考証館は、そうした地域の人たちの合意成立に向けた一助になれば」（里見）と考えている。

　ともかく里見は原子力災害考証館の立ち上げに向けて意志を固めたものの、

最初に直面したのは、単に原子力災害のデータを集めてその全体像をパネルで展示しただけでは、地域の文化や様々な行事をはじめとした地域で暮らす人々の営みが一瞬にして喪失してしまう。そのことがどれだけ犯罪的なものなのかについて、訪れた人に当事者意識を持ってもらうことができないという問題だった。

　里見は試行錯誤を重ねた末、原子力災害後の浪江町で時間の経過とともに何が消えてなくなったのか伝える写真や、津波で被災して原子力災害がなければ早期の捜索で救命できたかもしれない子どもの遺品などを、直接面識のある被災者の方から預かり、そのメッセージが伝わるように展示した。また、地域の人たちが国や東京電力に対して起こした訴訟についての記録も併せて展示した。

　こうした原子力災害考証館の取り組みに対し、立地する温泉街の一部の人からは、原子力災害関係の展示は観光への風評被害につながるという声も出たが、里見はスタディーツアーの参加者やそのガイドを通して話をうかがった双葉郡の被災者の声に支えられ、自分が生きている限り原子力災害考証館を継続して運営していくという決意を持って、震災から10年の節目の開館を目標に準備を進めた。

■ 開館後の状況と今後の展開 ······

　2021年3月12日に開館した原子力災害考証館の来館者は、いくつかの新聞が取材して記事を掲載したこともあり、その年の末までで里見が直接会っただけでも500人程に達し、「不在の時に訪れた人を含めると、もう何百人か増えるのではないか」（里見）という。館内に置かれたアンケートで確認すると、県内と県外の来館者がほぼ半々で、また県内の来館者の内、市内と市外の来館者もほぼ半々だった。

　広報面では、サイトで情報発信する以外、全国各地の公害資料館が集まる公害資料館ネットワークに参加することで、徐々に全国各地の人に知られる存在となってきている。ただ、「最も見学に訪れて欲しい地元の小中高校は、ふたば未来学園以外は原子力災害伝承活動に向き合って取り組んでおらず、全く訪問がないのが残念」と里見は語る。

　原子力災害考証館では、開館後も里見が代表を務める運営委員会が継続して展示内容の整備を行っており、元環境NGOのスタッフで震災後に富岡町に移

福島県いわき市のいわき湯本温泉古滝屋の
一室にある原子力災害考証館

住した夫妻など多様な地域の人が参加している。また、他にも学生のボランティアが、資料づくりを手伝っている。里見はこうした原子力災害の記録と記憶を伝える民間の展示施設が他にも福島の各地に誕生し、相互に連携してネットワークができることが理想と考えるが、現在、そうした施設としては、楢葉町で2021年3月11日に宝鏡寺の住職が立ち上げた伝言館が存在するのみである。

　あと里見の方でもう1つやりたいと考えているのが、一般社団法人環不知火プランニングが行っているような何日間か滞在する形での原子力災害の被災地のスタディツアーである。ただ、そのためには専門にコーディネーターを務める人を確保して事業化することが必要で、何らかの補助金などがないなかですぐに実現するのは難しい状況である。

　ただ、こうした当事者が原子力災害の展示を行う私設博物館のネットワークと滞在型スタディツアーは、実現すれば原子力災害の記録と記憶を伝えるうえで重要な役割を担うもので、是非いわき市で誕生した原子力災害考証館の取り組みが、今後、そのような形で広がっていくことを期待したい。

（松本　恭幸）

＊１　中越大震災復興基金は2020年9月に解散となり、また中越防災安全推進機構は2019年度で「中越メモリアル回廊」全体の運営から撤退し、その後は長岡震災アーカイブセンターきおくみらいのみを運営していくことになった。

第 7 章

過疎化が進む地方での
持続可能な博物館経営に向けて

　文部科学省の社会教育調査によると、国内にはコロナ前の2018年10月現在、5738館の博物館（登録博物館914館、博物館相当施設372館、博物館類似施設4452館）が存在し、その多くは公立博物館である。これは10年前の2008年の5775館（登録博物館907館、博物館相当施設341館、博物館類似施設4527館）と比べると微減だが、その後、さらにコロナの影響で多くの博物館が休館や入館制限を余儀なくされ、なかには閉館に至ったところも少なくない。

　もともと国内の博物館の数は、1980年代後半のバブル期に入った直後の1987年には2311館（登録博物館523館、博物館相当施設224館、博物館類似施設1574館）だったが、バブル期に多くの施設が計画され、それらが完成した90年代後半には博物館の数は倍増した。その後四半世紀以上経ち、かつて建設された博物館の多くは資料の保管状況の改善などを含めた老朽化対応が必要な時期を迎えている。

　けれども今日、地方の多くの自治体が財政赤字に直面しており、人件費を含む博物館関係の予算が削減されるなか、展示の更新もままならずに集客ができず、さらにコロナの影響がそれに追い打ちをかける[*1]といった悪循環に陥り、存続に向けて厳しい状況におかれた公立博物館も少なくない。

　だが、もし、市町村立の郷土系博物館が維持されなくなると、その地域で博物館がこれまでに担ってきた地域史料の収集・保存、そして調査研究から教育面に至る様々な機能が失われ、地域の記録と記憶の継承に及ぼすマイナス面での影響は極めて大きい。

　本稿では地域の記録と記憶の継承の役割を担っている郷土系博物館の今日の状況と、持続可能な博物館経営に向けて地域で必要とされる取り組み[*2]について、各地の個別の事例をもとに見ていきたい。

1 ┃ 市町村合併した自治体における博物館の統合

┃ 由利本荘市の新たな郷土博物館構想 ‥‥‥‥

　1999年から2010年にかけての平成の大合併により、全国の市町村の数は3232から1821に減少した。合併した自治体では、合併前の博物館（資料館、収蔵施設など）をそのまま維持したケースも多々あるが、今日、その存続に向けた統合が大きな課題となっているところもある。

　秋田県南部に位置する由利本荘市は、2005年に本荘市と由利郡矢島町・岩城町・由利町・西目町・鳥海町・東由利町・大内町の８つの自治体が合併して誕生した。この内、６つの自治体に計11か所の資料館、収蔵施設などがあったが、合併前の協議でそのまま残すことになり、由利本荘市教育委員会の出先機関である教育学習課が管理することになった。だがその後、各施設で民具などの収蔵品が増えて、教育委員会生涯学習課課長兼ポートプラザアクアバル館長の長谷川潤一によると、「現在、横断的に管理する必要が生じている」という。

　由利本荘市にある11か所の資料館、収蔵施設などの内（解体予定のものも含む）、３か所の非公開の収蔵施設を除く８か所では、現在、事務職員でない専従の常駐職員のいる施設が、本荘郷土資料館３名、矢島郷土文化保存伝習施設１名、亀田城佐藤八十八美術館４名の３か所で、その多くは教員OBの会計年度任用職員である。

　建物の老朽化にともなう修繕費を別にして、全体の運営費が年々減少するなか、合併前には本荘郷土資料館、亀田城佐藤八十八美術館に学芸員がいたが、現在は教育委員会文化課に専門職員として学芸員を配置する形に転換した。各施設に学芸員がいないため、新たな資料の受け入れや文化財調査や保存管理計画などは、教育委員会の方で一元的に行っている。また、教育委員会生涯学習課文化財保護室文化財専門官の高橋正によると、「秋田県博物館など連絡協議会のネットワークを通して、秋田県立博物館に由利本荘市で所蔵する資料の燻蒸消毒などの保存管理についてサポートしてもらっている」という。

　こうしたなか、由利本荘市では2020年度から由利本荘市歴史文化拠点施設整備検討委員会を立ち上げて検討した結果、本荘郷土資料館の建て替えにともな

い合併前の自治体の枠組みにもとづいて存在する資料館、収蔵施設の機能の多くを、市全体を対象としたハブとなる拠点施設としての博物館に集約し、各地域の施設はその分館的な形で、それぞれにテーマ性を持たせて残すという基本方針を打ち出した。そして、2024年度中にマスタープランを作成する予定で、最短で2030年度に新たな郷土博物館が誕生する見通しである。

常駐職員のいる本荘郷土資料館、矢島郷土文化保存伝習施設、亀田城佐藤八十八美術館は、コロナ前の年間の来館者数が1000人台から2000人台で、市内よりもむしろ観光で市外から来た女性の少人数のグループが比較的多かった。本荘郷土資料館には10数名程のメンバーを抱えたサポーター組織があり、矢島郷土文化保存伝習施設では、地元の

秋田県由利本荘市の本荘郷土資料館における
地元の民具の展示

郷土史研究会が企画展を行うなど、地域の市民と繋がりがある。

また、地元のCATV局の由利本荘市CATVセンターのコミュニティチャンネルの番組で、企画展について紹介されたりしているが、なかなか地元のリピーターの確保に至っていない。新たに整備する郷土博物館は、「観光に役立てるとともに、地元の人も訪れて利用されるコミュニティ施設を目指したい」（長谷川）という。

そのためには「由利本荘市の過去の歴史文化について紹介するだけでなく、その延長線上にある今日的な課題についても伝えることが重要」（高橋）である。例えば、由利本荘市の各資料館では、毎年、博学連携で地域の小学生が訪れているが、数十年前の開館当初は子どもたちがそこに展示された民具などを見て、自らの祖父母が使用しているのを観た記憶があるため、昔の民具から先人の知恵を知って地域の歴史文化にシンパシーを感じたが、今日では博物館の展示品は地域の子どもたちの記憶から途切れたものになっている。

こうしたことから由利本荘市では、博学連携で年に1度来館してもらうだけでなく、新たな郷土博物館の整備と併せて、学校で生徒に配布しているタブレット端末向けに、地元の各資料館の収蔵品や資料をデータ化し、それを教材として今日的な課題と絡めて授業の中で使ってもらう仕組みを構築することを検討している。

あと、市内よりは市外からの来館者が多いとはいっても、由利本荘市の博物館関連の予算は毎年削減されており、現在、自らのサイト以外にポスターやチラシを外注制作して近隣自治体にPRできるのも本荘郷土資料館のみで、博物館独自に他所から観光客を呼び込むためのプロモーションがほとんどできていない状態である。そのため、「由利本荘ひな街道」のような毎年春に市全体で行う観光プロモーションの際に、連携して企画展を行ったりしている。

「由利本荘市中心部は本荘藩の城下町から発展した街で、歴史的建築物も多く残っているが、それが今日、観光面で有効に活用されているとは言えず、新たに整備する郷土博物館は、そうした市内の歴史的建築物などの観光資源を結ぶ導線上に立地させることで、街歩きの拠点にもしたい」（長谷川）という。それと併せて観光客を対象に、由利本荘市に数多く残る絵図を活用した地図アプリの制作や、訪れた街中の歴史的建築物などの前でQRコードを読み込んでガイドによる解説を視聴する仕組みの構築も検討している。

■観光拠点となった木のおもちゃ美術館 ……

由利本荘市には市が管理する資料館、収蔵施設以外に、NPO法人由利本荘木育推進協会が指定管理者となっている鳥海山木のおもちゃ美術館がある。こちらはコロナ禍の2021年度も4万人以上の来館者があり、由利本荘市の観光拠点として賑わっている。

鳥海山木のおもちゃ美術館が入居する旧鮎川小学校は、1954年に木造校舎が建てられた後、50年間使用されて2004年に廃校となったが、地元の市民や卒業生が中心となってその校舎を保存するため2008年に鮎の風実行委員会という任意団体を立ち上げ、ミニコンサートや講演会などのイベントを行っていくなか、2011年に国の登録有形文化財となった。

そして、国の登録有形文化財となった木造校舎を維持していくため、由利本荘市は鮎の風実行委員会をはじめとした地域の市民と話し合い、森林面積が8

割以上を占める由利本荘市の地場産業である林業の活性化も考え、地元産の木を使ったおもちゃや大型遊具を展示した鳥海山木のおもちゃ美術館を、2018年に開館した。そして、運営は地元の市民が立ち上げたNPO法人由利本荘木育推進協会に委託した。

　鳥海山木のおもちゃ美術館の来館者の7割以上が市外の人たちで、年間パスポートを購入するリピーターも多い。由利本荘市の観光の目玉となる施設として、県内の地上波民放局でCMを流すなどのプロモーションに力を入れており、マスメディアの取材で紹介されることも多々ある。地元の第三セクターの由利高原鉄道とも連携して、由利高原鉄道が車内で子どもたちが木のおもちゃで遊べるスペースなどを設置したおもちゃ列車を運行している。また、年に何度か校舎の前でマルシェを開催したり、館内で木工職人によるワークショップを開催したりして、多くのリピーターが訪れている。

　由利本荘市が新たに整備する郷土博物館が、この鳥海山木のおもちゃ美術館のように地元の観光拠点として計画されるのか、今後のマスタープランの作成に注目したい。

2 ｜ エコミュージアムの概念にもとづく博物館構想

▌NPO法人萩まちじゅう博物館の誕生 ······

　秋田県由利本荘市では、平成の大合併の際にそのまま残された合併前の博物館（資料館、収蔵施設など）を、その老朽化にともない近年、新たにマスタープランを作成してハブとなる拠点施設としての博物館とその分館的な各地域の施設という形に再編しようとしているが、こうした取り組みを一足早く市町村合併の際に並行して取り組んだのが、同じ日本海側の山口県萩市である。

　萩市では2005年3月に、田万川町、須佐町、川上村、むつみ村、旭村、福栄村と広域合併するが、その前年の2004年11月の萩博物館の開館と併せて、同年4月に萩まちじゅう博物館条例が施行され、中核施設としての萩博物館を情報拠点に行政と市民が協働でまちじゅうにある文化財を地域資源として活用し、地域の記録と記憶を継承する取り組みがスタートした。

山口県萩市の萩まちじゅう博物館の中核施設
である萩博物館

萩市商工観光部まちじゅう博物館推進課課長補佐の井上健助によると、「1970年からスタートした旧国鉄のディスカバー・ジャパンのキャンペーンで萩市の美しい街並みが広く注目されるようになり、その後、萩市では1972年に萩市歴史的景観保存条例、1976年に萩市伝統的建造物群保存地区保存条例を制定して、都市遺産である武家町の景観や文化財の保存に取り組んできた。ただ、1975年をピークに観光客は長期的に減少傾向に向かった」という。

　そうしたなかで1998年に郷土博物館の移転が決定し、また同時期に大規模な文化財施設の修復、電線類地中化などの文化遺産と景観に関わる都市整備が進められることになった。また、当時、日本で普及し始めていた地域の歴史的環境や自然環境を市民の参加によって持続可能な形で研究・保存・展示・情報発信などに活用していくエコミュージアムの考え方をもとに、拠点整備と周辺整備を一体化して行い、地域づくりや観光に役立てていこうとする機運が高まった。そして、2003年10月に萩まちじゅう博物館構想が策定され、2005年3月に萩まちじゅう博物館基本計画・行動計画が作成された。

　萩まちじゅう博物館構想では行政と市民の協働を重視し、市民側の担い手の中心となるNPO法人として、2004年9月にNPO萩まちじゅう博物館が立ち上がった。それに先立って萩市では、萩博物館の館長とNPO萩まちじゅう博物館の代表理事を兼ねる人材の全国公募を行い、元大分放送職員の高木正煕が市の嘱託職員として同年4月に採用された。そして、高木が中心となって多くの市民に声をかけ、200名程の市民が参加するNPO萩まちじゅう博物館が誕生し、こちらが萩博物館の管理運営も行っている。NPOのスタッフが博物館の学芸員の活動をサポートし、古い写真や歴史資料の整理とデータベース化、民具の手入れから、さらには地元で暮らす市民が語り継いできた歴史、生活文化、風

習などの「萩の物語」について聞き取り調査を行い、記録・保存する取り組みなどを行っている。

　萩市では、行政側の商工観光部まちじゅう博物館推進課、市民側のNPO萩まちじゅう博物館が一体となった取り組みがスタートした。そして、萩博物館を拠点にまち全体を博物館としてとらえ、「萩学」の探求を通して、既存の文化財などに加えて市民が自ら発見した歴史的街並み、自然景観、地場産業、四季折々の花や旬の味覚など、地域の暮らしの中で育まれてきて、後世に残したり伝えたりしたいと思う「モノ」や「コト」を「おたから」として認定し、その保存と活用を目指している。

■ 萩まちじゅう博物館の取り組みと課題 ……

　萩市ではその後、2007年に景観法にもとづく萩市景観条例の制定と萩市景観計画の策定がなされ、2009年には歴史まちづくり法にもとづく萩市歴史風致維持向上計画を国が認定し、歴史的な建物の復元や文化財の周辺環境整備が進められた。ただ、一方で急速に人口減少と高齢化が進み、また観光面で従来の団体旅行がなくなって個人旅行が中心となるなか、持続可能な地域づくりや観光振興に向けて、「おたから」を活用した行政と市民の協働による様々な取り組みが求められるようになった。

　そして、2020年10月、萩まちじゅう博物館構想は、「おたから」の再発見・保存・活用・魅力発信にとどまらず、「おたから」を通じた多様なコミュニティの形成・活動の推進、「おたから」を活かした経済活動の推進、そして「おたから」を活かす人材の育成を基本方針としたものに改訂された。

　この萩まちじゅう博物館構想（改訂版）にもとづいて、行政、NPO萩まちじゅう博物館、その他、萩市の多くの商工観光団体や地域団体が参加する萩まちじゅう博物館推進委員会が組織された。そして、こちらが中心となり、必要に応じて実行委員会などを組織して、市全域で地域の「おたから」を市民が発見し、「萩おたから総会」で認定してデータベース化し、それを市内の小中学校で「ふるさと学習」に活用するとともに、「萩のおたから紹介動画」の配信、萩の「おたから」を子どもたちに伝える絵本型ブックレットや「萩まちあるきマップ」の発行、地域の魅力発見イベントなどを行っている。また、元地域おこし協力隊員を中心とした地元のローカルメディア編集チームが委託で、リトルプレス

型パンフレット『つぎはぎ』を発行している。

こうした「おたから」の発見やメディアによる発信とともに萩まちじゅう博物館の取り組みとして重要なのが、市内各地区での市民ガイドによるまち歩きツアーである。これはNPO萩まちじゅう博物館推進員の山本明日美によると、「NPO萩まちじゅう博物館では、ご当地検定である『萩ものしり博士検定』に合格した市民を語り部としてまちかど解説員に任命し、このまちかど解説員の有志がガイドとしてまち歩きツアーを行っている」という。

萩まちじゅう博物館の抱える課題として山本は、民間事業者による「おたから」のブランド化や経済的価値の創造を挙げる。これまでは主に補助金を活用した各種事業やワンコイントラストという市民や観光客の信託金で「おたから」の保存・保全・創造が行われてきたが、将来的には観光以外に「おたから」を活用したコミュニティビジネスのような経済活動が生まれることが、持続可能な地域づくりへと繋がる。

また、萩まちじゅう博物館構想が生まれてから20年近く経つなか、初期の頃に中心となって活動していた市民の高齢化が進み、世代交代が求められているものの、新たに活動の担い手となる若い世代が少ないという問題もある。萩まちじゅう博物館の活動に関わる若い世代の育成にどう取り組むかは、今後、重要な課題となろう。

3 | 市民による私設博物館のネットワーク

▌三重県各地で展開するまちかど博物館 ······

山口県萩市の萩まちじゅう博物館は、中核施設としての博物館を拠点に地域の文化を行政と市民が協働で保存し、地域づくりや観光に活用していこうとする取り組みだが、中核施設としての博物館なしに市民による私設博物館のネットワークを地域づくりや観光に役立てていこうとしているのが、三重県内全域で展開するまちかど博物館である。

まちかど博物館では、一般の市民の様々なジャンルのコレクションの展示、伝統の技、手仕事など、いわゆる市民が所有している文化資産を、その自宅や

仕事場を私設博物館として公開し、地域の内外の人に見学してもらうことを通して、多くの人がその地域に愛着を持ち、地域づくりや観光に繋げていくことを目指しており、当初、伊勢市で1993年にスタートした。

　そして2000年以降、県の呼びかけもあり、県内各地にまちかど博物館推進委員会が誕生し、まちかど博物館の活動の普及・啓発が行われた。2022年12月現在、県内の11の地域に434館のまちかど博物館があり、各地域のまちかど博物館の推進委員会や運営事務局を繋ぐ三重まちかど博物館ネットワークが2000年に設立された。

　ただ、三重県環境生活部文化振興課文化企画班文化振興専門員の鈴木修平によると、「多くの地域でまちかど博物館推進委員会が誕生したのが2000（ゼロ）年代であり、その後、初期からの参加者の高齢化にともない、かつて550館程あったまちかど博物館は、100館以上減少している。また、四日市地域のように推進委員会の会長の後継者が見つからないところでは、文化振興課の方で問い合わせなどの窓口を代行している」という。

　かつてはまちかど博物館を担当する文化振興専門員が7人いて各地域の防災総合事務所に常駐していたが、現在は本庁にいる鈴木が1人で他の所管事項と併せて担当している。そのため、「現在では、まちかど博物館で行うイベントなどの文化活動を、県のサイトやSNSを通して県の内外に広報するくらいしかサポートできていない」（鈴木）という。

　まちかど博物館の認定は各地域の推進委員会などで行っているが、その対象となるのは、

① コレクション（個人が長年かけて収集したもので、非営利性、一貫性があるもの）
② 伝統工芸（地域の伝統に根ざし、歴史、伝統、文化性の高いもの、また製造工程の見学ができるもの）
③ モデルショップ（伝統に根ざし、珍しいもの、貴重なものを展示しているところ、商品知識が豊富で、まちかど博物館の館長としてふさわしい人のいるところ、地域の文化の香りがする店）
④ 建物（独自の建築様式を有し、見学できるところ）

といったものである。また認定の条件としては、

① 人、もの、場所があること
② 熱意を持って説明できる館長がいること
③ まちかど博物館マップへの記載や、統一サインの設置が可能であること
④ 公序良俗に反する展示内容でないこと
⑤ 観覧希望者に公開できること（公開日は毎日でなくても可、予約者のみの公開でも可）

　といった、かなり緩い基準で登録することができる。そのため個々のまちかど博物館の展示品の質や館長のバックグラウンドも様々で、「館長の中には、数は少ないが比較的若いコレクターや職人も一部いる」（鈴木）という。ただ、学芸員のように展示品の目録など、調査研究に必要な資料の作成やアーカイブ化を行っている館長は非常に少なく、展示品を媒介した地域の語り部としての館長と来館者との交流がまちかど博物館の主な機能となっている。

■ いなべ市のまちかど博物館の取り組み ……

　三重県いなべ市は、2003年12月に旧員弁郡の４つの自治体が合併して誕生したが、その前に県の出先機関から旧員弁郡で地域活動をしていた市民に声がかかり、隣接する桑名市などと一緒に同年10月にまちかど博物館推進委員会が設立された。初年度はパンフレット代などの必要な費用は、県が負担した。そして2005年３月にいなべ市で独立していなべまちかど博物館を立ち上げることになり、今度はいなべ市がパンフレット代などの必要な費用を負担した。
　現在、28館が参加するいなべまちかど博物館の事務局を務める軽便鉄道博物館館長の安藤たみよによると、「当初、市から予算を確保してパンフレットなどを作成したり対外的な窓口となったりするまちかど博物館推進委員会と、各館の館長のネットワークである館長会の双方があったが、その後、市からの予算もなくなって館長の完全なボランティア作業になったため、推進委員会は解散して館長会のみにして、問い合わせ窓口は市の商工観光課が行っている」という。そして、事務局の安藤と館長会の会長である森の広場博物館館長の佐藤誠治が中心となり、パンフレットの作成やイベントの企画開催などを行っている。「数年前までは40館余りが参加していたが、館長の多くが高齢者で亡くなられる人もいて現在の数になり、またメールやSNSを使えない人もいて、打ち合わ

せや連絡は、対面と電話や紙で行っている」（佐藤）

　いなべ市の商工観光課では、いなべまちかど博物館へ様々な支援を行っており、打ち合わせに必要な市民会館の会議室を無料で提供したり、他の地域のまちかど博物館の見学会に市のバスを貸し出したりしている。そして、いなべまちかど博物館では、いなべ市の協力を得て年に１回、合同展示会を開催しており、2022年度は夏に３週間、いなべ市役所シビックコア棟１階を借りて、各まちかど博物館で公開しているコレクションを展示するとともに、期間中の土日祝日には体験コーナーを設け、森の広場博物館の佐藤による木工クラフトづくりをはじめとした職人の館長による様々なものづくり体験教室を開催した。

　また、まちかど博物館の中には、地元の小中学校の課外授業に協力して、ものづくり体験教室を行っているところもいくつかある。こうした各まちかど博物館の取り組みは、市の広報誌や地元のCATV局のコミュニティチャンネルの番組で紹介されたことで、多くの市民に知られるようになった。

　いなべ市が運営するいなべまちかど博物館のサイトでは、主に観光客向けに市内の６つのエリアに分けてそれぞれのエリアにあるまちかど博物館を紹介しているが、実際はエリアごとにそこにあるまちかど博物館を散策して巡る人は少なく、関心のあるジャンルで絞り込んで訪問するある意味でマニアの人が多い。そして館長の方も、自らのコレクションを関心のある人に見せることを通して、地域のために役立てたいと考えて対応している。

　ちなみに、軽便鉄道博物館の安藤はもともと鉄道マニアではなかったが、20年余り前に近畿日本鉄道が赤字だった軽便鉄道の北勢線を廃止しようとした時、軽便鉄道がなくなって地域が衰退するのを心配し、軽便鉄道を利用して観光客を呼び込んで地域を活性化しようと、その存続に向けて「AISTA」（北勢線とまち

三重県いなべ市のまちかど博物館の１つである
軽便鉄道博物館の展示

育みを考える会）を設立して取り組んだ。その際に多くの人が代表の安藤の自宅に北勢線に関する過去の写真や貴重な資料などを勝手に持ち込むようになり、それをまちかど博物館の形で公開したという。

　その後、北勢線は三岐鉄道が運営を引き継ぐ形で存続が決まったが、安藤たちは山口県下松市で保存されていた軽便鉄道用蒸気機関車を借りてきて走らせたり、北勢線終点の阿下喜駅でレールを引いてミニ列車を走らせたりなど、「AISTA」で鉄道を活用した様々なイベントをこれまで行ってきた。

「AISTA」のメンバーの多くはいなべ市の外の鉄道マニアの人たちで、彼らが休日にいなべ市に通って鉄道を活用したイベントを行い、そこに全国各地から鉄道ファンが集まって地域を盛り上げている。また、こうしたいなべ市の外から来た鉄道マニアの人が、安藤の自宅に持ち込まれた北勢線の過去の写真を整理してデータ化し、公開可能な状態にしている。

　このように安藤の軽便鉄道博物館については、多くの鉄道マニアの力を借りて地域の活性化に大きな役割を果たしているが、ただいなべ市の他のまちかど博物館では、館長の高齢化が進んでおり、親族で跡を継ぐ人がいないと、館長が亡くなった後にコレクションなどが散逸してしまう可能性が充分にある。

4 博物館による地域回想法の取り組み

　地方の郷土系博物館の役割として、交流人口の拡大にむけて観光に寄与するとともに、そこに収蔵されたモノを通した地域の記録と記憶の継承は非常に重要である。1982年に開館した富山県氷見市の氷見市立博物館では、氷見市の漁業や農家の暮らしについて展示しているが、2011年度から収蔵している生活用具などの民具を活用して、地域で暮らす高齢者が過去の記憶を振り返って思い出話などの会話をすることで、認知症予防や生きがいづくりを目指す地域回想法に取り組んでいる。

　氷見市教育委員会教育総務課長補佐（生涯学習総括担当）で市立博物館副主幹の小谷超によると、「先行して地域回想法に取り組んでいた北名古屋市歴史民俗資料館（昭和日常博物館）を参考に、氷見市立博物館でも取り組みをスタートした」という。

　2011年度、2012年度の導入期は、地域回想法の実践で博物館を訪れる介護施

設の利用者と付き添いの介護職員の入館料を減免して無料にし、また高齢者が若い頃に使っていた生活用具などのさわれる民具セットをいくつか用意して介護施設に貸し出しを行うとともに、介護施設の職員が独自に地域回想法の実践ができるよう研修会を開催した。

富山県氷見市で地域回想法に取り組む氷見市立博物館のさわれる民具のコーナー

　このような氷見市立博物館での地域回想法の取り組みは、2013年度、2014年度は文部科学省の委託事業「社会教育活性化プログラム」に、2015年度から2017年度にかけては文化庁の補助事業「地域の核となる美術館・歴史博物館支援事業」にそれぞれ採択され、氷見市地域回想法事業実行委員会が中心となって委託を受ける形で、国の予算で行われた。

　そしてこの時期は、市内各地区から博物館までのバスの費用も事業費で負担する形で、高齢者の博物館見学ツアーと思い出語りの会をセットで行うとともに、氷見市立博物館の職員が、市内各地区の集会所に民具セットを持って出かける出張回想法や、回想法の専門家を招いた講演会や研修会なども数多く行われた。

　そうしたなか、介護関係者をはじめとする多くの市民がサポーターとして地域回想法の実践に関わるようになり、2017年12月に、博物館の学芸員、看護師、保健師、介護職員、その他市民による氷見市地域回想法活動ネットワーク連絡会「ほっこり回想クラブひみ」が設立され、30名弱の会員がボランティアで活動に参加している。ただその後は、「せっかくこうした市民主体の地域回想法の活動を行う団体が誕生したにもかかわらず、2019年末からコロナの影響で活動は停滞している」（小谷）という。

　ちなみに、高齢者を対象にした回想法を過去の写真や映像をデジタルアーカイブ化したものを活用して行っているところは全国各地にあるが、氷見市ではそうした地域アーカイブが構築されておらず、博物館の収蔵する民具がそれに

代わる役割を果たしている。地域回想法の取り組みは、博物館の職員に本来の業務に加えてかなり負荷がかかることもあって、富山県内では現在、こうした取り組みを行っている博物館は他にない。

　ただ今後、地域の高齢化が加速的に進むなか、ぜひ氷見市立博物館にはコロナ明けにまたかつてのように福祉関係者との連携による地域回想法の取り組みを活発に展開していってほしい。

5 ┃ 地域の記録と記憶の継承に向けて

▌引揚者の記録と記憶の継承 ……

　郷土系博物館による地域回想法の取り組みは、博物館がその収蔵品（かつて地域で使われていた民具）を利用して地域で暮らす高齢者に自らの生活史を振り返る場を提供し、認知症予防や生きがいづくりに役立てるものだが、よりマクロな視点からその地域が辿ってきた歴史の記録と記憶を後世に伝えることも重要である。

　京都府舞鶴市の舞鶴港では、戦後13年間にわたって66万人余りのシベリア抑留者をはじめとする引揚者の帰還港となり、その後、1970年に舞鶴引揚援護局跡地を見下ろす丘陵地に引揚記念公園が整備された。そして、最初の引揚から40年経った1985年10月に、引揚記念公園で「引揚港"まいづる"を偲ぶ全国の集い」が１万1000人余りの参加者を迎えて開催されて、引揚やシベリア抑留の史実と平和の尊さを伝える施設建設の気運が高まり、全国の引揚体験者や市民からの寄付と舞鶴市や京都府の予算をもとに、1988年４月に舞鶴引揚記念館が開館した。展示品のほとんどは、引揚体験者からの寄贈品である。

　舞鶴引揚記念館は開館当初、舞鶴市の直営だったが、すぐに舞鶴市文化事業団が市の委託で運営することになった。だが、舞鶴引揚記念館史実の継承係長の長嶺睦（学芸員）によると、「90年代には年間20万人以上いた来館者が、2010年代に入ると７万人以下に減って博物館の運営費を賄うのも厳しくなるなか、舞鶴市が責任を持って引揚やシベリア抑留の史実を後世に継承するため、2012年度から市の直営に切り替えた」という。

舞鶴引揚記念館が開館した1988年当時は、引揚体験者の多くが60代から70代で、彼らが所属する戦友会のバスツアーで毎日のように数多く訪れていたが、90年代後半から高齢化して亡くなる人も増え、また戦争体験者自体も徐々に減り、来館者の減少に見舞われるようになった。

　一方、長嶺が2012年に舞鶴引揚記念館に来るまでは、学芸員の職員が１人もおらず、そのため戦争に関する寄贈品は全て受け入れていたこともあり、展示スペースや収蔵庫の増築を行ってきた。寄贈品の中には、抑留体験者の描いた絵のようなアマチュアの作品で美術的価値は決して高くないが歴史的価値が高いものもある一方、引揚やシベリア抑留に直接関わりのないものもあり、長嶺が来てからは受け入れ時に選別を行ってその可否を決めている。

　他にも、長嶺が来るまでは抑留体験者から寄贈品のバックグラウンドについて寄贈時に細かい聞き取りを行っていなかった。そのため、抑留中に使用していたこと以外に、どこに抑留されていたのか、どのように使っていたのかなどの情報がわからず、長嶺が来てからはそうした聞き取りを行うようにしたが、今度は引揚から年月が経ったため、

京都府舞鶴市で引揚者の記録と記憶の継承に取り組む舞鶴引揚記念館の展示

当事者ではなくその家族による持ち込みが大半を占めるようになった。そうなると寄贈品についての情報が断片的なものとなり、「情報がなく展示に使えないものについては、寄贈を断っている」（長嶺）という。

　このように舞鶴引揚記念館は、引揚体験者の来館が減って市の直営に切り替わってから、学芸員を置いて寄贈品の受け入れの見直しを行うとともに、舞鶴市産業振興部観光まちづくり室の管轄となった。そして、引揚体験者とその家族に限らず新たに多くの人に博物館に来てもらい、引揚とシベリア抑留の記録と記憶について広く伝えるために目指したのが、ユネスコ世界記憶遺産への登

録である。

　日本では2011年に福岡県田川市の山本作兵衛コレクションが初めて世界記憶遺産に登録されて注目を集めたことをきっかけに、2012年から舞鶴引揚記念館でも、引揚やシベリア抑留に関する収蔵資料の世界記憶遺産への登録に向けた取り組みをスタートさせた。2年余りの準備を経て2014年に申請し、翌2015年10月に世界記憶遺産に登録された。

　これによって舞鶴引揚記念館は多くのマスメディアで取り上げられるようになり、2015年の来館者数は13万人近くにまで増加し、その後もコロナ前までは10万人以上を確保した。

　また、マスメディアへの露出を通して全国各地から観光客を呼び込むだけでなく、若い世代に引揚やシベリア抑留について知ってもらうため、地元の小学校の地域学習や京都府をはじめ各地の学校の校外学習の受け入れに力を入れている。舞鶴引揚記念館館長の奥本護によると、「舞鶴市内の小学校33校では、教育委員会の事業で毎年6年生全員が舞鶴引揚記念館を訪問しており、また2020年度には市外の小中高校の校外学習での訪問が58校あった」という。

　あと、舞鶴引揚記念館では、舞鶴市が2004年に開催した語り部養成講座の受講生が中心となって、翌2005年4月に舞鶴引揚記念館語り部の会が結成され、こちらが2006年10月にNPO法人舞鶴・引揚語りの会となった。このNPOが市の委託で行っている語り部養成講座に、2016年から地元の中高生も参加するようになり、現在、若い学生語り部も数多く育っている。そして、講座を卒業した中高生も含む語り部が、ほぼ毎日、午前と午後にそれぞれ2名、交代で舞鶴引揚記念館に来てボランティアで語り部の仕事を担当している。

　ただ、「最後の引揚船の帰還から65年経って、まだかつての引揚の記憶は地域の高齢者の間で根強く残り、語り部の市民も比較的それを伝え易いが、一方でシベリア抑留については舞鶴市の地元で起きたことではなく、抑留体験者の多くが鬼籍に入ったなか、語り部がその体験者の記憶を伝えることは難しい状況になっている」（長嶺）という。

▌炭鉱の記録と記憶の継承 ······

　北海道の空知地方にある夕張市では、1970年代後半から炭鉱閉山後の観光による地域活性化を目指し、第三セクターの「石炭の歴史村観光」を立ち上げ、

そこが運営する炭鉱の跡地を利用したテーマパーク「石炭の歴史村」の中核施設として、夕張市石炭博物館が1980年7月にオープンした。

　だが、夕張市からの委託料による官設民営方式で運営されていたため、2006年10月に夕張市の財政再建団体申請による事業見直しで休館となり、従業員は全員解雇された。そして、夕張市は2007年2月に加森観光を指定管理者にして、その関連会社の夕張リゾートのもとで「石炭の歴史村」の運営が継続されることになった。

　この夕張市石炭博物館の元館長の青木隆夫は、現在、夕張地域史研究資料調査室を立ち上げて、夕張の炭鉱の記録と記憶を保存して伝えることに取り組んでいる。青木は夕張市に隣接するかつて幌内炭鉱で栄えた三笠市出身で、「進学した秋田大学でたまたま学芸員課程を履修して学芸員の資格を持っていたため、北海道に戻って仕事を探す際、夕張市で新たにオープンするテーマパークの石炭の歴史村が中核施設となる石炭博物館のスタッフを募集していたため、そちらに就職することになった」という。

　そして、1980年の開館から2006年の休館までの26年間、石炭の歴史村を運営する第三セクターの石炭の歴史村観光のスタッフとして、夕張市石炭博物館に関わってきた。青木が石炭博物館の館長だった2006年に石炭の歴史村観光は破綻するが、2007年に夕張リゾートによる運営がスタートしてから約2年間、新たに夕張リゾートの社員となって博物館の運営に関わった後、2009年に夕張地域史研究資料調査室を立ち上げ、独自に石炭産業を中心とした夕張市の地域史研究資料の収集と保存、調査研究に取り組んできた。

　青木が地域資源としての炭鉱遺産を活用した地域再生に向けた活動に取り組むようになったのは、2001年度から2003年度にかけて当時の北海道空知支庁が「炭鉱の記憶推進事業」を通して、空知地方内の旧産炭地域の地域再生に向けた様々な市民グループの活動を支援するなか、青木も協力を求められ、旧産炭地域での調査などに携わったことによる。

　2003年に旧産炭地域での市民グループの活動の中から「産業遺産を活かす地域活性化実行委員会」が生まれ、これが2007年のNPO法人炭鉱の記憶再生事業団設立へとつながるが、青木自身は炭鉱遺産を産業遺産として観光プロモーションにつなげて地域活性化を図る方向に違和感を覚え、今はNPOの活動からは距離を置いている。

　「地域の中で例えば、夕張市の日本キリスト教会夕張教会（鹿ノ谷教会）のよ

うな古くからある街の風景として貴重な施設を、地域の人たちが大切にしたい
と評価して保存し、その想いを地域の外の人たちに伝えることで結果として観
光につながるのならよいが、地域の人たちの理解と関係なくビジュアルで見え
るモノを産業遺産として観光につなげようとしても、一過性のブームに終わり、
かつての石炭の歴史村のテーマパークのようにかえって地域に余計な負荷をか
けて失敗につながりかねない」（青木）という。

　ちなみに、夕張石炭博物館自体は、石炭の歴史村観光が破綻する前まで、多
くの学校の生徒が北海道の石炭産業の歴史について学ぶため社会科見学で訪れ
ていて、夏のシーズンを中心に札幌市内の北海道開拓記念館（現在の北海道博物
館）を上回る年間十数万人の来場者があったが、博物館の何倍もの費用をかけ
て建設した遊園地などの施設を含むテーマパーク全体では、大幅な赤字だった。

　こうしたことから青木は、夕張で暮らす人たちにかつての炭鉱の記録と記憶
を正しく継承するため、夕張リゾートの社員を辞めて夕張地域史研究資料調査
室を立ち上げた。

　青木が自ら夕張地域史研究資料調査室を立ち上げた最大の理由は、夕張リ
ゾートのもとで運営されることになった夕張石炭博物館が、博物館として本来
必要な地域の記録と記憶を伝える資料の収集を全く行わず、またかつて収集し
た文献や映像などの資料を活用することもなく、閲覧できない状態で書庫に入
れたままにして、単に博物館の受付に人を配置するだけで、展示も以前のまま
で放置したことによる。

　そのため青木は自らゆうばり市民会館の一室を借りて、そこを拠点に夕張市
の地域史研究資料の収集と保存、そして情報提供に取り組むこととなった。ち
なみに、夕張市では破綻した2006年度に最後の夕張市史を出して以来、夕張市
史の編纂をしておらず、このままだと後に夕張市の歴史の空白が生じることに
なりかねない。そうしたこともあって、青木の方ではこの間の夕張市の文献や
各種資料についても、できる限り収集を行った。

　そして、青木が地域の人たちに情報提供し、夕張の歴史を将来に伝えてい
く市民を育成するために企画したのが、「夕張の歴史を見聞きする会」による、
夕張の炭鉱、文化、人々の暮らしなどの様々な歴史をテーマにゲストスピー
カーを招いて話をうかがう鹿之谷ゼミナールで、2013年7月から月1回開催さ
れ、毎回、30名余りの市民が参加している。

　また、それとは別に随時、夕張の歴史について現場を訪問して学ぶエクス

カーションも行っている。こうした夕張の歴史に関心を持った市民が交流できる場は、もともと青木が夕張石炭博物館の館長だった時に企画したかったものだが、夕張市の了解が得られずにできなかったことである。

　また、夕張市では2003年から5年間、「炭坑の映像フェスティバル」が開催され、そこで炭鉱を舞台にした国内外の映像と併せて、かつての夕張を伝える映画やテレビの記録映像や、地域で発掘された市民がフィルムで撮った映像なども上映されていた。そして、2007年に第5回市民メディア全国交流集会が北海道で開催され、それに参加した東海大学広報メディア学科の水島久光教授は青木と出会い、青木の協力を得て石炭博物館資料室に保管されていた映像のデジタル化による地域映像アーカイブ構築に向けたプロジェクトを立ち上げることになった。

　水島研究室の学生たちによってデジタル化された夕張の記録と記憶を伝える映像は、その後、「ゆうばりアーカイブ」としてゆうばり国際ファンタスティック映画祭をはじめ、鹿之谷ゼミナールなどの場でも上映されている。

　こうした取り組みを通して青木は、「夕張の炭鉱の歴史を知らない世代も、過去の炭鉱の記録と記憶に触れ、自信を持ってそれを語れるようになってほしい」と語る。

■ 炭鉱の記憶の再生による地域再生 ‥‥‥

　NPO法人炭鉱の記憶推進事業団副理事長（元芦別市議会議員）の大橋二朗によると、北海道空知支庁（2010年4月から空知総合振興局）が1998年に炭鉱の記憶調査事業を開始したことを契機に、当時、空知地方で展開されていた様々な市民活動の横の繋がりができた。

　そして、そこで繋がった市民活動のネットワークが、夕張市の財政再建団体申請による事業見直しで2006年10月に夕張市石炭博物館が休館となった際、夕張の貴重な炭鉱遺産を保存する施設を守るためその指定管理者受託を目指して、当時、札幌国際大学助教授だった吉岡宏高と元館長の青木隆夫が中心となり、翌2017年1月に任意団体として炭鉱の記憶再生事業団を立ち上げて指定管理者の応募申請を行った。

　だが、同年2月に加森観光が夕張市石炭博物館を中核施設とする「石炭の歴史村」全体の指定管理者に内定したため、任意団体の方は改めて旧産炭地の活

性化事業を行うべく2007年6月にNPO法人炭鉱の記憶推進事業団を設立した。

　その後、青木の方は加森観光が「石炭の歴史村」を運営するために立ち上げた関連会社の夕張リゾートの社員として夕張市石炭博物館の運営に携わり、吉岡の方はNPOの理事長として、空知地方を中心とした旧産炭地での炭鉱の遺構や記憶を活用した地域づくりに、アートプロジェクトなどの活動を通して取り組んでいくこととなり、2009年に岩見沢市に活動拠点施設としてそらち炭鉱の記憶マネジメントセンターを開設した。現在、空知地方の内外に300名以上の会員を抱えている。

　NPO法人炭鉱の記憶推進事業団では空知総合振興局と提携し、2019年5月に文化庁が認定する日本遺産に登録された「炭鉄港」のように、日本の近代化を支えた産業遺構という明るいストーリーを強調して、地域づくりに必要な観光客などの交流人口の拡大を目指し、アートイベントや「炭鉄港」の構成文化財などをまわるガイドによるまち歩きツアーをはじめとする様々な事業を行ってきた。ただ、そこでは強制労働などの負の歴史が語られず、青木をはじめとする地域の学芸員の支持を得られていないという問題も抱えている。

　この点について大橋は、「空知地方の過疎化による衰退が進むなか、自治体の議員という立場から地域を盛り上げていくのには、遺構マニアも含めて多くの人たちに受け入れやすいストーリーとして、日本の近代化の中で北海道の産業、すなわち小樽（港湾）、室蘭（製鉄）と繋がる空知（炭鉱）の発展の歴史にスポットを当てて地域の魅力を発信することに特化し、そこから様々な観光ツアーの企画や地域の特産品の商品化などにつなげていくとともに、地元の若い世代がそうした地域の歴史と魅力に誇りを持つことが、地域が生き残るのに必要」と語る。

　そのためNPO法人炭鉱の記憶推進事業団では、活動拠点となっている岩見沢市で、地元の学校と協力して「炭鉄港」をテーマに総合学習のための教育プログラムを先生がつくるのをサポートしたり、出前授業を行ったりしている。

　また当初、指定管理者を目指した夕張市石炭博物館については、施設の老朽化の問題などで加森観光が2015年11月に指定管理者を返上したため、夕張市は約2年間かけて夕張市石炭博物館の大規模改修工事を行い、この大規模改修工事をサポートしたNPO法人炭鉱の記憶推進事業団が、2018年4月の博物館再開の際に指定管理者となった。

　そして、2019年4月に博物館内の模擬坑道で発生した火災で、博物館は一時

閉鎖されたが、人的被害や博物館本体に被害はなかったため、同年6月に展示の目玉である坑道は注水によって水没したままとなっていたものの、本館と地下展示室の営業のみ再開して今日に至っている。

「指定管理者になった2018年度は、3万人程の観光客が訪れたが、2019年度は1万人台にまで減少し、2020年度からはコロナの影響により採算面で厳しい状態となっている」（大橋）という。

6 | 課題解決型博物館を目指して

■ 博物館の学芸員が担う役割 ······

　北海道空知地方の芦別市は夕張市の北に位置し、夕張市同様、かつて石炭産業で栄えた市で、最盛期には7万人以上の人口を抱えていたが、現在、人口は1万2000人弱にまで減少している。この芦別市が開基百年を迎えた1993年10月に開館した郷土博物館が、星の降る里百年記念館である。

　星の降る里百年記念館が誕生するきっかけとなったのは、1979年に元芦別市長で芦別郷土史研究会会長の細谷徹之助から教育委員会へ郷土資料館の建設要請があったことによる。

　芦別市では1953年に細谷が郷土史研究会を立ち上げ、明治から昭和にかけての民具や地元で発掘された土器・石器などの考古資料を収集しており、これが新たに郷土資料館を立ち上げる際に展示資料として活用することができた。そして、1981年に市が郷土史研究会に委託した建設構想の素案ができあがり、1988年に郷土資料館建設事業推進計画

北海道芦別市の星の降る里百年記念館

が作成され、その後、5年余りの準備期間を経て星の降る里百年記念館は開館した。

この準備期間に学芸員の資格を持った専門職員として採用されて博物館のコンセプトづくりから関わり、開館時から館の職員（2012年度から2019年度まで館長）を務めた長谷山隆博は、在任中の多くの期間、唯一の学芸員だった。なお、2019年度に市役所から星の降る里百年記念館に来て、2020年度から長谷山の後任の館長を務める山口大輔も学芸員である。

芦別市と同じ規模の自治体の郷土博物館（博物館類似施設）で、学芸員を配置しているところは全国的に少ないなか、星の降る里百年記念館では長谷山がいたことで、収蔵資料をほとんど全てデータベース化して他所から来る研究者などへ対応できるようにし、また地元の学校教育との連携も、先生たちへの相談対応や教材づくりのサポートも含めてしっかりと行ってきた。「芦別市にある4つの小中学校の生徒は、全員が在学中に1、2度、社会科や総合学習の授業で星の降る里百年記念館を訪れて勉強している」（長谷山）という。

あと、ある程度の規模の都市では、博物館が資料の収集・保管・展示、調査研究、教育普及を行い、それとは別に教育委員会の中の文化財保護課といった部署が文化財の調査や保護を行っているが、芦別市では星の降る里百年記念館が双方を担当しており、長谷山は文化財保護審議会を立ち上げて調査を行い、芦別市の指定文化財の数を3から11に増やした。

また、地元の崕山の植生を守るため、その入山制限を実現するための活動に取り組んだ。さらにメディアの取材や講演などの依頼は基本全て引き受けることで、星の降る里百年記念館での教育普及活動を中心とした取り組みは、各方面に広く知られるようになった。

▍博物館訪問者の課題解決にむけて ‥‥‥

長谷山が様々な取り組みをするなか、芦別市や芦別観光協会に来た様々な問い合わせが、星の降る里百年記念館の方にまわされるようになった。例えば、年金記録問題が起きた時は、「かつて働いていた炭鉱がわからないので調べられないか」という元炭鉱労働者からの問い合わせが数多く市役所に来て、それが全て長谷山のところにまわされたため、長谷山は、「個々に記憶の聞き取りを行い、博物館の資料をもとに確認して特定する作業を行った」という。他に

もかつてお世話になった人探しから、戦時中に捕虜になって芦別の収容所に収容された米兵の祖父の足跡を辿って訪ねて来たアメリカ人家族への対応まで、長谷山は博物館としての使命、学芸員としての矜持から丁重に課題解決を行ってきた。

　開館からこれまでの間、来館者は2002年度の1万3000人台をピークに一時5000人台まで落ち込んで、市からの予算削減の圧力も強まったが、2020年度はコロナ禍にもかかわらず、来館者は1万人近くまで盛り返した。札幌市からの日帰り圏内ということもあり、「コロナ禍で遠出ができない親子連れの来館者が増えた」（山口）という。

　今日、多くの過疎地の自治体で博物館が冬の時代を迎えるなか、星の降る里百年記念館も予算は削減され、企画展は予算ゼロで、普段、収蔵庫に保管している資料をテーマにもとづいて展示したり、あるいは市民が文化活動の発表をしたりする場として企画されている。

　こうした星の降る里百年記念館の今後について長谷山は、「芦別市の予算の関係で展示資料の更新は難しいが、学芸員を配置して、調査研究をベースにした解説内容などの更新は可能で、常に最新の情報を提供し、また博物館を訪れる多くの人の課題解決の役割を担うなら、星の降る里百年記念館は芦別市にとって必要な魅力ある施設として生き残っていく」と語る。

（松本　恭幸）

＊1　例えば、山口県立山口博物館では、コロナ禍でそれまで行っていた県内の学校への出前授業を、オンライン授業に切り替えるとともに、サイト上で展覧会や展示資料を観覧できる「バーチャル山口博物館」を開設したが、こうした取り組みは県立博物館のような規模の予算確保が可能な博物館でないと難しい。

＊2　この章の中では取り上げていないが、人件費の削減などにより個々の地方博物館で必要な専門性を持った学芸員を全ての分野で確保するのが難しいなか、例えば、北海道博物館協会のようにブロック別の博物館等施設等連絡協議会を通した地方博物館同士の連携により、巡回展などの様々な取り組みを協働で行っているところもある。

第 III 部

市民が育む地域の情報メディア環境

第Ⅲ部の構成と概要

　第Ⅲ部では、市民が育む地域の情報メディア環境として、図書館、地域アーカイブ、そして市民による地域と地域を繋ぐ取り組みや、地域の子どもたちの声を地方自治の場に届ける取り組みについて紹介したい。

　今日、地域づくりの核となる施設として図書館の担う役割が注目されているが、岐阜県岐阜市の中心市街地で、本を通して市民が出会い、交流を通して地域の課題について考える場となっているぎふメディアコスモスは、そうした市民の滞在型図書館の先駆けとなる存在である。第8章では、ぎふメディアコスモスの取り組みを紹介する。

　なお、第9章では、市民の出会いや交流の場としての機能以外に、市民の持つ貴重な様々なテーマの蔵書を散逸させず、共同で収蔵して知の集積として有効活用することを目指した奥多摩ブックフィールドを紹介する。

　また、市民による蔵書の収蔵とは別に、市民が記録した地域の写真を収集して地域アーカイブを立ち上げる取り組みは、全国各地で行われている。第10章では、NPO法人20世紀アーカイブ仙台（および3.11オモイデアーカイブ）が、主に東日本大震災後に被災した地域の記録と記憶の継承に向けて取り組んだ活動について紹介する。

　デジタルアーカイブ構築に向けた取り組みとして、第11章では、京都市伏見区の深草地域のデジタルアーカイブである「深草アーカイブ」の事例を取り上げ、地域社会でどのような議論を経て構築に至ったのか考察する。

　第12章では、行政の姉妹都市・友好都市提携とは異なる市民による地域を繋ぐ取り組みとして、NPO法人地球対話ラボによる東日本大震災の被災地の宮城県東松島市宮戸島とスマトラ沖地震の被災地であるインドネシアのアチェ州のバンダ・アチェを繋いだ活動について紹介する。

　第13章では、地域の大人だけでなく地域の子どもたちが地域の課題について考え、その声を地方自治に反映させていくため、神奈川県茅ケ崎市で主権者教育を目的に市民の有志が立ち上げた「ちがさきこども選挙実行委員会」による子どもたちを対象にした模擬選挙のプロジェクトの可能性について考察する。

第8章

シビックプライドの醸成が
図書館を変える

　メディアコスモスと中央図書館をめぐる話を始める前に、私がなぜ公共図書館長を志すに至ったかについて話したい。私が体験してきたことが、その後のメディアコスモスの図書館運営の方向性に大きく影響していると思うからだ。

　私が目指したのは、静寂を前提に本を貸すことを主体とした旧来型の図書館から、対話する・街へ出て行くアクティブな滞在型図書館への大胆なシフトであった。

　岩手の山奥に「森と風のがっこう」（自然エネルギーと食と暮らし方を子どもたちと学び合うサスティナブルスクール）を立ち上げて10年後に、3.11東日本大震災が起きた。発生直後から、岩手県内の被災地での子どもたちとの遊びを通じて身体を開放するプログラムや絵本の読み聞かせ、各地から送られてきた本のプレゼントを届けたり、被災地の子どもたちを「森と風のがっこう」に招いたりしながら、かつての日常の暮らしを子どもたちや親と一緒に取り戻す場づくりに努めた。

　震災の翌年、まちライブラリーの全国サミットに参加した岩手県大槌町の佐々木格氏が突然私の元を訪ねて来た。後年映画や絵本になったあの「風の電話」（亡くなったひとと親しかった方が思いをつなぐ場）をご自宅の庭園に設置された方だ。彼は「森の図書館」を敷地内に自作し、震災後に全国から寄贈された本を多数収蔵していた。

　佐々木氏は1冊の本を私に手渡すために、3時間以上もかけて当時私が暮らしていた葛巻町まで来てくれたのだ。「2冊貰ったので1冊は吉成さんがふさわしい気がしたので」と。その本のタイトルが「まちライブラリー図鑑」。全国各地のまちライブラリー情報を収録した本だった。日常の暮らしと本を自発的につなぐ場が、お金をかけなくても人々の創意と工夫をもとに、全国各地に

実に多様に生まれていることを知って、強く心を動かされた。本を真ん中にひとが肩肘張らず率直に語り合える、まちライブラリーのような縁側的な場所が地域には欠かせないと思ったのである。

　被災地の公共図書館をこんな広場のようなオープンな居場所として新たに再編することができたら、そのまちに住む人々のコミュニティにも大きな影響を与えることができるのではないか。

　だから、本当は被災地で修復・再建される公立図書館の館長になりたかった。でもその当時の自治体はまだハード基盤整備に追われるばかりで、子どもたちやおとなの居場所づくりを図書館を通して考えるという問題意識はほとんどなかったと思う。そんな折、SNSで岐阜市に建設中の図書館（ぎふメディアコスモス）の館長を全国公募しているという情報が流れてきた。建築家の伊東豊雄氏が設計した、見たことのない美しいフォルムを持つ巨大な施設空間がそこにあった。私は応募して新館長に採用されることになった。

1 ｜ 図書館の常識を変える

　近年、公共空間そのものや公共という概念自体を問い直すという文脈で図書館のリノベーションが語られることが多くなった。画一的に管理することで硬直化してしまったサービスを解きほぐし、市民主体、利用者本位のサービスにマネジメントの方向をシフトするためのさまざまな動きが全国で始まっている。実際、各地で起きている新たな図書館建設は、ひとの交差する交通至便な場所で複合施設の中に図書館を組み込む形が多い。図書館の世界でも「図書館とまちづくり」という観点から新しい取り組みが模索されている。

　なぜ、図書館がまちづくりと関係があるのかと疑問を持つ方がいるかもしれない。歴史的に見ても、多くの公共図書館は本の貸し出しと本に関わる相談を行っていればよい場所だった。しかし、岐阜市の場合は中心市街地にひとの新たな対流を生み出す役割を担う滞在型図書館として誕生した。本を通してひとが出会い、新たな知の交流を創出することは図書館の使命である。本や知識を通して地域の課題を市民とともに考えていくための場を市民とともに創り出すには、図書館という知の集積した空間は実は格好の器となるはずだ。

　まずはこの図書館を象徴する理念が生まれたいきさつについて語ろう。

■ 子どもの声は未来の声 ‥‥‥

　子どもが声を発することを許容するかどうかという大きな課題に直面した。従来どおりの図書館の対応をすれば、赤ちゃんが泣き出せば司書は迷うことなく、親子一緒に外へ出てくださいと言うはずだ。でもお母さんからすれば、来るなと言われたと思うかもしれない。若いお母さんたちが子どもが泣いたらとびくびくしながら図書館に来なければならないことに、私は赴任して３か月の間ずっと違和感を抱いていた。しかし、調べた限りでは子どもの声を肯定的に許容するという図書館事例は見つけられなかった。むしろ、幼児や小学生の児童図書エリアは防音ガラスで仕切られていたり、別フロアにあらかじめレイアウトするのが公立図書館では当たり前だった。

　開館３日前の朝、自宅で歯磨きをしていた時、「子どもの声は未来の声」という言葉が突然脳裏に浮かんだ。赤ちゃんの泣き声が聞こえても、おとなは未来からの声なのだと大きな心で思えばいいのだと。それから先の文章はすらすらと浮かんだ。この図書館は小さい子どもが少しざわざわしたとしても微笑ましく見守るということ、親御さんも子どもたちの公共の場でのマナーを教える機会にしてほしいということが要点だ。みんなでお互いさまの気持ちを持ち寄ろうと。

　これらの文章を公式ホームページで公開し、この図書館の理念として開館と同時にすべての貸し出し・相談カウンターの壁に掲げることにした。その後、子どもを連れたお母さんお父さんの数が大幅に増大したことを考えると、あの時やってよかったと今でも思うのである。

　子どもに関わる事業は、「わんこカートによる絵本読み聞かせの小学校巡回」、「子ども司書養成講座」（累計140名）や「子ども司書によるコミュニティFMラジオ番組製作」（83回）、心の叫びを聞け！　YA交流掲示板

壁のない公園のような空間が広がる（中央図書館）

金華山の山並みともマッチした外観

子ども司書のラジオ収録風景。毎回、おとな
たちの前で公開収録する緊張と熱狂

（2000枚を超える中高生と司書との公開匿名文通）、めざせ直木賞作家！ ぼくのわたしのショートショート発表会（毎年、作家の朝井リョウ氏を招いて中高生の短編小説朗読会を開催）など開館と同時にスタートした事業は、そのどれもが今も健在で、当図書館を代表する子どものサードプレイス事業として継続していることに大きな手応えを感じているが、紙面の関係でここでは説明しない。

　かくして開館一年の来館者数は123万人を超えた。そんななかで、館内でくつろぐ人々の多様な姿が見えてきた。公園のベンチのように二人並んで席に座る恋人たち、そして少し離れて座って本を読む人々。ここでは直接関わらなくても同じ風景を共有していたり、まち中のように偶然の出会いが生まれることも多い。図書館は、屋根のある広場なのではないかという言葉が自然に浮かんだ。それはアントネッラ・アンニョリさんの著書『知の広場』に記述されているイタリアの公共図書館のコモンズ的な日常風景と近い気がする。

2 ｜ 歴史を軸に情報を集約する

　メディアコスモスのある場所は、岐阜大学医学部の跡地である。建物は解体

されても、その土地にまつわるひとの記憶は地層のように幾重にも積み重なる。

　岐阜市は、明治期から観光鵜飼の一大スポットであり、織田信長が岐阜城を本拠地としていた頃から鵜飼は外から来た人々のための重要なもてなしの場でもあったことが明らかになっている。しかし、民の暮らしや生活文化の成り立ちについては専門研究者を別にすれば市民はほとんど知らない。

「昔はここには県庁があって賑やかなものだった、戦時中は大学病院の壁が黒く塗られていたんだよ」とか、近隣に住む方々からお話を聞くことも多い。街がかたちを変えていくのは時の流れだが、ひとがいて暮らしていた記憶だけでも残すことはできないだろうか。

　この新たな図書館は知の集積の場であると表明している以上、この地に住む人々とともに歴史の成り立ちを民の立場から解き明かしていく講座、郷土資料の充実、独自のコレクション本棚、デジタルアーカイブなどが必要だと図書館長になってみて痛切に思った。これまで本の貸し出しを中心にサービスを行ってきた経緯からいえばしかたがないのだが、活用することを意識したうえでの収集保存という考え方が希薄なため、歴史に興味関心が高いごく少数の利用者だけを相手にしてきたのだと思う。

　どこから手をつけたらいいか、手探りで講座を立ち上げることにした。

■ おとなの夜学講座をスタート ……

　開館した2015年の冬から始めた「おとなの夜学」は、今や、図書館の看板事業と言えるほど人気の連続講座となっている。なぜ、事業を始めようと考えたかというと、英雄譚だけでなく、私たちが住んでいるここ岐阜での民の暮らしの中にある時代を経ても変わらない何か、長い間受け継がれてきた生きる知恵のようなものを探し出したいと思ったことが背景にある。

　むずかしいことをやさしく平易に、市民が聞いて面白くためになる。岐阜を好きになる。そんなコンセプトが浮かんだ。幸いなことに、地元のNPOとして広域で活動を展開するNPO法人ORGAN（理事長：蒲勇介）の協力を得ることで、企画はぐんと前に進んだ。鵜飼船頭さんと鮎料理人さんのトークや、長良川鵜飼が天皇の鵜飼になった理由、岐阜の古墳、信長公と白山権現信仰、信長公と美濃薬膳、岐阜の発酵食文化をめぐるトーク、岐阜から生まれたジャポニズム　美濃和紙と岐阜提灯などを開催してきた人気講座である。

その理由のひとつは、20代、30代の若い世代が反応してくれたことがある。例えば、古墳をテーマにした回が終わった時に、講師の方は、「これまで講演を長い間やってきたけれどこんなに多くの若い女性が聞いてくれたことはないよ」と微笑みながら話をしてくれた。コフニストと呼ばれる古墳に魅せられた女子（市内在住）と専門家がトークすることで、歴史文化に関わるテーマでも実に楽しく分かりやすいものとなったのだと私は思っている。このトーク方式は今も健在だ。

　今ここにあるもののルーツ、歴史的な文脈を紐解くことで浮かび上がる岐阜の文化的特性は、本物だけが持つものがたりとして岐阜に住む私たちを勇気づけてくれる。この流れを、本や文献によってその土地の生活・歴史・文化をストックする、図書館としての本来の役割につなげていきたいと思う。

　講座回数は46回を数え、好評だった講座を再録したテーマブックレット（1冊300円で販売）も14種を数える。講座開設当時はまさか図書館を代表する人気講座にまで育つとは思わなかった。市民協働事業という市の事業枠組みを活用して図書館の中には足りない情報収集力、事業企画力をNPOから学びながら、ともに事業企画化してきたからこその成果と考えている。

■ 川舟型読書スペースの誕生 ……

　おとなの夜学講座では、これまで何度か長良川流域の人々の暮らしと鵜飼漁をテーマに取り上げてきた。講座の中で船大工さんがご高齢であり2名しか現存していないこと、岐阜森林文化アカデミーの久津和雅教授が学生の実作を通して舟づくり技術の継承を支援していることを知った。四つ乗りという川舟づくりを支えているのは、すべて特注の釘を用い、材も流域に植生するコウヤマキの木を張り合わせていく船大工の間で継承されてきた技術だ。長良川流域で長い間育まれてきた伝統的な生活文化がその背景にある。

　図書館内にこの川舟に本棚を取り付けて読書スペースとして設置するというアイデアが浮かんだ。国内の公共図書館にそんな前例はないはずだ。でも、海外に目を向けてみれば多様な図書館があることは以前に本で見たことがある。ツリーハウス型の子ども用本棚とか。枠にとらわれることなく自由で楽しい。本を読むということを楽しむスタイルには決まりがないはずなのに、なぜ日本の図書館は椅子と机と本棚が整然とただ並んでいるだけなのだろうか。その時

不思議に思った記憶がある。

　私たちの図書館には、まるで雪国のかまくらのような形状の、「ころん」と「ごろん」と名付けた子どものためのフリースタイル読書の場所がある。友だちや親子でこもれる読書スペースとして人気だ。であれば、岐阜の生活文化を象徴する川舟型読書スペースを創れば、子どももおとなも常に木のぬくもりに触れながら、くつろぐことができるはずだ。

　メディアコスモス３周年を迎えた７月に、川舟型読書スペースのお披露目をすることができた。このように岐阜の歴史を知るための講座が始まり、その中から実物の川舟を図書館内の読書スペースとして設置できたことは必然のようでもあり奇跡のようでもある。不思議なことに、この舟を持ち込んだその日の夕方ふと見ると、女子中学生が舟の中の椅子に座り込んでまるで昔からそうしていたかのように自然に本を読んでいた光景が忘れられない。

▌シビックプライドライブラリーの誕生 ……

　おとなの夜学講座を毎年開催するなかで、これまでの市の公的な刊行物だけでは窺い知ることができなかった岐阜を深く知る機会が増えるようになってきた。それは名もない普通の人々の生活史とも呼ぶべき歴史がわずかながらも垣間見えるようになったからである。特に、明治期の岐阜市のまちづくりの流れや今では埋もれてしまった人物像を今一度見えるようにすることで、過去を知り、過去に学びながら現在につなぐために図書館ができることを模索した。

　コロナ禍にあって開設予定が延期になったが、ようやく2020年７月に「シビックプライドライブラリー」という編集本棚エリアを図書館内に開設することができた。岐阜の地で楽しく豊かに暮らすために必要な、1960年代以降の本を分野横断的に集めた本棚、展示台、動画モニターを配したスペースである。20代、30代をターゲットに、知らなかった岐阜を知ると題したおとなの夜学講座をベースに、暮らしを耕すための知恵に通じると思われる本を大胆に集めた。

　柴橋正直市長は、シビックプライド（都市に対する市民の誇り）を市の重点政策に掲げ、市民のシビックプライド醸成に努めるなか、メディアコスモスをそのセンター施設として役割化したのである。

　昔、1960年代に世界中の若者たちが支持した一冊の本『ホールアースカタロ

グ』（1972年版を当館所蔵）には、当時の若者たちが自分たちで暮らしを創るために必要な衣食住のあり方や新たな教育、自然エネルギーなどに関わる情報がカタログのように網羅的に掲載されている。今この時代に新たなホールアースカタログを編集するとしたら、やはり、自分たちの生活を自分たちで創るための情報や体験的、経験的な知恵が必要となるだろう。

　図書館は、ただの本を貸すだけの場所ではない。本や情報を真ん中にひとが出会い、対話するための居場所になれる可能性を秘めている。ただでさえ、マスクで顔を覆い、相手の表情も分からず、大きな声も出しにくい状況でひとと離れて話す日常が長く常態化すれば、逆に直に対面してコミュニケートすることのできる場の存在も、またこれまで以上に必要となるだろう。特に、その影響を強く受けるのは子どもたちだ。言葉や身振り手振りを交えた豊かなコミュニケーションが絶えず生まれる場をそれぞれの地域のやり方で増やしていかなければと思うのだ。

　関係を分断され、つながりの断ち切られた私たちが、小さなテーマコミュニティを無数に立ち上げつなぎあわせていくことなしに、今の私には漠然としたこの不安のようなものを打ち消す方策はない。ひとの話に耳を傾けたり、気取らず井戸端にいるようにおしゃべりができる場所は、それぞれの住む場所で今こそ必要なのだと思う。

▌思い出の1枚 ……

　メディアコスモスではシビックプライド醸成の一環として、自宅のアルバムに眠っている写真に思い出を添えての提供を市民に依頼する事業を始めている。失われた風景や思い出を集めて記録・保存することや、収集のプロセスを通して市民が一緒に語り合うことの中に、これからの私たち自身の生き方、暮らし方へのヒントがあると思うからだ。

　せんだいメディアテークでは、3.11東日本大震災で失われてしまった地域の建物や風景、人々の暮らしの記憶を、市民とともに収集し記録・保存する「3.11オモイデアーカイブ」事業が進んでいる。このようなコミュニティ・アーカイブの流れは日本の各地で生まれつつある。冒頭で触れた私たちが始めている「思い出の1枚」を集める事業も、そのような流れのひとつと言えるかもしれない。

■ 編集する力を身につける ......

　メディアコスモスでは、「思い出の1枚」として市民から写真を集める事業とともに、昔の岐阜を描いた絵地図を探す作業をしている。そのなかで私が魅きつけられているのは、大正から昭和にかけて全国各地の観光絵地図を量産した吉田初三郎氏による岐阜市を描いた絵地図だ。

　金華山と岐阜のまちを取りまくように雄大に流れる長良川を立体的に仕上げた鳥瞰図はパノラマを見ているようで美しさに息を飲む。絵地図の中には、かがり火をなびかせる鵜飼漁の船団まで微細に描きこまれていて、神社仏閣や公共施設などの情報量も多い。遠く東京や鳥羽も望めるところなどはデフォルメの大胆さに微笑んでしまう。

　一枚の絵地図の中に観光情報を凝縮して織り込むこの「吉田初三郎式」鳥瞰図は、全国各地の観光案内となって出版され、人気を集めたという。鳥の目になってまち全体を立体的にとらえるこのような視点の持ち方は、現代でも実はとても重要だと私は思う。吉田初三郎氏は、イメージとデフォルメを駆使して全体を把握できる高度な編集力の持ち主だったのではないだろうか。

　編集という言葉は、本来、雑誌や書籍、テレビ、ラジオなどマスメディアで働く専門人の間で使われてきた言葉だ。でも、今では編集機材を誰もが扱えるようになったおかげで、生活者と等身大の語り口をベースに、若者たちがまちづくりやリノベーションに関わりながら、自らの手で全て編集した店舗パンフレットやローカル誌、ホームページなどを頻繁に見かけるようになった。地方都市や農山漁村といったローカルな場所で、まちの魅力や面白さをどうやって引き出すことができるか、という文脈で編集という言葉に注目が集まり始めているようだ。

　2021年秋からメディアコスモスではシビックプライド事業として、「メディコス編集講座」(全6回)を新たにスタートした。参加者の募集チラシには、「自分の自己表現をより磨きたいひとはもちろん、まちづくり、NPO、商店街づくり、建築に関わるひとや、コピーライトやデザインなど、地域の中で編集的な動きをしてみたいひと、すでにやっているけれど今一度学びなおす機会を得てみたいひとは、ぜひ受講してみてください」と編集の意味を拡大して掲載してみた。本当にそんなニーズがこの地にあるのかと私自身かなり迷ったのだが、

蓋を開けてみたら定員25名の倍を上回る申し込みがあり抽選となった。受講者の年齢は若く平均すると30代である。

　編集という面から言えばもうひとつ新たに立ち上げた事業が、メディアコスモス季刊紙「メディコス文化道」1号の発行である。前年、ゼロ予算で若手職員たちと準備号を発行してみて、取材の大変さ、紙面構成の難しさを全員が味わいながらも、プロのデザイナーやライターがいなくても素人でもそれなりにはやればできることを身を持って体感できたことが土台にある。

　今回からはさらにプロ編集者の力も借りながら、よそごとではなく自分ごととして企画製作することができた。小さな試みだが、この冊子に岐阜市内の名所を記した「文化地図」を入れ込むことでお散歩時のガイドにもなれるよう工夫も凝らしたつもりだ。メディアコスモス、岐阜市役所、柳ケ瀬商店街などに置いてある。

■「どこコレ？」展示の力 ……

　2021年12月、メディアコスモスのロビーに小さな木組みの展示ブース（情報科学芸術大学院大学との共同設置）が登場した。昔の写真を大きく伸ばしたボードを並べただけの簡素な展示だ。それぞれの写真の脇に来場者は自由に付箋を貼れるようになっている。

　今回展示した8枚の写真は、昨年夏に「思い出の1枚」と銘打って岐阜市内に住むみなさんから募集した写真の中から選んだものだ。この写真が撮られた場所と時代を、自由に推理して特定してもらうことにした。推理を楽しみながら、写真の背後にあるかつての岐阜の人々の暮らしやそこに流れる時代の空気感のようなものを自由に想像してもらいたいと考えたからだ。
「どこコレ？」展示は、NPO法人20世紀アーカイブ仙台とせんだいメディアテークが3.11東日本大震災後の2013年に事業化したものである。世代交流を通して資料を特定していくユニークな手法が人々の共感を呼び、全国で開催されるようになった。

　震災で失われてしまった風景の中には、その人のかけがえのない思い出や喜怒哀楽に彩られた無数の記憶が塗り込められている。私が支援活動で訪問した震災直後の岩手県内の避難所には、流失した持ち主の分からない写真アルバムや、散逸した写真が張り出されていたことを鮮明に記憶している。家族の思い

出や地域の祭りなど、それぞれのかけがえのない記憶の集積がそこにあった。

　展示期間中私が一番考えさせられたのは、展示された写真の中で圧倒的に多くの付箋が張り込まれた２枚の写真だ。

　１枚は、戦後の岐阜公園の風景。県立図書館と動物園が写っている。付箋には「よそ行きの服を着てよく親に連れられて行った／小学校の写生大会の定番だった／オウムが挨拶してくれた」など、風景にまつわる家族の思い出がいっぱい書かれている。もう１枚はプラネタリウムがあった水道山（岐阜市内）へ登るリフトの写真だ。どちらも今はない。「デパートのレストランからよく見えた／頂上にユースホステルがあったはず／リフトの名称はロマンスリフトだった」など。大人の文面に混ざって、「自分も乗ってみたかった」と今の子どもの付箋も足されている。他にも、学生の頃図書館で勉強した思い出や、動物園にいたライオン（名古屋の動物園から譲り受けた）やペンギンのこと、水族館があったことなど、見たことはないけれど父母や祖父母から聞いたことがあるという若者や子どもの付箋も……。

　毎日これらを読んでいるうちに、たくさんの付箋を読んだ人々がさらにその場で呼び覚まされた記憶を上書きしていることに気づいた。

　そして、この地でシビックプライドを進める私にとって大きな収穫もあった。付箋が特に集中して集まった岐阜公園のボードを見ていて、金華山の山麓にある岐阜公園は、明治、大正、昭和を経て戦後もかたちは変わってもずっと連綿と堆積してきた人々の心のリゾートエリアのようなものなのではないか、という考えが湧いてきたことだ。本を読んでも分からなかった人と風景の深いつながりが見えてきた。

　こんな小さな展示の中にでも世代を越えて人々の記憶を共有することができた。ワークショップという形を取らなくても、同じものを見て世代を越えて対話を重ねていくこのような仕組みをこれか

「どこコレ？」ボード。おとなや子どものコメントがいつのまにか増殖していく

らも継続してみたい。

■ 岐阜の珍ちんな人たち ……

　岐阜のまちで新たなコトを始めた人々の存在は、岐阜に住む多くの人々の間ではまだあまり知られていない。彼らが取り組んできたことの多様な広がりを紹介することは、岐阜のシビックプライドのありかを確認していくことにつながるのではないか。そう考えながら、メディアコスモスではこの１年間、岐阜市に住み続けながら活動を続ける魅力的なひとを職員が取材し、シビックプライドプレイスと名付けたホームページに紹介する試みを続けてきた。

　始めるにあたって一番悩んだのはホームページ上のタイトルである。アイデア出し段階で、「岐阜の方言で熱々に沸騰しているヤカンの状態のことをチンチンなヤカンと言うので、このネーミングを使いたい」と若い職員たちから声があがった。ホットでユニークな活動をしている地元の魅力的な人であることを強調して「珍ちんな人（じん）」という造語であらわそうということになった。ちなみに「じん」も人のことをあらわす岐阜の方言である。

　川漁師になった人、醤油屋を継いだ人、和傘職人、地歌舞伎を再興した老舗の若旦那たち、鵜飼船の船大工、古い建物とまちの共存を求める建築家、広場を目指すカフェ店主など23名の現役の人々を取り上げることができた。地域を愛し、誇り、身体を張って仕事に取り組む熱のようなものがかたまりとなって伝わってきた。

　2022年１月、景観まちづくりとシビックプライドをテーマに、私と出村嘉史教授（岐阜大学）の対談が中山道加納宿まちづくり交流センターで開催された。加納地区は、関ヶ原合戦後に築城された加納城跡が今も残る。明治期から戦後まで、和傘づくりの一大生産地として栄えた場所であり、今も和傘の製造工房が点在する全国的に見ても珍しい場所だ。

　出村先生との対談で私が何よりも深く共感したのは、景観とはただ鳥瞰的に上から眺めるという意味ではなく、土とつながりひとの暮らす平面的なひろがりを含めてのものだというところである。ひとが景観をつくり出し、そのひとを支える中核にあるのがそれぞれのシビックプライドという整理になるだろうか。

　私たちの暮らしの礎を築いてきたその地域の偉人・文化人と呼ばれる過去の

人々を、子どももおとなも深く知ることはとても大切である。斎藤道三や織田信長は知っていても、夏目漱石の弟子の森田草平や、第三の新人で戦後文学を牽引した小島信夫が岐阜市の出身だったことを私はここに来るまで知らなかった。ギフチョウを発見した名和靖博士のことも。

過去の偉人・文化人を知るだけでは足りない。過去を未来へとつないでいくためには、今ここに居る人々を同時に対置していくまちの文脈が必要だ。

私は、まだ私の知らない珍ちんな人をこれからも岐阜で掘り当てていきたい。岐阜の魅力は、ここで生きることを自ら楽しみながらマイペースで暮らすそれぞれの普通のひとの魅力にこそあると思うからだ。

■ シビックプライドプレイス誕生 ……

自分だけのお気に入り情報を集めた場所があれば岐阜で暮らすことがもっと楽しくなるかもしれない。岐阜に移住して来て私がずっと思ってきたことである。

東海の旅行誌や観光情報サイトで岐阜市内を探しても数ページしか紹介されていないので、SNSはあっても外から来た観光客や来訪者がお気に入りの店や隠れスポットに行き着くことは意外に難しい。

移住してきた人や仕事で異動して来た人がまず立ち寄るのは市役所や図書館である。だとすれば、ここメディアコスモスに市民とともに岐阜の魅力情報を集積したまち散歩の拠点を創ればきっと情報を得たい人はけっこういるのではないか。そこに現在だけでなく過去のまちの歴史がどうやって形成されてきたのかも分かれば、岐阜に住んでいる人のまちへの興味の奥行きも広がるはずだ。

市民のシビックプライド醸成を掲げる柴橋正直市長から投げられた想いを受け止めながら構想を描き、古い写真や地図、スポット情報を集め、職員自らが自転車であちこちを取材に駆け回ってきた。そうして2022年3月26日に、シビックプライドプレイスはメディアコスモスの新たなエリアとして誕生したのである（その後、市民からの愛称募集により「ぎふ古今」と命名）。

ぎふ古今の特長を説明しておこう。

まず一つ目はまち歩きステーション。ここではタブレット画面から自分で選んだ行ってみたいスポットを集めた地図情報を自分のスマホに即座にダウンロードできるようにした。情報を持ってすぐにまち散歩に出かけられるので

ぎふ古今。市民と行政が集めた岐阜の魅力情報が集結

ある。

二つ目はぎふ歴史ギャラリー。時代ごとの地図にひも付けられた古い写真や解説を自由に選んで建物やまちの変遷を感じるように見ることができる。

そして三つ目は、過去の岐阜の偉人・文化人などを一人ずつカードにして紹介。お気に入りのカードを持ち帰ることができるようにした。

このエリアを開設してから数週間、私が一番驚いたのは子どもたちの反応である。どの子も、何も説明をしなくても以前からそこにあったかのごとく遊ぶように集中して画面を操作しているのだ。私の世代では考えられないほど親和性が高い。市内の小学生にはiPadが配布されていることに後から気づいた。旧知の子ども司書の女子高生に聞いてみると、「歴史の授業は暗記なので苦手だけど、ここではすごく楽しめるからもっと知りたいという気持ちになった」と教えてくれた。機器に張り付いてガイド役をしなきゃと肩に力を入れていた私たちには嬉しい拍子抜けであった。

そして、このシビックプライドプレイスの最大の特徴は、ハードが完成して終わりではないということだ。むしろ、ここが始まりだ。今後も市民から古写真を提供していただく機会を求めていくことを想定している。それから、岐阜の魅力スポットを紹介し、コンテンツを埋めていただくために、岐阜在住の市民ライターの育成（メディコス編集講座）を毎年継続しており、今後の講座修了生たちの活躍もこれからの楽しみのひとつだ。

3 ｜ メディアコスモスのこれから

2022年11月30日に舞い込んだトピックがひとつ。私たちの図書館は、ライブラリーオブザイヤー2022の大賞を受賞することができた。私が何より嬉しかっ

たのは対象が市立図書館だけにとどまるのではなく、メディアコスモス全体としてであったことである。図書館と市民活動を軸に、地域の可能性を追求する複合文化施設であることが授賞理由であった。

　メディアコスモスを設計した建築家の伊東豊雄さんがメッセージしてくれた言葉をここで引用しておきたい。

　　東日本大震災後、建築家の仲間と作ってきた集会所「みんなの家」は、被災地で家や仕事を失った人たちが新しい生活を始めるためのささやかな憩いの場です。東北や熊本では今は公民館のように住民に親しまれています。私はこれまでみんなの家のような建築と、自分が設計している公共建築との間にギャップを感じてきました。つまり、みんなの家に近づければデザイン性が損なわれ、デザイン性を追求するとみんなの家から離れていく。建築家としてはそれがジレンマでした。そんななか、それらの両立に最も近づいた公共施設がメディコスだと思います。

　　メディコスは公共施設でありながら、みんなの家の役割を果たしています。メディコスに子どもを連れてくるお父さんは、子どもを銭湯に連れていく感覚でしょう。図書館でありながら、まちなかを歩いているような、公園に来ているような感覚がありますね。理想的な公共空間だと思います

　　　　　　　　　　　　　　　　季刊『メディコス文化道』７号より

　これまで述べてきた事業はすべて継続を重ねている。

　開館してまだ８年に満たない当施設に課せられた大きな課題は、シビックプライドセンターとして、情報収集と集約を基軸に、市民と協働しながら、共創を続けていくための仕組みづくりである。多様な人々が、主体的、自発的に関わる多様なプロセスを生みだしながら、私たちの組織も個人も成長を続けていく、そんな場所でこれからもあり続けたいと願う。

　　　　　　　　　　　　　　　　　　　　　　　　　　　（吉成　信夫）

〈**参考**〉　毎日新聞連載（15回）2020年〜2022年「シビックプライド　新しい広場
　　　をつくる」吉成信夫

第 9 章

廃校に誕生した
「奥多摩ブックフィールド」の物語

　本章では、「奥多摩ブックフィールド」での活動紹介を軸に、自己紹介を兼ねてそこに至る「本」「本屋」を中心とした活動の振り返りと、「本の置き場」の終着駅となる蔵書の行方について考察していきたい。

　前半では「本」「本屋」と筆者との関わり方から大学時代に作っていた雑誌『本屋さんか』について説明する。就職し、『本屋さんか』を休刊してからは、ネットワークの継続を目的として「どむか」の活動を開始したが、そこでの取り組みには、今日の「本屋」ブームを先取りしていた要素も多い。

　「奥多摩ブックフィールド」の活動も、個人の蔵書管理の悩みから始まったが、アーカイブの構築など、今日的な問題にも繋がっていく。出版ニュース社のアーカイブについては、この「奥多摩ブックフィールド」で引き受けることになった経緯、データベース化、メンテナンスなど時系列で、取り組みを記録しておきたい。

　その先には、「個人の悩み」を越えた、残すべきものをどのように顕在化させ、アーカイブ化していくか、という課題が持ち上がってくる。それらは個人レベルでの解決は難しく、パブリックやコミュニティーといった観点や、自治体などとの連携も必要になってくるだろう。「ブックツーリズム」という考え方を用いれば、本は文化資源のみならず、観光資源としての側面も見えてくるだろうし、「ブックライフ」としてとらえると、人の一生のなかでの「本」との関わりについて考えざるを得なくなる。「奥多摩ブックフィールド」の活動を行うなかで、それらについても考えを巡らせることが増えた。

　最後に、出版の黄金時代の産物を次世代に継承させるための筆者なりの考えも述べておきたい。

1 │「奥多摩ブックフィールド」に至る活動について

■「本」と「本屋」との付き合い ……

　本と本屋について、濃厚な付き合いが始まったのは大学生になり、リトルマガジン "本屋をめぐる井戸端会議マガジン"『本屋さんか』を作り始めた頃からであろうか。読書については、小学校当時に住んでいた浦和に自宅の蔵書を土曜日に開放して本を借りることができる「土曜文庫」があり、そこの本を読み尽くし、そのご子息の部屋に入り込み、そこの蔵書まで借り出した、ということが記憶のスタートである。その後、「本は買うことができる」という喜びを知ってから、せっせと本を買い続けている。

　高校の時には文学研究会に所属していたが、創作よりも、部室にあった謄写版に魅せられ、同人誌づくりにのめり込んだ。ガリ版やコピーを駆使し、綴じて冊子にする。表紙を描いたり、ページの構成を考えたりするのが楽しかった。それらはレイアウトだったり、装丁だったり、造本であったりするのだが、それらへの興味は今も続いている。

■『本屋さんか』の活動 ……

　大学生になって "本屋をめぐる井戸端会議マガジン"『本屋さんか』を作り始めた。本は好きだが、読書家の域までは達せず、本の中身でコンテンツを作るには、思考力・記憶力などの問題があり、アドバンテージが取れそうにない。そこで、本の周辺であり、好きな場所であった「本屋」についての雑誌を作ることにした。当初から、本屋さんで売ることを考えて作っていた。1984年8月に、創刊号を刊行、500部を刷り、1冊200円で売った。

　そんな時に、「朝日新聞」で本屋の危機についての記事（1984年9月8日「苦闘10年、力つきて閉店、消えていく『志』売る店」「大型店に偏重の書籍流通、小さな店には雑誌か漫画」）を目にし、その本屋が地元（八王子）にあったこともあり、取材に行った。その記事を書いた記者にも会いに行った。2号でそのことを記事にしたのだが、それに前後して『本屋さんか』の活動について、その記者か

ら逆取材を受け、同紙に囲み記事として取り上げられた。反響も大きく、一般向けに本屋の話題に特化した雑誌はなかった（本屋がメディアに取り上げられることも極めて少なかった）こともあり、多くの問い合わせをいただいた。

季刊でありながら、本屋のイベント情報なども載せていた。『本屋さんか』は11号（筆者の関わったのは10号まで）と別冊の計12冊を出し、休刊となる。基本は直接の配本だが、地方には紀伊國屋書店のルートで配本し、多い時には4000部を刷っていた。

▋「どむか」の活動 ……

筆者の関わったのは10号まで、と書いたが、就職することになり、後継者にバトンタッチして11号を出したが、そこで雑誌づくりの活動は休止状態となった。ただ、この雑誌を通じて作った人脈は何とか保持したいと思った（いつの日か、復刊を！ との思いがあった）。そこで始めたのが毎月の例会（飲み会）と葉書通信「本棚の溜息」の制作だった。

当時はインターネットがない時代で、例会開催の案内のために、本屋の話題を書き綴った葉書通信を毎月送った。例会の名前は、『本屋さんか』の編集後記「サロン・ド・むかむか」を短縮して「どむか」と称した。「むかむか」は、発行人と編集長の名前を略して「む」と「か」が対談形式で記事を作っていたことに由来する。

例会と葉書通信（いまではメールマガジンと若干枚数の葉書通信）は、開始以降一度も休んだことはなく（数回筆者は体調不良で休んだことはあったが、例会は実施した）、2023年12月に400回を迎える。

人脈を絶やさないために始めたのだが、知り合いが知り合いを連れてきて、メンバーも徐々に増えていった。「紹介がないと参加できない、という仕組みは今日のSNSを先取りしている」と評した人もいたが、それゆえに緩やかなつながりで長続きしている、という面もあるだろう。出版系の割合が多い集団だったが、そこからネット業界に移る人も少なからずいて、メディアの変遷を肌で感じることもできた。

2 | 「奥多摩ブックフィールド」の活動

▎「奥多摩ブックフィールド」前史 ‥‥‥‥

　その例会「どむか」に「まちライブラリー」の提唱者である礒井純充氏が参加した2018年1月の新年会で、氏が耳元で「いい場所があるよ」と呟いた。常日頃より自宅に溢れる本の置き場がほしい、ということをあちこちで吹聴していた甲斐があったのである。その「いい場所」とは、奥多摩駅からバスで30分ほどの旧小河内小学校で、2004年3月に廃校となった。1992年に建てられた創立100年の石碑が校庭に残っているので、学校の創立は1892年、ということになるだろう。

　小河内ダム建設で湖底に沈むこととなり、この場所に移転したのが1957年。当時はダム建築のために関係者の多くがこのエリアに住んでいて、多くの児童が同校に通っていた。木造建築で、多摩産の檜を使うなど立派な造りであったようだ。築60年を超えて老朽化は否めないが、それでも木造校舎という建物の魅力は年を経るごとに高まっているように思える。

　礒井氏がこの物件を知り、見学に行ったのは2011年3月10日のことであった。その翌日に東日本大震災が起こり、同校を使っての具体的な動きは中断された。当時は奥多摩町直轄で、借りるのにもハードルが高かったようだが、その後、地元企業「東京・森と市庭」が管理を行うことになり、教室を借りることが可能になった。「奥多摩フィールド」という施設名で、一日貸しを中心に行っており、アイドルのミュージックビデオや映画・ドラマの撮影、校庭や体育館を使ってのスポーツ大会などに使われ

「奥多摩ブックフィールド」のある「奥多摩フィールド」（旧小河内小学校）

ている。

　筆者が見に行ったのは、2018年4月7日。まだ肌寒い日であった記憶があるが、一目見た時に、その場所までの距離を差し引いても、その木造校舎に魅せられてしまい、その場で「やりましょう」と即答したのであった。

■「奥多摩ブックフィールド」に連なる活動 ……

　そこから、「奥多摩ブックフィールド」の活動が始まるのだが、そこに繋がる、表題の「本の置き場所」に関する筆者の活動に触れておきたい。「本の置き場所」という発想は、前述したとおり、自宅に本を置ききれない、という切実な問題から生まれてきたのだが、蔵書を顕在化させるというもう一つの意図もあった。「まちライブラリー」が本のある場所によるコミュニティーづくりへの取り組みとすると、「まちアーカイブ」とでもいうべき、カテゴリーに沿って集められた蔵書群を埋もれさせることなく、その先の活用まで見据えた分散保存ができないか、という問いかけである。

　本の処分についても、良い方法がないかを、模索していた。資料価値の高い専門書を持っているわけではないので、専門古書店に相談するほどではなく、かといって「ブックオフ」などの新古書店での処分は、その本の価値を自分なりに考えると、買い取り額との差があまりにも大きすぎる、と感じていた。

　同じ頃、海外ではブックカフェやラグジュアリーな本屋が出現していた。それらに触発され、東京の麹町に「どむか」プロジェクトとしてブックカフェを作ることになった。「どむか」メンバーのデベロッパー、海外ブランドの開発担当者を中心に検討を続けた。同じくメンバーから出資者を募り、2000年12月に「A/Zブックカフェ」が誕生する。「A/Z」は、「AOZORA」（あおぞら）の略。ブックカフェのハシリではあったはずだ。

　本格的な内装で、カウンターとテーブル席を設け、壁面には本棚を設置した。本はメンバーで持ち寄った。筆者も売り物として本を持ち込んだが、結果的に本は売れなかった。近くに事務所のある装幀家の方が訪れたり、本のオンラインショップであった「bk1」の書評担当者が集まったり、内沼晋太郎氏らの「ブックピックオーケストラ」が棚で実験的な取り組みなども行っていた。会議や、イベント会場としての利用や、書道教室なども行った。本を売ることはあきらめ、本のある飲食店という色合いが濃くなっていったが、それらは、今

はやりの棚貸し、シェアラウンジを先取りしていた、といえなくもない。同店は、2007年4月に閉店した。

　その後、西荻窪の「ベコカフェ」で「かえるライブラリー」を始めた。「セルトストック・プロジェクト」すなわち、「セル」（売る）と「ストック」（保管する）を組み合わせた取り組みである。「かえるライブラリー」という名称には「買うことができる＝買える＝かえる」ライブラリー、という意味を込めた。「ベコカフェ」は、ブックカフェで、本に関するイベントなども行っていた。店内に閲覧用の本を並べる棚はあるのだが、「かえるライブラリー」は、別途お店のカウンターを使わせてもらい、そこに本を並べた。

　値付けの基準は、自分と本の距離感である。定価にかかわらず、手放してよい本は安く、手放したくない本には高い値段（手放すにあたって、この値段であれば諦めがつく値段）を付けた。売れたら、手数料をお店に支払う。お客さんは、図書館的に本を閲覧することもできる。結果的には、「ブックオフ」よりも高く売れ、お店に収益面でも貢献することができた。これこそは、一人「棚貸し」本屋さんとも言えるだろう。「ベコカフェ」は店主が高松に移住することになり、2016年5月に閉店、「かえるライブラリー」も店じまいとなった。

■「奥多摩ブックフィールド」の活動スタート ……

　ここで、2018年の奥多摩に話を戻したい。
「どむか」新年会で礒井氏に耳打ちされ、4月7日に木造校舎を一目見た時に、ここにプライベートライブラリ作ることを即決した。帰りに鳩ノ巣の「カフェ山鳩」に寄り、早速、作戦会議となった。同店は、店内に棚を置き、「まちライブラリー」の活動も行っていた。学校の教室は、法人でないと借りられないということで、「まちライブラリー」で契約し、その費用を「まちライブラリー」、「どむか」と「文学者のマイクロライブラリー」を主宰する力徳裕子氏、出版社勤務だった吉田茂治氏のファウンダー（共同代表者）で負担した。

　名称は「山のまちライブラリー・奥多摩ブックフィールド」とした。本施設の名称が「奥多摩フィールド」で、「本」が関わるので「ブックフィールド」でどうか？　という軽いノリで命名したが、「本」のある「フィールド」という語感には広がり感があり、悪くはない命名だった、と思っている。ロゴは「nipponia」の山田和寛氏に作ってもらった。

借りたのは１階の旧職員室と旧校長室。そこは中扉で繋がっている。その隣りの畳敷きの宿直室も休憩室として勝手に使っていたが、後日、地元の若者に貸し出された。６月３日に訪れた時には大掃除と校内にある本棚として使えそうな什器を旧職員室に持ち込んだ。ほとんど打ち捨ててあったような木製の棚も、磨くとそれなりに時代を感じさせる本棚になった。そこに、その日に持って行った本を並べて、活動の第一歩を記した。

　力徳氏の「文学者のマイクロライブラリー」は、戦後身銭を切って書籍を購入してきた世代の貴重な資料や蔵書を散逸させることなく、それら「知の集積」を活用できる場を作るという目標を持っていた。その第一弾として、６月30日に、若くして亡くなったドイツ文学者の蔵書約2000冊を２トン車２台で運び込んだ。段ボール箱にして200個以上の分量。輸送業者が段ボール箱を持ち帰ってくれる、ということで、ひたすら箱を開け、本を本棚に移すという、バケツ・リレーのような作業を続けた。無事に段ボール箱から本を全て出し終わった時は達成感があったが、翌日以降に筋肉痛に襲われることになった。その後、力徳氏は、10数回奥多摩に通い、コツコツと本を分類し棚の整理を行った。

　筆者は主として展覧会図録、サブカル本、文学系雑誌のバックナンバーなどを、吉田氏は美術書、展覧会図録などを何度かに分けて持ち込んだ。２人分を合わせると、初期の持ち込みで1000冊を超えた。

　図録は分野別に整理した。図録は一般書籍と異なり、多くはISBNで管理されていない。出版社が版元になっている書籍扱いの図録も一部あるが、それ以外は展覧会会場での販売以外、一般書店には流通しない。それらが１か所に相応のボリュームで集まっていることは、アーカイブとしての価値もあるのではないだろうか。

　さらに筆者は、本に関連したコレクション「どむか屋根裏コレクション」から、本のカタチや本を読んでいるオブジェ、本のカタチのパッケージを持ち込んだ。オブジェは本のカタチをしたオブジェ、本を読んでいる人物・動物などのオブジェ、各種ブックエンド、本や本を読んでいる人物を描いた作品など。本のカタチのパッケージは、その名のとおり本のカタチをしたお菓子や文具などのパッケージ（箱）である。地方のお土産にも本のカタチをしたパッケージを目にすることがある。それらが目に入ると購入し続け、合わせると100個を超える分量となっていた。それらを本棚に本の如く並べた。その本棚は、学校内から集めてきた棚の中で一番朽ちていたが、本のカタチをしたパッケージは、

中身は既に「カラ」なのでそれ自体は極め
て軽く、朽ちかけた本棚でも十分持ちこた
えることができたのである。

　ドイツ文学系、アート系の本で蔵書が
3000冊を超え、棚の整理が一通り終わっ
たタイミングの8月18日、奥多摩・小河
内地区の町おこし団体「Ogouchi Banban
Company」が同校の体育館で行う夏祭り
「まちおこしモンスターフェス2018」開催
日に合わせて、お披露目会を開いた。メン
バーと募集に応じた2組を加えて「一箱古
本市」的なブックマーケットも開催。「ま
ちライブラリー」関係者に加えて、同「フェ
ス」参加者の方にも覗いてもらい、にぎや

「どむか屋根裏コレクション」
（本のカタチをしたパッケージ）

かな船出の催しとなった。ブックマーケットで売れ残った本は、部屋の片隅に
売り場を作り、常設の販売コーナーにした。
　後日、それを「東京最西端書店」と名付け、ロゴをあしらったオリジナルトー
トバッグやコレクションしていた本関連グッズなどと共に並べた。ここは、無
人店舗で代金は容器に入れてもらう仕組み。お釣りは出せないので、「お釣り
本」のコーナーから本を持って行ってもらうオペレーションとしたが、お釣り
本はほとんど活用されなかった。値付けは、前述したセルトストック・プロジェ
クト「かえるライブラリー」と同じ考え方。「ベコカフェ」に並べていた本の
一部は「東京最西端書店」に並んでいる（「かえるライブラリー」のロゴシールが貼っ
てあるので、それとわかる）。
　ここでは「ビーナイスの本屋さん」とブックイベントのみで販売している『ど
むかZINE』（2023年6月現在17冊刊行）も全巻取り揃えている。その中の一冊に
『奥多摩ブックフィールド　山のまちライブラリー』がある。同書は、「奥多摩
ブックフィールド」のスタートから企画・イベントなどを行ってきた記録を写
真レポート的にまとめて、2020年2月に刊行した。わざわざ奥多摩まで来てく
れた方へのお土産用に作った冊子で、おまけに「奥多摩・小河内の湯」という
温泉の素を付けた。これは、小河内ダム建設により水没した源泉を1991年に湖
底から汲み上げて復活させた「鶴の湯温泉」の温泉分析表をもとに配合したも

の。「鶴の湯」は、その昔、弓矢で射られて傷ついた一羽の鶴が、崖から湧き出る温泉に身を浸して傷を癒し元気に飛び去ったという昔話に由来する。オンデマンドで一度に10冊程度の増刷を続けてきたが、2022年11月で10刷となっている。

「奥多摩フィールド」は冬季12月から翌年の２月まで、水道管が凍るので施設が閉鎖になる。それに合わせて2018年の「シーズン１」は11月下旬に大掃除を行い、活動を終了した（2022年の冬から、施設の１か所のトイレが通年での使用が可能となり、施設も通年使用可能となった。それに伴い、「奥多摩ブックフィールド」も通年開室を始めた）。

■ イベント開始、「出版ニュース社アーカイブ」収蔵 ‥‥‥‥

「シーズン２」は2019年３月からスタートした。今までは不定期開室をしていたが、この頃から第一土曜日に定期開室するようになった。開室時間は３月〜11月まで11時〜16時（12月から２月の冬季は12時〜15時）。３月の最初の開室日には、校庭でバーベキュー大会を行った。バーベキューセットは一式常備しているが、以降コロナの流行があり、なかなか出番がない状況が続いている。

　この年から始めたのは、「奥多摩ブックラウンジ」である。当時の記録を見ると「奥多摩ブックサロン」という表記もあり、かなりいい加減に名称を使っていることが分かる。今までに、能勢仁氏／ノセ事務所代表・出版コンサルタント（６月１日）、佐々木利春氏／元出版科学研究所主任研究員（８月３日）、粕川ゆき氏／いか文庫・笠井瑠美子氏／十七時退勤社・製本会社勤務（８月17日）、清田義昭氏／元出版ニュース社代表・NPO法人共同保存図書館多摩（通称：多摩デポ）副理事長（９月７日）、島田潤一郎氏／夏葉社・西山雅子氏／編集者・月とコンパス（2021年７月３日）、菊池壮一氏／日比谷図書文化館図書部門長（2021年11月６日）などに登場いただいた（肩書きは登場時のもの）。

　2019年のもう一つのトピックは出版ニュース社所蔵の書籍・雑誌の引き受けである。1941年に当時の取次店を国策により統合した「日本出版配給株式会社」が1948年にGHQにより閉鎖機関に指定されたため解散し、1949年９月に取次会社・東京出版販売（現トーハン）、日本出版販売、大阪屋などが設立された。同年10月に出版ニュース社が日本出版配給株式会社の役員を中心に創立され、出版界の共通の機関誌として雑誌『出版ニュース』と出版界の記録『出版

年鑑』を発行し、1950年から国立国会図書館法による出版物納品制度の納本事務を日本出版取次協会の委託により1985年まで行った。私企業でありながら公的な役割を果たしていた。『出版年鑑』は2018年で休刊、『出版ニュース』は2019年3月下旬号で休刊し、同社は2020年3月末に廃業した。

　出版ニュース社蔵書一式を「出版ニュース社アーカイブ」と名付けたが、これらが奥多摩に収まることになった経緯は後述することにするが、まずは筆者と『出版ニュース』との関係について簡単に触れておく。

　出合いは、1980年代の大学時代にさかのぼる。筆者の通った大学に出版論の講座があり（出版論のある大学を選んだ、とも言える）、その講師が出版ニュース社代表であった清田義昭氏であった。最初の授業が終わり、清田氏に挨拶すると、「君が『本屋さんか』の〇〇君か」と言われたことをはっきり覚えている。授業は、最後に感想文的なレポートを出せば単位が取れる、ということで（土曜日の授業ということもあり）2回目以降受講者は減っていき、少人数のゼミ的な授業となっていった。授業以外にも、例えば、『出版データブック』など書籍づくりのお手伝いをしたり、原稿の手伝いをしたり、という課外活動を行った。『本屋さんか』に原稿を書いていただいたこともあった。大学を卒業してからも師弟関係は続き、『出版ニュース』への寄稿や連載を持たせていただいたりもした。

　その「出版ニュース社アーカイブ」を奥多摩に運び込んだのは、2019年4月15日であった。2トン車2台で、同社にあったスチールの本棚も一緒に持ち込んだ。5月連休の3・4日には一泊二日の合宿を行い、段ボール箱の開梱、棚入れを行った。泊まったのは山小屋で、自炊や風呂が使えないことが到着してから分かり、山梨・丹波山の「のめこい湯」まで車を飛ばした。ある程度のデータベースはできていたが、持ち込み、複本をチェックし、分類ごとに棚に並べ、それらをデータベースと照らし合わせチェック作業などを行い、一通りの整理が終わるのは2022年の秋になる。5月19日には、大阪府立大学で行われたマイクロライブラリーサミットに参加し、「奥多摩ブックフィールド」の活動についての報告を行った。発表の内容は、『まちライブ』6号（まちライブラリー刊）に収録されている。

　雑誌の創刊号コレクションは2019年6月1日と7月6日に、年間のベストセラーは2021年4月24日に持ち込んだ。創刊号コレクションは、1985年（28点）、1986年（142点）、1987年（88点）、1988年（117点）、1989年（100点）、1990年（142点）、

1991年（157点）、1992年（154点）、1993年（116点）、1994年（16点）、1997年（197点）、1998年（36点）、1999年（64点）で、合計1357冊。雑誌の刊行点数が一番多かったのが1980年代後半で、雑誌の黄金時代と言えるだろう。データベース化はできていて、年代ごとに段ボール箱に詰められていたが、2023年5月6日に箱から出し、ようやく棚に並べることができた。

　年間のベストセラーは1975年から2019年までの45年分で、各年の1位から10位までを揃えた。これらは段ボール箱を細工し本箱を作り、年度ごとの順位リストを添え、窓際から壁沿い、既存の本棚の上にも並べ、見渡せるように配架した。年度ごとなので、一部数年にわたって登場する書籍もある。それらも敢えて重複して、該当年度の棚に差した。これらの背表紙を見ていると、その時代の事が思い出されてくるから不思議だ。一覧表と、電子書籍を照らし合わせたとしても、このような感覚は湧き上がってこないだろう。

　当初これらの入手先は明らかにできなかった。雑誌が詰められた段ボール箱にロゴが入っていたので、写真を撮る時にはその部分が映らないように気を使ったものだ。実は、それらはトーハンが新本社に移る際に、出版科学研究所にあったものだが、破棄されることになり、同研究所のOBが引き取り、それが縁あって奥多摩に運び込まれた。後日、同研究所長が奥多摩を訪れ、収蔵に謝意を表されたので、晴れて公認となったのである。

　廃校の教室という、本を置く場を確保し、そこからアーカイブ化への取り組みを進めていったが、問題点もあった。それは湿気である。2019年は梅雨も長く、夏になっても雨の日が多かった。そもそも奥多摩湖に面していて、日頃から湿度が高いことは気になっていたが、その夏は、教室に入ると湿度を感じ、本も触ると少し湿った感じを受けることがあった。そして、特に湿度の高いエリアの本に黴が出てしまった。

　「出版ニュース社アーカイブ」の整理は、「多摩デポ」のメンバーが中心となっている。図書館員のOBが多く、薬剤を持

出版ニュース社アーカイブ（『出版ニュース』
『出版年鑑』バックナンバー）

ち込み、黴の除去や日干
しなどを行い、事無きを
得た。床下に水が浸入し
ている形跡もあったので、
その入り口には土嚢を積
み、詰まっていた溝の清
掃や土盛りを行い、校舎
側に水が流れないように
した。除湿機を設置し、
除湿剤や扇風機もあちこ

出版ニュース社アーカイブ（分類された出版関連書籍）

ちに置いた。その甲斐あってか、以降は多少湿度が上ることはあったが、大き
く黴が出ることは減った。冬季は、湿度が下がり、黴の心配はない。

■ コロナ禍でのイベント活動など ‥‥‥

　2019年の「シーズン2」は、アーカイブが充実しそれらの整備が始まった年
であり、それらを基にイベントなども行っていく予定であったが、「シーズン
3」となる2020年はコロナ禍に苛まれた。3月から毎月の開室は行ったが、集
客を伴うイベントなどは当初見合わせた。その間も「出版ニュース社アーカイ
ブ」の整理は継続して行った。当初は4月に地域デザイン学会と共同で「第3
回ローカルメディアフォーラム〜地域における“本のある場”のつくりかた」
を行う予定であったが、延期することとなった。4月には、長野の「朝陽館萩
原書店」が2019年末に閉店したが、「双子のライオン堂書店」竹田信弥氏の仲
立ちで、同店の雑誌のラック3台が奥多摩に運び込まれた。ちなみに同店は
2021年、「書肆朝陽館」として再スタートした。
　その後もコロナ禍は広がり、本に関するイベントは軒並み中止となり、ビル
のテナントの本屋や古本屋も休業を余儀なくされるところもあった。奥多摩
エリアも、観光用の駐車場が閉鎖されたり、来訪を断る看板が出たりもした。
「ローカルメディアフォーラム」は、延期して10月11日に開催することになった。
　同フォーラムの1回目は荻窪「六次元」、2回目は三崎港「本と屯」で行わ
れたが、3回目は奥多摩でと誘致を行い実現することとなった。午前中は、「ま
ちライブラリー」の「ブックフェスタジャパン2020」の一環のイベントを行い、

奥多摩からZoomをつなぎ参加した。発表の内容は、「ブックフェスタ 本の磁力で地域を変える」（まちライブラリー刊）に収録されている。

　午後の「ローカルメディアフォーラム」には午前に引き続き「まちライブラリー」提唱者の礒井純充氏、同学会理事長の原田保氏、フォーラムのプロデューサー仲俣暁生氏、同事務局長影山裕樹氏、「good and son」山口博之氏、奥多摩で編集活動を行う「ミゲル」宇都宮浩氏が登壇。筆者は「奥多摩ブックフィールド」の紹介を行い、最後に登壇者全員によるパネルディスカッションを行った。

　このイベントに合わせて、筆者は、「どむか屋根裏コレクション」から「世界の本屋さんのトートバッグ展」を行った。メッシュパネルを組み合わせた展示台にキャプションを付けたトートバックを吊るし、展示した。このトートバッグ展は、赤坂「双子のライオン堂書店」、下北沢（現在は祖師谷に移転）「BOOKSHOP TRAVELLER」、「小鳥書房」２階・「谷保・ダイヤモンド街まちライブラリー」、吉祥寺「ブックマンション」の企画するイベントなどでも巡回展示した。10月５日には「書皮友好協会」会員有志による「紙もの交歓会」（本屋のカバーの交換会）を実施。この年の秋、「神保町ブックフェスティバル」は行われなかったが、「文学フリマ」など一部のイベントは行われるようになっていった。

■「出版ニュース社アーカイブ」の整理 ……

　2021年「シーズン４」のトピックの一つはメディアへの登場が挙げられる。４月10日にテレビ番組「ヒルナンデス！」（日本テレビ系）で「奥多摩フィールド」が取り上げられ、そのなかで私設図書館として紹介された。今までに「新文化」、「日経新聞」、共同通信配信（「日本海新聞」「東京新聞」「高知新聞」など）などの新聞や、書籍『クリエイティブを旅する——東京最西端物語』（おくてん実行委員会、西の風新聞社刊）などにも取り上げられた。

　コロナ禍で、都県境を超える取材活動が減り、その分東京都にある奥多摩エリアの露出が増えたように思える。奥多摩フィールドはドラマや自主映画、音楽のプロモーションビデオのロケ地としてもよく使われている。旧校舎は学校としてはもちろん、田舎の公民館になったりする。東北で起こる殺人事件に登場する渓谷風景は、奥多摩で撮影されることが多いと聞く。

4月24日には長谷川卓也氏の資料が運び込まれた。長谷川氏は「東京新聞」の記者を経て、出版史を研究、日本推理作家協会に属していて、カストリ雑誌や猥雑出版などに関する著書も多い。「書皮友好協会」のスタート時からのメンバーで、毎年の大会でお目にかかり、親しくさせていただいていたが、資料搬入後の7月27日に亡くなられた。表に出しづらい風俗資料などもあり、現状は段ボール箱に詰めた状態で保管している。今後、内容の精査や公開方法について検討していきたい。8月7日には「奥多摩ブックラウンジ」に参加いただいた西山雅子氏が神戸の甲南大学で「実践地域学」の講義を行うことになり、その一枠で同校と奥多摩をZoomで繋ぎ、レクチャーを行った。

　2022年の冬季休眠中には、「奥多摩町立せせらぎの里美術館」で行われた「50の本棚展」に、「まちライブラリー」と共に「奥多摩ブックフィールド」も参加した。会場に50の本棚を置き、そこに思い思いの本を並べるという趣向。同町でアートフェスティバルを開催するおくてん実行委員会が主催。本は、手に取って読むことができる。会期は1月20日から3月13日だったが、会期中の2月12日には「奥多摩ブックフィールド」が中心となって、同会場で「奥多摩ブックアドベンチャー」を企画した。

　古本市ではメンバーに加えて「古本と喫茶 おくたま文庫」、ZINEなどの販売では「ビーナイスの本屋さん」に参加いただいた。イラストレーター・絵本作家のおぐまこうきさんにも加わっていただき、栞にイラストを描くインスタレーションを行っていただいた。

　前週に雪が降り、季節的にも一番寒い時期で、なおかつコロナ禍で奥多摩町からの告知ができないなかでの開催で、知り合い伝のみの案内ではあったが、多くの方にお集まりいただいた。

■「出版ニュース社アーカイブ」ほぼ完成 ……

　「シーズン5」となる2022年のハイライトは、「出版ニュース社アーカイブ」がほぼ完成したことであろう。搬入から足掛け4年かけて、データベースと配架がほぼ完成した。

　それを記念して、11月2日に久しぶりに「奥多摩ブックラウンジ」を開催した。冒頭「近代出版研究所」所長の小林昌樹氏に「本についてあれこれ・出版年鑑の歴史など」と題してお話いただき、その後、「出版ニュースと出版年鑑」

について元出版ニュース社代表・清田義昭氏にお話しいただいた。最後に、「多摩デポ」の堀渡氏と蓑田明子氏が、今日に至る整理の過程について語った。出版ニュース社蔵書が奥多摩に収まり、整理を行ってきた過程を、特に堀氏が詳しく説明したので、ここで講演の要旨を記したい（以下、当日配布資料より要約）。

　2019年の2月に出版ニュース社の廃業と事務所の整理を控え、蔵書の行き先について考え始めた。そのために、依頼相手に示す資料リストが必要になるだろうということで、出版ニュース社で1週間ほどかけて、リスト作りと箱詰めの作業が行われた。ISBNのある出版物は、バーコードリーダーでエクセルにコピー、国会図書館の蔵書目録から該当書誌をコピー。ISBNのない出版物や資料類は手入力で書名、著者名、出版社名などを記入して目録を制作した。リストを示し、大学や出版関連団体に引き取りを相談するが、部分的な引き取り希望はあったが、一括での引き取り交渉は不調であった。そこで「どむか」に相談、奥多摩に持って行くことになった。

　持ち込む前に、出版ニュース社内での作業の記憶を辿り、資料リストを見ながらオリジナルの分類体系を考える。分類番号と主題名を書いた表示板を作り、大まかな書架の位置を想定。5月の連休に段ボール箱を開け、本を分類ごとの山に分け、配架を開始。当初の本棚では足りず、追加で運び込む。

　6月以降、「奥多摩ブックフィールド」の開室日ごとに通い、書架の位置を微調整。出版社・書店などの社史は旧校長室に収まり切れず、旧職員室の一角に収蔵。2020年には、個々の資料に分類付け、リスト上で、書名から想定して分類番号のデータを付ける。それらを配架されている現物と付け合わせ確認。確定した書架の現物には背表紙に分類ラベルを貼り付ける。リストと現物を付け合わせることで、不明資料が出現したり、リストにあるのに現物が見つからないことも。書架をデジタルカメラで撮り、自宅で背表紙とリストを付け合わせる。「雑誌創刊号コレクション」は段ボール箱から取り出し、リストと付け合わせを行うが、展示できる場所がなく、年代ごとに再度箱詰めする。『出版ニュース』の現物は、合本製本に抜けがないか点検、これらの作業を「奥多摩ブックラウンジ」の開始直前まで行っていた。

「出版ニュース社アーカイブ」の分類は、①編集／造本／印刷（244冊）、②出版（616冊）、③図書館／書店／読書／愛書趣味（724冊）、④雑誌／新聞／マスコミ（532冊）、⑤出版流通／出版産業（378冊）、⑥著作権／表現の自由（156冊）、⑦出

「奥多摩ブックラウンジ」の様子

版人の著作／各分野の本（581冊）、⑧出版ニュース社の本（250冊）、⑨社史／団体史（426冊）で合計3907冊となった。「雑誌創刊号コレクション」の1357冊、45年分の「年間ベストセラー」450冊を加えると、5700冊を超える（2022年11月末時点。冊数に『出版ニュース』『出版通信』バックナンバーの現物は含まれていない。ちなみに『出版ニュース』最終号となる2019年３月下旬号が通巻2510号）。総数としては他にもこれらの分野を所蔵しているところもあるだろうが、開架で直接それらの本に囲まれる空間としては珍しい存在となるのではないだろうか。

■「奥多摩ブックフィールド」の新たなる取り組み ……

　これからの取り組みとして、名物古本屋のお店の雰囲気のアーカイブ化がある。大岡山で1996年に創業、2002年から表参道の根津美術館前に店舗を構えていた赤い書棚が印象的な「古書日月堂」が2022年10月15日に同所の店舗を閉め、洗足駅近くの事務所に移転することになった。同所での閉店の案内がサイトに掲載されたのが、その数日前。何とか最終日に、最後の客として同店を訪れることができた。

　そこで、店主の佐藤真砂氏と雑談しているうちに、ふとこの本棚をどうするのか気になり問うたところ、市（いち＝古書組合で行われる市会）で処分かな、とのコメント。それに対し、何の計画性もなく「奥多摩で引き取れないか」と声を発してしまった。その時は、「考えておく」との返答だったかと思うが、その後SNSで、具体的に引き取りについてのやり取りが続いた。「居抜き」やら、よく分からない不動産用語なども交え、最終的に次の入居者が本棚は不要との

確認ができ、奥多摩行きが決定したのであった。2022年12月10日に棚が運び込まれてきたが、加えて、お店の中央に鎮座していた赤いカウンターも運び込まれた。

「まちライブラリー」は2022年下旬からもう一部屋（家庭科室）を借りることになり、「文学者のマイクロライブラリー」の一部はそちらに移動することになった。そのスペースを使い、赤い本棚とカウンターで旧「古書日月堂」の雰囲気をどう再現するか、思案しているところである。

3 ┃ 「本を置く場所」への考察

▌蔵書の行方 ‥‥‥‥

　本章のタイトルで「本を置く場所」を掲げた。自宅にある蔵書や廃業した出版社の蔵書が現時点において、「奥多摩ブックフィールド」の本棚に並べられているが、建物には寿命があるので、永遠の安住の地になることはない。ただ、現時点において「奥多摩ブックフィールド」にそれらが収められている、ということが明らかになっていることが、次の世代にそれらが受け継がれていくうえで重要なことのように思える。

「文学者のマイクロライブラリー」の活動趣旨が、貴重な資料や蔵書を散逸させることなく、それら「知の集積」を活用できる場を作ることであるが、まだまだ知の集積としての蔵書の塊はあちこちにあるだろう。その主が亡くなった時に、遺族が文化の継承に関心を持っていれば、それらの行方についてのきちんとした検討や対応がなされるであろうが、そうではない場合、貴重な蔵書の塊が失われてしまうことになりかねない（京都市に寄贈された桑原武夫氏の蔵書が破棄されてしまう、という事件もあったりするが）。

「まちライブラリー」は、本を集積させそこに本を中心としたコミュニティーを作る活動だが、集積している本を如何に顕在化させるかが、今後は課題になるだろう。「奥多摩ブックフィールド」は限られたスペースなので、追加の受け入れはなかなか難しいが、それら蔵書の塊の受け皿をどう作るかを真剣に考える時期がきているのではないかと思う。そういう動きが出てきた時に、参考

になるように、「奥多摩ブックフィールド」で、アイデアを試していきたいと思っている。

▌蔵書のアーカイブ化 ‥‥‥

　主を失ったそれらの蔵書の行方には二つの方向があるだろう。一つは、前述してきたアーカイブ化である。それらは事前に顕在化させておくことが好ましい。最近のトレンドにシェア型本屋・棚貸し図書館などがあるが、それらを顕在化させるうえで、インデックス的な役割を果たせるかもしれない。

　好ましいのは、アーカイブ化のための場所を用意しておくことだろう。お墓の永代供養のような、部屋、もしくは棚のイメージである。それなりの費用負担を行い、ある期間においてメンテナンスが行われる。空き家が社会問題となりつつあるが、それらをネットワーク化・公開して、どこにどのような蔵書があるかが分かると、なお良い。

▌蔵書の市場への還元 ‥‥‥

　もう一つの方向は、市場への還元である。植草甚一が、蔵書を古本屋に売り、市場に戻したことは広く知られている。古本屋への売却は一般的に広く行われているが、それでも日頃の付き合いが少ないと、それなりにハードルが高いのではないか。そこで、考案したいのが、自ら蔵書を売る仕組みである。

　一箱古本市に対して、それでは量が少なく、「一部屋」古本市があれば良い、という趣旨の発言をしたことがあったが、その延長上で常設のショッピングセンターのテナントのようなエリアの集合体は、考えられないだろうか。棚単位ということであれば、千葉にあった「16の小さな専門書店」（2020年3月閉店）のような構成である。棚を最小単位として、部屋単位まで拡張したい。

　存命中は、自ら棚の整理を行う。その後は、司書や本屋経験者などがそのメンテナンスを行う（「ブックス・ジ・エンド」という店名を考えたが、周囲の評判は頗る良くない）。ある程度の時期、あるいは在庫量が減ったタイミングで、無縁墓ならぬ集合棚に本は移される。本の売り上げでそれらの作業費が捻出できれば理想的である。

　その際には、廃校や使われなくなった公共施設・ショッピングセンター跡な

どを活用したい。箱モノのメンテナンスは自治体にお願いしたいものだ。無書店地域が増えており、公営書店も出現しているが、そのような地区には候補物件が多くあるのではないだろうか。それらを利用し、地元の知のアーカイブを顕在化させることは、町おこしや関係人口の増加にも寄与すると思われる。

■「ブックライフ」の充実を旗印に ……

　本と本屋との出合いから、各ステージでの活動、そして「奥多摩ブックフィールド」の活動については時系列で紹介した。最後には、「本を置く場所」についても考察した。

　各サービスについては、本屋であり、古本屋であり、図書館員・司書、あるいは自治体・デベロッパーなど、各々が得意分野で取り組むべき課題であるが、その先にあるのは、真の「ブックライフ」の充実である。ゆりかごから墓場まで、という視点を持てば、それらの連携が必須になる。以前、「本の収納を備えた建売住宅を、出版社のサポートで作るべきである」という文章を寄稿したことがある。本を買った後の収納まで、メーカーである出版社が考えるべきである、という趣旨であるが、「ライフタイムバリュー」を「本」を中心に据えることで、上記プレイヤーに加えて、物流業者、建築・不動産業界まで巻き込んで、それら全てを包括するようなサービスは考えられないだろうか。

　子どもが小さい頃から、本の置ける住宅環境を整え、図書館も充実させる。増えた本の置き場に困らないようなサービスを提供することで、本を買う環境を整える。専門的に集められた蔵書の塊は、その在りかを顕在化させ、公的なサポートを含め、公共的な利用を促進する。終活では蔵書を市場に還元するか、アーカイブとしての保存をサポートする。これらのサービスを、ワンストップで提供する。

　現状は、出版社、物流、本屋、図書館といった本を取り巻く各プレイヤーの協力・連携が叫ばれていながらなかなか実現していないが、ここまでの「本」を中心とした「ライフタイムバリュー」の構築、充実した「ブックライフ」の提供を旗印とすれば、更なる周辺業界も巻き込んでの一致団結も可能ではないか。

　出版の黄金時代の産物を次世代に継承させるために、今がまさにアクションを起こす時期なのではないかと思うのである。

（どむか）

第10章

一枚の写真からコミュニティをつくり、終わらないアーカイブの場をつくる

　私の生業は印刷物のデザイン製作業、そして出版業である。2005（平成17）年に"仙台の原風景を観る、知る"をテーマに出版部門「風の時編集部」を立ち上げ、これまで仙台に関わる出版物、主に昭和時代に撮影された写真をもとにした写真集や仙台七夕まつりの郷土書、古地図などの復刻版などを手がけてきた。その後、3社で「NPO法人20世紀アーカイブ仙台（以下、20世紀アーカイブ仙台）」を設立し、写真や映像、音楽に関わるアーカイブにも携わってきた。

　東日本大震災のアーカイブを含め、これまで約17年間取り組んできた写真の収集、保存、活用の事例を踏まえつつ、活動の節目で感じた「アーカイブ考」を記していこうと思う。

1 ｜ 生活遺産でもある市民所有の写真

　市民がカメラを所有し始めた昭和30年代、そして1965（昭和40）年には操作が簡単な8ミリフィルム小型カメラが登場することで、身近な行楽や催し物が数多く記録されるようになった。

　それらをアーカイブしていくことを目的に、それぞれ写真、映像、音楽を生業にする3社が集まり、2009（平成21）年に20世紀アーカイブ仙台を設立した。市民から多くの写真や8ミリフィルムを提供していただき、これまで約5000本の8ミリフィルムと約1万8000点の写真を収集してきた。これらの市井の記録は、そのほとんどが誕生日や七五三、家族旅行、運動会など、家族との大切な思い出の記録だ。当時の人々がどんな暮らしを営んできたのか、まちがどんな姿だったのか、市民の生活が克明に写されている。

お花見に興じる市民を写した写真。服装や髪型など当時の様子を知ることができる。1957（昭和32）年頃撮影（写真／阿部幹夫さん）

時を経て、今では見ることのできない市民生活を写し撮った生活の一コマは郷土資料となり、かけがえのない貴重な遺産であるという意識のもと、昭和時代に撮影された宮城県内、仙台市内のまちなみの写真や映像などを見ながら思い出を語り、聴く場を20世紀アーカイブ仙台ではつくってきた。

2 | 市民が撮った東日本大震災アーカイブ 「3.11キヲクのキロク」

■SNSで始まった「東日本大震災アーカイブ」……

　20世紀アーカイブ仙台を設立した約2年後の2011（平成23）年3月11日、国内観測史上最大のマグニチュード9、最大震度7という強烈な地震が発生した。大震災の直後は全貌が見えず、発災から1週間でマグニチュード5以上の地震が262回も発生し、止まぬ余震に不安な日々が続いた。自宅周辺の被災状況や給水、炊きだしなど身近な情報が機能したのは、近所の住民の口コミと信頼できる人たちが発信するツイッターだった。それと同時にツイッターには、停電した中での食事風景や避難所へ一時避難した様子、24時間営業しているはずのコンビニが閉店している様子など、非日常となってしまった身近な風景、日々の暮らしを写したものがタイムラインに上がり続けた。

　以前読んだ何かの本に、1995（平成7）年の阪神・淡路大震災の際に震災後の資料収集が遅れてしまったことから（確か5年後の2000年だったと記憶している）、資料は散在してしまい、記録として残すことに苦労した、と書かれていたことをふと思い出し、「もしかしたら、これらが地震の記録になるのかもし

れない」と思い、発災から12日目の3月22日夜、震災の様子や生活を写した写真の提供をツイッターで呼びかけた。

そして、このときに提供された写真の中から約350枚の写真をもとに、2011（平成23）年4月4日Webサイト「3.11市民が撮った震災記録」をスタートさせた。その後、2012（平成24）年10月に「3.11市民が撮った震災記録」写真展を開催、2012年1月には長崎県諫早市を皮切りに「3.11キヲクのキロク～市民が撮った震災記憶」パネル展を全国110か所で開催するなど、マスコミが写した震災記録とは一線を画す生活者視点の「震災アーカイブ・プロジェクト*1」を進めた。

2011年3月14日停電の中ろうそくを灯し、家族で夕食をとる（写真／木谷智寿さん）

2011年3月21日営業時間を制限し、ダンボールで目張りして営業するコンビニ（写真／ABIKO67さん）

■ 震災後の市民生活の一コマが写された写真 ‥‥‥‥

「震災アーカイブ・プロジェクト」は、当初ウェブサイトによる公開のみを考えていたが、市井の被災体験は報道では伝えきれていないと感じたことから、それらを記録として残し、記憶の遺産として後世に伝え残すためには、やはり書籍化が必要だろうと考え始めた。その書籍化の製作費用に充てさせてもらう

ため、2011（平成23）年６月に宮城県の公認キャラクターむすび丸を使った『むすびあいバンダナ』を製作。９月に51名の写真提供者から、いつどんな想いで写真を撮ったのかなど被災体験を語ってもらうヒアリングをスタートさせた。ヒアリングは、震災体験を語るうえでの語りやすさに配慮し、東京で取材ライターを生業にする方にお願いをした。

　提供者に話を聞いてみると、ほとんどの方は震災の写真を撮影したという意識ではなく、日常で困っていることや気付いたことを家族や友人に知らせるためだったり、SNSにアップして情報をやりとりするために身の回りを撮影していたことがわかった。2011（平成23）年はすでにカメラ付き携帯電話が普及しており、東日本大震災は、ひとり一台ずつカメラ機能を持っている時代に起きた初の大災害でもあったのだ。

　365日24時間開いていて当たり前のコンビニから商品が消えたことで、水や食料品、灯油などの備蓄の大切さを教えられたこと。また、日が経つごとにお店が徐々に再開して卵や牛乳が買えるありがたみを感じたこと。ガソリン給油のため毛布にくるまり早朝から並んでいたが、急遽「本日給油ありません」という看板が出て半日無駄にしたこと。震災翌日３月12日の停電中にお母さんが炊飯器に頼らず七輪と鍋でご飯を炊く生活の知恵に驚いて撮ったことなど、実際のヒアリングでは、震災の中で写真提供者たちが過ごした日々の生活はどのようだったのか、それぞれ１〜２時間程度話していただいた。

　中でも印象深かったのが「アゲハ蝶」を写した写真。小学６年生の子どもが卒業式の準備をしている時に東日本大震災が起きた。その後、不安な毎日を過ごすなかで、ある日玄関にアゲハ蝶のサナギが落ちているのを見つけた。そのサナギは建物の壁についていたものが度重なる揺れで落ちてしまったらしく、地震の揺れから助かったアゲハを「しんちゃん」と名付け、親子でサナギを観察する日々が続いた。

　提供された写真は４月24日の朝、羽化直

2011年４月24日　越冬したアゲハ蝶「しんちゃん」が玄関先で羽化（写真／鈴木美紀さん）

後に撮影したもの。「しんちゃん」が大空に飛んでいく様子に、春という季節と自分たちも前に進もうという思いを重ね合わせた写真だったという。写真だけ見れば単にアゲハ蝶ではあるが、余震が続いて不安な日々を送っていた時に、もうすぐ春を迎えるという安心感と生物の強さがこの写真には込められているのである。一見、震災と関係ないように見える写真だが、被害を直接的に伝えるのではなく、写真を撮った時の想いや親子のやりとりによって間接的にでも震災を語ることができること。そして、そのような生活の中の小さな一コマの写真は記憶をセットにすることで人に伝えやすいコンテンツになることを感じた一例だ。

▌震災記録集『3.11キヲクのキロク』の製作で気が付いたこと ……

　約150名の方々から約１万8000枚の震災画像の提供を受け製作した『3.11キヲクのキロク～市民が撮った3.11大震災　記憶の記録』（以下、『3.11キヲクのキロク』）は、助成も受け2012（平成24）年３月に発行した。この『3.11キヲクのキロク』の編集作業中、提供された写真を見て感じたことが３点あった。

　まず１つは、デジカメ、カメラ付き携帯電話の普及がなければ、おそらくこれほどの身近な様子を写した写真は集められなかっただろうということ。阪神・淡路大震災が起きた1995（平成７）年当時は普及型デジカメは登場しておらず、カメラ付き携帯電話が登場するのもその５年後の2000（平成12）年。携帯電話の普及によって"国民総カメラマン"時代となり、日常を写すツールとして東日本大震災で活用された。また、デジタル画像データには日時情報が組み込まれているため、間違いのない「日付と時間」を知ることができたこともアーカ

2011年３月11日16時22分信号が止まり交通がマヒする仙台駅前。車道を歩く人々（写真／藤崎芳之さん）

2011年3月11日16時5分 石巻の自宅階段の最上段まで上がった泥水が一旦引いた（写真／中山奈保子さん）

イブ化にとってはとても重要な要素だった。

2つ目は、同日時に別々の場所の写真を記録することができたということ。例えば、地震発生から約1時間半後、仙台駅前を写した写真では停電で信号が止まり完全に交通マヒし車道を歩く人々を写した方がいた。同じ時間に、大津波が襲った石巻市では、避難した自宅2階のベランダから津波が一時引いていく様子を写した方がいた。多くの市民から写真を提供していただいたおかげで宮城県内各市町の状況を時系列にまとめることができた。これらは、カメラマンひとりが被災地を訪れ、移動しながら撮影した写真集とは決定的に異なる点である。

そして、3つ目の特徴。これが一番のポイントになるのだが、市民が撮ったこれらの写真は、被災地以外に住んでいる人々にも共有できるのではないか、と感じたことだ。

前述のアゲハ蝶の写真しかり、震災から4日ぶりに蛇口から水が出た時の嬉しさから撮った写真しかり、生活者という目線で自分の身の回りを写し撮り、何を撮ろうとしたのか被写体の意味を知り理解することができた写真は、その時、その場所にいなかったとしても、多くの方々に共感してもらえる震災写真になりうるのではないだろうか。少なくとも目を覆いたくなる被災の様子を伝える映像・写真よりはるかに、実

2011年3月15日夜8時に蛇口から水が出た瞬間（写真／qumieさん）

体験とオーバーラップすることができるはずである。

仙台に関わる出版物を取り扱ううえで、宮城・仙台の郷土資料を調べる機会が多いのだが、戦前・戦後のまちなみや生活の変遷などを調べる際に、理解を助けてくれる資料がある。

それは、当時を写した「写真」、そし

市民が撮った1,500枚の震災記録写真を掲載した
『3.11キヲクのキロク』（2012年3月1発行）

て生活者視点で写真を裏付ける「体験談」、事実を時間軸で記す「年表」、当時のまちの情報が平面的に描かれた「地図」、そして、まちの変化を具体的に写す「定点写真」。この「写真」「体験談」「年表」「地図」「定点写真」という５つのアーカイブ資料が揃うと、その当時を大まかにイメージすることができる。この経験から、東日本大震災を記録した『3.11キヲクのキロク』においても、2011（平成23）年３月当時を写した「写真」と、それを生活者視点で裏付ける「体験談」、事実を時間軸で記す「年表」、当時のまちの情報が描かれた「地図」、そして、まちの変化を具体的に写す「定点写真」の５つを盛り込み、編集した。[*2]

3 | 写真が内包する様々な可能性をアーカイブへ転用

■「思い出」というチカラを導き出す ……

2012（平成24）年から２年間、仙台市若林区内の仮設住宅集会所をまわり、「楽しむっ茶会」と称して昭和時代の写真・映像をご覧いただき思い出を語ってもらい交流を図るプロジェクトのお手伝いをさせてもらった。

荒井小学校仮設住宅集会所にて開催した
「第1回楽しむっ茶会」（2012年6月21日）

荒井小学校用地、若林日辺グラウンド、卸町五丁目公園、七郷中央公園JR南小泉などの仮設住宅集会所や六郷・七郷市民センター、みやぎ生協集会所とまわったのだが、どの会場でも昭和時代の写真に喜んでいただいた。貞山堀でのシジミとりや町が一丸となって取り組んだ運動会、他の町と相互に手伝った田植えの話

など、参加者の笑顔がほころび、毎回予定時間を大幅に超え、盛り上がる場となった。

　この沿岸部で「語る会」を手伝い再認識したのが、一枚の写真が多くの思い出を引き出してくれること、そして「思い出」という力の強さだった。懐かしい気持ちは単なるノスタルジーだけではなく、自分がその時代を確かに生きてきたという証でもあるのである。

　そして、この取り組みは2014（平成26）年から始まる「3.11オモイデツアー」に活かされていく。
*3

■ 風化に対して「見続ける」ことで関わる ‥‥‥

　現在、3.11オモイデアーカイブの重要な活動のひとつになっている「3.11定点撮影プロジェクト」は、『3.11キヲクのキロク』に写真提供をしてくれた方たちの中の有志がメンバーとなり、それぞれ撮影できるタイミングで2012（平成24）年から定点写真を撮り続けている。

　現地に足を運ぶと、当初は復旧・復興という名のもとで"変化し続けるまちなみ"と"ほとんど変化しない風景"という、ふたつの姿を見せつけられた。名取IC付近の定点写真を見ると、津波による田園地帯の除塩作業がわずか2年で再生されたことが分かるように、「定点写真は、いずれ復興のみちの

りを伝える貴重な資料に
なる」というメンバー共
通の思いを認識した。東
日本大震災直後の被災状
況だけではなく、建物の
解体や更地化されたまち、
まち全体の嵩上げ、移転、
商店街・道路の新設など、
まちが復旧・復興してい
くプロセスを定期的に定
点撮影し、その記録写真
を残してきた。
　翌2013（平成25）年３
月にその記録を『3.11キ
ヲクのキロク、そしてイ
マ。』にまとめ発行した。
ちょうどこの年は阪神・
淡路大震災から18年とい
うことで、高校生以下が
震災非体験者になり、今
後体験していない世代が

上：津波で気仙沼市の市街地に打ち上げられた大型漁船
「第18共徳丸」（2012年３月15日）、下：復興後のその場
所（2020年６月30日。ともに撮影／工藤寛之さん）

増えるということがしきりに言われていた時でもあった。時間の経過が風化を
招く…。当初、「風化させないように記録する」という思いが強かった定点撮
影活動だったが、これまでの自然災害もそうであったように、風化は避けられ
ないのかもしれない。とすれば、それを前提に「3.11は風化するから記録し続
ける」と、定点写真の意義を変換させたのがこの頃である。
　風化と言うと、３年前の2020（令和２）年に８年ぶりに宮城県全域を対象に
した定点撮影を行った時のエピソードが印象深い。まちの復旧・復興が進んだ
ことによってまち全体の嵩上げや道路、橋、防潮堤の新設などにより場所を特
定することがさらに難しくなっていたため、この時は地元の方に発災直後の写
真をご覧いただきながら場所の特定作業を行うことにした。すると、「あの時
の写真か〜。あらぁー、懐かしいごだ。ここにずっと住んでっから、震災直後

8年ぶりの宮城県全域を対象とした定点撮影で気仙沼を訪れた時の様子（2020年9月21日）

はどいなんだったか、ここに何があったのがも忘れでんだわ」というような2012（平成24）年当時にはなかった「懐かしい」という声を現地で何回か耳にしたことだ。震災後の写真を見てまさか「懐かしい」と表現されるとは思わなかったので、とても意外だった。人が前を向いて歩き出そうとする時、心の痛みを和らげて自分の身を守ろうとする機能もまた風化なのかもしれない。そんな"必要な風化"を感じた10年目の定点撮影だった。

　同じ場所に立ち、シャッターをきって残された記録写真は、きっと被写体の変化ぶりを伝える貴重な資料になる。撮られた写真は様々な形に編集され、多くの人に見てもらい現地に足を運んでもらうきっかけを生み出すコンテンツとして今後も利用されるだろう。加えて現地での「変化を見続ける」という関わり方も重要で、いつでも誰でもこの活動に加われるという関わりしろの大きさも「3.11定点撮影プロジェクト」の魅力のひとつである。

4 | 震災アーカイブをもとにした 「語る場」で生まれたもの

▌『3.11キヲクのキロク』写真提供者の声 ······

「3.11定点撮影プロジェクト」と並行し、震災翌年の2012（平成24）年からスタートさせたプログラムが、「3.11定点観測写真アーカイブ・プロジェクト　公開サロン『みつづける、あの日からの風景』（以下、「公開サロン」）である。
「公開サロン」は仙台市の複合文化施設であるせんだいメディアテークが、震

災の復旧・復興を市民とともに記録・発信することを目的に立ち上げた「３がつ11にちをわすれないためにセンター」（以下、「わすれん！」）と共働で企画したもので、2012（平成24）年５月26日に第１回を開催し、これまで全17回実施した。

「公開サロン」は、『3.11キヲクのキロク』写真提供者を毎回２〜３名招き、自分の撮った写真を発表してもらうことで、写真の意味や当時の背景をじっくり聞くことができること。そして、それをみんなで聞くことで震災体験者も非体験者も思いを共有することができるよう設えた公開の場だ。

この公開サロンをきっかけに、後に3.11オモイアーカイブの活動の中心となるものが生まれた。１つは震災以前の写真を収集しアーカイブする「オモイデピース」。そして、２つ目が被災地ツアー「もういちど見てみよう3.11ツアー（のちの「3.11オモイデツアー」）。３つ目が、食で震災を語る「３月12日はじまりのごはん」である。

震災以前の写真をアーカイブ ......

公開サロンの中で多く出されたアイデアが「震災以前の写真を集めて、その定点写真を撮るべきではないか」というものだった。被災地はどこも更地になっており、もともと何もなかったまちに見えてしまうという意見が多かったこともあり、仙台市沿岸部の震災以前の写真収集に加え、同地点での定点写真撮影も開始。震災以前の「かつての風景」は単に「過去の風景」ではなく、そこに生活があったことを示す資料となり、地元の方々が震災以前の話をする際の思い出語りを促すとともに、初見の参加者にはもともとのまちを知ってもらう機会を生み出した。

その後、2014（平成26）年には、それらの写真をもとに、散らばった思い出の小片（ピース）を集めようという願いを込め、タイトルを『オモイデ ピース』とした記録集を発行した。

被災地ツアー「もういちど見てみよう3.11ツアー」......

公開サロンのある回で、参加者から沿岸部を訪問するカジュアルなツアーがあってもよいのではないかという意見が出された。すでに定点撮影に取り組んではいたが、「撮影するために被災した現地を再訪する、あのまちにもう一度

大学生が主となり企画運営した「第1回もういちど見
てみよう3.11ツアー」（2013年6月15日）

訪ねてみよう」という主旨から、「もういちど見てみよう3.11ツアー」（3.11オモイデツアー）が生まれた。

2013（平成25）年に仙台市「震災メモリアル・市民協働プロジェクト」の一環として、仙台市宮城野区蒲生〜若林区荒浜〜名取市閖上を巡るツアーを学生・社会人らと企画・運営し、参加者に現地で定点撮影をしてもらうツアーがスタートした。各まちの成り立ちに触れつつ定点撮影に重点を置いたツアーを1年間続けた。

ツアー中に建物の解体、更地化、そして建設と、急速に変化し続ける沿岸部の風景を見ていると、かつて人々が暮らしていた、ということをイメージするのは容易ではなく、初めて訪れるツアー参加者からは「震災以前のまちの姿を見てみたかった」という声が寄せられた。翌2014（平成26）年、それぞれの個性あるまちに一日滞在するツアーに変更し、地元の人と交流を深めることをメインにしたツアー「3.11オモイデツアー」とした。このツアーでは震災以前に撮影された写真と、その写真をもとにした住民たちによる思い出話、震災前の生活や文化、町名・地名の意味などをメインコンテンツとした。

津波によって失ってし

地元の人たちと参加者が震災以前に撮影され
た写真をもとに交流を図る「3.11オモイデ
ツアー」（2019年7月7日）

まった被害の大きさだけがクローズアップされ伝えられることが多い沿岸部ではあるが、もともとそこには生活があり、当たり前のようにそこに暮らす人々がいたこと、かつてのまちの暮らしぶりを写真と言葉で参加者にイメージしてもらうことに重点を置いた。これは、2012（平成24）年に仙台市若林区内の仮設住宅集会所で実施した「楽しむっ茶会」の手法である。古い写真や映像をみんなで見て語るという場において、思い出が町の歴史をつなぎとめ、思い出の力は辛い記憶を優しく包み込むということができる大切なコンテンツであるということを、改めて感じることができた。この「3.11オモイデツアー」は誰もが辛くなく笑顔あるツアーになる「ウォームツーリズム」をめざした。

■ 食で震災を語る「3月12日はじまりのごはん」······

「公開サロン」の第9回で、食べ物を写した写真から「震災の翌朝、3月12日は何を食べた？」が話題になった。初めて食べ物を口にした時の状況、まわりの様子、誰がいたのかなどを参加者それぞれに話してもらったのだが、詳細に当時のことを記憶している方が多かったし、なによりも食にまつわる話は背景にある震災体験談も含めて話しやすい、話すきっかけとなることに気付いた。

　これを機に、来場者に震災後に最初に食べたごはんは、どこでなにを食べたのか、当時の自分の生活について思い出したことを気兼ねなく自由に付せん紙に書いてもらうというプログラム「3月12日はじまりのごはん」が生まれた。

5 ｜「記録」と「記憶」をアーカイブする重要性

■ 記憶が記録を活かし、記録が記憶を活かす ······

　市民が撮った震災記録集『3.11キヲクのキロク』のタイトルに「記憶」と「記録」という2つの文字を入れた。出来事の事実や数字を記す「記録」、そして思い出や感情などを表す「記憶」。写真は真を写すとは限らず、「記録」そのものは残るが時が経てば何を写したのかは分かりにくくなる。一方、「記憶」だけでは、まさかそんなことが起きるはずがないだろうという曖昧な言い伝え的な形で受

け継がれるきらいも出てくる。「記録」に意味を持たせるものが「記憶」であり、「記憶」を活かすのは「記録」である。これまでの活動を通し、「記録」と「記憶」はそれぞれ補完し合うことで生きたアーカイブになると思っている。

例えば、1945（昭和20）年仙台市中心部の写真。仙台空襲で約1万2000戸が全焼し、死者900人、負傷者1700人という大被害に遭った。それを聞き、私たちはどれだけ空襲について理解できるだろうか？ ただ、数字を挙げただけではおそらく（私も含めて）実感が湧かないというのが本音だろう。

1945年7月10日仙台空襲によって焼け野原になる
仙台市中心部（写真提供／森つきさん）

それよりも、空襲の翌朝、焼夷弾によって全焼した町を広瀬川から定禅寺通へと歩いたこと。地面がとても熱く、靴底からその熱が伝わってきて、家屋や人、家畜が焼けただれた臭いを今でも忘れられない……。昭和20年7月11日の朝の思い出を語る人の言葉が加わって、初めて空襲の酷さが実感としてストレートに伝わってくる。

もうひとつ東日本大震災に関連して、全国的にはあまり知られていない2011（平成23）年4月7日夜中に起きた震度6強の最大余震を例にあげる。未曾有の大震災からまもなく1か月を迎える頃。仙台のまちなかでは生活インフラが戻りつつあり、会社や家の中の後片付けも済み、買い物やガソリンも並ばずに手にすることができるようになっていた。そんななかの4月7日の深夜、再び震度6強の強い地震が起きた。元の生活に戻りつつあり、春めいた季節に心が落ち着いてきていた市民に再び揺れが襲う。建物倒壊、そしてライフラインも止まり、余震は止まず、また大地震が来るのではないかという不安と恐怖に市民の心はぽっきり折れた。

さて、この写真に記録としてキーワードを付けるとすれば、おそらく「4月7日」「23時32分」「M7.1」「震度6強」「建物倒壊」「ライフライン停止」と「撮影者」、「撮影日時」となるであろう。問題は、それで震災の非体験者、はたま

た100年後の人にこの「4月7日」という日が伝わるのかどうか。まだ、東日本大震災は終わっていなかったという人々の不安感や恐怖心といった感情までをも写真に付加してこそ、100年後の未来の人にも理解してもらえるアーカイブになるのではないだろうか。

2011年4月7日深夜、再び起きた震度6強の地震に市民の心は折れた

検索して機械的に読み取れる情報だけではなく、何を思いその写真を撮ったのか、そして何を伝えようとしたのか、写真にそのストーリーがついてはじめて理解してもらえるものになる。そのような実体験の感情をも記録することによってアーカイブは実用性、実効性を持つものとして息が吹き込まれるのではないだろうか。

提供された写真にストーリーを付加する「編集」作業を経た後、記録集・Webの製作や写真展、昔の経験や思い出を語り合う回想法、話を聞き記録するオーラルヒストリー、そしてまち歩きなどに「活用」されることで、過去に写された素材の価値はぐんと高まることになる。

■ 写真にストーリーを付加しコミュニティに活かす ……

2022（令和4）年3月1日から6月19日までの約3か月間、仙台市の東日本大震災メモリアル施設となっている「せんだい3.11メモリアル交流館（以下、「メモリアル交流館」）」と共同で「おらほのアルバム〜縁側で見るまちのオモイデ写真（以下、「おらほのアルバム」）」という展示を企画した。「おらほの」とは、方言で「自分たちの」という意味で、タイトルに沿岸部それぞれの「自分たちのまちのアルバム」という意味を込めた。

この、「おらほのアルバム」は、メモリアル交流館において震災前の沿岸部の写真を収集することをミッションとし、来場者が「このような写真ならうち

2022年3月から約3か月間、せんだい3.11メモリアル交流館で開催した「おらほのアルバム」会場

にもある」と思ってもらえるよう、仙台市沿岸部の地域ごとに震災前の写真を貼りだした。また、写真収集する一方で、来場者同士が気軽に思い出話ができるよう会場内に「縁側」の空間を作り出し、付せん紙を置いて来場者が自由に思い出を書き込めるように設えた。

会期中には、震災前の写真を見ながら当時の暮らしについて語る会「おらいの縁側座談会」を沿岸部の地域ごとに4回開催。各地域の特長ある写真をもとに語られるこの座談会には、20代の元住民の方がお母様と一緒に参加されたり、大学生が興味を持ってくれたり、見知らぬ者同士の会話が弾み語り合う場が生まれたことは、一枚の写真をきっかけにコミュニティができることを示した。

会期終了後も、集会所に出向き「おらいの縁側座談会」は継続中である。さらに、座談会で使った写真と会場で語られた思い出をまとめ、一冊の小さなアルバムも制作した。これも「編集」と「活用」の一例である。

▌使い続けることで終わりのないアーカイブ ‥‥‥

「素材を集める」イコール「アーカイブ」として語られ、収集、保存、編集、公開を終えた時点でアーカイブは一丁上がりとなる場合が多いことを感じている。しかし、これで本当の意味での"活用できるアーカイブ"になりうるだろうか。この手法の先にあるのは、おそらくデッドストックになったアーカイブ・コンテンツだ。

写真の見方や意味、人の肌感覚も日々変化していく。アーカイブされた素材を上手く活用するためには、日常生活の中でアーカイブ資料を使い、使う人がアーカイブ資料を作りつつ、それらを継続的に循環するという手法があるべき

ではないだろうか。「収集、保存、編集、公開」でアーカイブ事業全般にひと区切りを付けるのではなく、さらに「活用」を加え「収集、保存、編集、公開、活用」というサイクルで何度も繰り返すような循環型のアーカイブはできないだろうか——。別の言い方をすると、ある時点で“完結するアーカイブ”ではなく、“終点を迎えないアーカイブ”とも言い表すことができるのかもしれない。見る人や、作る人、使う人、語る人、聞く人など、それぞれの役割を担った人たちが次々と関わりながら、繋ぎ続けるように、生活者的視点を持つ市民がアーキビストになり、ユーザーとなる。市民自らがアーカイブを作り出し活用するという循環型のアーカイブ。

　かつて、何度も仙台平野を襲った大津波の伝承を私たちが受け取れなかったのは、記録を記録のままにして使ってこなかったからだ。たったひと世代、30年前の出来事を「昔のこと」としてしまい、アーカイブされた写真や映像というコンテンツをタイムカプセルに入れて閉じてしまったからではないだろうか。

　宮崎県の日向灘地震のうちでも最大級と言われる1662（寛文2）年に起きた「外所（とんどころ）地震」。この時の死者を弔う供養碑が以来50年毎に建てられ続けており、最近では2007（平成19）年、発災から345年目の供養祭が執り行われ、これまで全7基の供養碑が建てられた。ここで重要なのは、50年毎の供養碑建立

見る人や、語る人、聞く人など、それぞれの役割を担いつつ活用するアーカイブをめざす「3.11オモイデツアー」（2017年6月10日）

という形での伝承は、機会をつくることで目に見える形で忘れない工夫がなされ継承されていることである。「外所地震」の供養碑が建てられる理由が明らかにされつつ、社会から記憶が薄れるタイミングで継承されている。この供養碑建立という機会が「活用」であり、循環型アーカイブの一例として挙げられる。
　提供を受け、アーカイブされた映像や画像、テキストはとても重要な資料であり、今後年月が経つにつれその重要性は増していくだろう。主役はそれらの

資料を享受し読み解く市民。また、地道にコツコツと取り組むべき編集作業は数年で終わるはずもなく、何度も何度も繰り返され、当然、次の世代にバトンタッチされる作業にもなる。たとえ写真を何百万点所蔵していようとも、使われずにただ保存されているだけでは、収集していないこととなんら変わりはなく、使われ続けることでアーカイブは活きてくるのである。

6 | 市民が日常で活かせるアーカイブへ

▌東日本大震災を機に生まれた地元への関心 ‥‥‥‥

　仙台、宮城では「まち歩き」は文化としてすっかり定着した感がある。2015（平成27）年に放送されたNHKの人気番組『ブラタモリ』の影響も大きいだろうが、自分たちのまちのことをもっと知りたい、まちは過去からずっと続いているという連続性を強く意識するようになったきっかけは、おそらく東日本大震災だろう。

　震災による被害の読み解きに「地質」や「地形」が注目された。地質の点で言えば、もともと田畑や沼地だった軟弱地盤の地域は、地震の揺れが増幅し被害が大きくなり液状化現象を引き起こしたし、入り江がV字型のリアス式海岸の地形では、津波は10階建てのビルの高さを越える大津波を引き起こした。さらに、約2000年前の弥生時代の水田跡から津波の痕跡が見つかったことや、約1200年前の平安時代の書物に貞観地震津波という甚大な被害を受けた記録が残されていたことなどは、東日本大震災以後、よく報道で耳にし、繰り返される大災害の歴史を知った。また、軟弱地盤な地域や津波被災に遭ったまちには「災害地名」が存在することから、地質や地形ばかりではなく、まちの歴史や地名、習慣、言葉、まつりなどにも関心が高まった。

　代々伝承されてきたこれらのことは、先人たちが様々な手法を通して私たちに大切なメッセージを送ってくれていたことを知った。そのメッセージに気付き、次世代に伝え続けること。自然災害から学ぶことはそのまま地元を学ぶことにもつながるのかもしれない。まさに地元から学び直す「地元学」の重要性を東日本大震災は教えてくれたのではないだろうか。

▌写真を活用した場づくりと未来へのプレゼン ……

　これまでの活動について事例を踏まえ紹介してきたが、脱稿して改めて気付くのは、私が思うアーカイブとは "アーカイブされたコンテンツ" を指すのではなく "アーカイブする場" であること。人が集まり、一枚の写真からそれぞれの思いを言葉にし、それを記録として仕上げていく "コミュニティをつくり、終わらないアーカイブの場をつくる" ことに興味を持ち取り組んできた。

　地域アーカイブ、震災アーカイブに限らず、市民が撮った写真には多かれ少なかれ生活する人の目で物事を見る生活者視点があり、地域や世代を問わず共感されやすいという特長がある。その特長を活かし、まず、今を生きる私たちが顔を合わせて言葉を交わす場を創ること。そこで語られた様々な言葉を残し共有し、自分たちのまちを知るこ

震災以前の写真について思い出を語る来場者。3.11 メモリアル交流館「おらほのアルバム」会場

と。それが、まちに愛着を持つことであり、生きる術を学ぶことにもつながる。

　重要なのは資料の数ではなく、その資料にどれだけの意味付けをすることができるのか。私たちが行うべきアーカイブは、完成形の記録を仕上げるというのではなく、将来こう使ってみてはどうだろう？　という "次世代への提案を行う作業" または "次世代が理解しやすく加工しやすい素材作り" を続けることなのだと思う。

　一枚の写真をきっかけにコミュニティが生まれ、人とまちの話が綴られる。このまちに生き、過去と再会するであろう未来の人たちに、大切な思い出というアーカイブを繋いでいきたい。

（佐藤　正実）

＊1　東日本大震災から5年経過を機に20世紀アーカイブ仙台から「震災アーカイブ・プロジェクト」部門を分離し、別組織「3.11オモイデアーカイブ」を立ち上げ、活動を引き継いだ。

＊2　「定点写真」については、震災直後の写真をもとに2012（平成24）年に定点撮影を開始したため、翌2013（平成25）年3月に発行した『3.11キヲクのキロク、そしてイマ。』より反映。

＊3　このプロジェクトの成果は『ふたつの郷〜言の葉で紡ぐ六郷・七郷の「新地域誌」』として2014年発行（発行「六郷・七郷コミネット」）。

第11章

コミュニティの記憶を
誰のために集めるのか

　大正時代終末からほぼ100年、令和の時代となり市政100周年などの記念事業が各地で計画され、そこで地域の映像を集める企画が続々と進められている。

　アーカイブ制作は、写真を収集する過程で、昭和、平成、令和の各世代の対話のきっかけを産み出す貴重な資源を後世に遺すという意義が容易に想像できる。地域にまつわるさまざまな写真や動画に刻まれた思い出を集約するために、地域の住民や関係する人々の参加、協力を目指せる身近な活動だからであろう。また、素材でもあるフィルムなどは時間の経過による劣化が著しく、再生できなくなる前に一刻も早く映像をデジタル化するなど対処すべき事態が生じているからでもある。

　特に例としてあげれば、川崎市が2024年の市制100周年を前に映像アーカイブ作成に熱心に取り組んでいることがウェブサイトからうかがえる。昔のまちのさまざまな場面の白黒写真をカラー化すると住民に呼びかけ、かつて映画館で上映されていた川崎市政ニュース映画を約270本も集めている。また、川崎市では授業として映像制作を行っている小学校があり、その導入授業もウェブサイトに載せて、全市民でアーカイブ映像を作成し、集めようとしているのである。

　この川崎市のように、動画を集めることでまちの歴史を振り返るデジタルアーカイブ作成の営みは、規模の大小はともかく各地で一斉に呼びかけられている。映像の可能性、古い映像の貴重さが理解され、そしてそれらのアーカイブ化の認識が広まっているのである。

　文化庁もアーカイブの制作を支援事業として補助金を提供、その結果小さな自治体にもコミュニティデジタルアーカイブに取り組む気運が生まれている。

　そして、企業も公共事業となったアーカイブ作成をサポートするかたちで

参加し、熾烈な受注競争となっている。「美術館・博物館、図書館、公文書館、官公庁・自治体、教育・研究機関、そして一般企業に向けてデジタルアーカイブのソリューションを展開」「対応可能な文化財は、美術作品、貴重資料、行政資料、その他、建造物、文化遺産や無形文化財など多岐にわたり」「印刷事業で培われた高精細デジタル処理技術を中心に、文化財のデジタル化からコンテンツ制作、アーカイブデータの活用方法に至るまで、デジタルアーカイブ事業をトータルでサポートする体制」（印刷・創業1894年・資本金1144億6476万円）と広報する大手老舗から、「長年蓄積してきた画像情報を加工する技術を活かし、様々な分野に応用して参りました。その一つがデジタルアーカイブ分野」「デジタルアーカイブの予算化がなかなか難しいとお悩みの自治体・行政のご担当者様向けのソリューションを提案」「長期保存用光ディスクを使うことで、安全、安心のデータ保存を実現」（情報・創業1971年・資本金3000万円）などデジタルアーキビストが在籍することを謳う若い企業まで、次々と参入している。

　このような注目の集まるデジタルアーカイブに地域社会が取り組むとき、どのような議論がなされ、どのような体制で活動しているのだろう。筆者が参加したアーカイブ活動で充分役立てなかった後悔と反省から書き残しておきたいと、本章を担当することにした。

　なお、筆者はアーキヴィストの資格は有しないし、仕事ではなくボランタリーな立場でアーカイブ事業に参加したが、フランスのアーキヴィストたちが４つのＣにまとめている「収集する（collecter）」、「保存する（conserver）」、「編成する（classer）」、「提供する（communiquer）」というそれぞれの仕事に対して、文書の完全性と真正性を保つという職業倫理を果たしたいという意思を持って臨んだ。

1 ┃ 地域住民が語り合うフィルム上映会

▎ゼミ生たちとの「ふしみふかくさ町家シネマ」の取り組み ‥‥‥

　筆者は、現在展開されるデジタルアーカイブブームが押し寄せる直前、ゼミ生たちとともに、大学の所在地である京都市伏見区で古いフィルムを集めてい

た。所有者やゆかりの方々に確認をとったうえで地域住民の方々とともにそれらの映像を観ながら、そこに映されている映像や当時の町や社会の状況についての思い出を学生たちと世代を越えて語りあうという催しだ。

　当時、アーカイブを完成させる意欲までは持っておらず、「ふしみふかくさ町家シネマ」という上映会とおしゃべりの催しを頻度の高いときは毎月、少ないときでも半年に1回開催していた。

　モデルとなったのは、remo［NPO法人記録と表現とメディアのための組織］の活動だ。「コミュニティメディア政策」の授業に経験豊かなremoの松本篤氏を招き、大阪での上映会の様子をニュース映像で見せてもらい、触発された学生たちが取り組み始めたのだった。

　remoの上映会は縁のない他人同士の集まりでありながら、一家族の映像を囲んだ人々が解散する頃には、まるで法事で集まった親戚同士のように、時代背景や家族の会話など共通の思い出をさもシェアしているかのように和やかな「コミュニティ」となって帰途につく。もちろん、簡単にはそうはならない。映像所有者の家族の記憶の断片からきっかけをつかみ、思い出を引き出す松本氏のあたたかく機知に富む進行に影響を受けた学生たちは、次第に初対面の高齢参加者に笑顔で声をかけ、挨拶ができるようになった。

　貴重な映像を掘り起こすという主旨は希薄なものだった。むしろ、その活動で見えてきたのは、かつての時代の「日常」の「生活」を知ることが異世代交流にとても役立つものだということである。

　松本は学生たちに「簡単に懐かしいと言ってはいけない」とアドバイスした。「君たちがそれを観たのは初めて、もしくはテレビのなかで、じゃない？ それは懐かしいとは言わないよ」とも。そして、学生は質問をするようになった。「おむつって布だったんですか。いちいち洗っていたんですか」「どうして電話をわざわざ隣のうちでかけるのですか」「ふとんを『うちなおす』ってどういうことですか」「道で遊んで危なくないですか」「公園はないんですか」。祇園祭の辻回しの映像を見て「あの屋台は何ですか」という学生たちの質問が、地元の高齢の参加者はおもしろくて仕方がないように、喜んで祭りの思い出を教えてくださった。「祇園祭は一回くらい見て行きや」。

▋古い映像を媒体としての世代間交流 ⋯⋯⋯

　このように「町家シネマ」の活動で、古い映像はオーラルヒストリーを引き出す材料として大変有効だと気づかされた。若者たちは何を知らないのかが、高齢者や筆者のような中年層に理解できるということも大きな魅力だった。そして、自然が身近で環境に配慮した生活は、いつの間にか便利で手間のかからない生活に置き換えられ、若者たちが知る前に身の回りから失われていた。

　河内長野市で早くから上映会を運営され、学生たちに映像の魅力を教えてくださる下之坊修子氏はかつての生活を「めんどくさい暮らし」と愛着を込めて語っておられ、各地の講演会に招かれておられるが、その内実を学生たちが読み解くことは、とても興味深いことだった。

　祇園祭の辻回しの地点の説明も世代によって答えはいろいろ、長老は「永楽屋はんの前や」というが、もうすこし若い方は「阪急の終点のとこや」と。学生たちは「マルイの前ですね」。祇園祭を見に行ったことのないその後輩たちは⋯⋯。全くわからない。街の歴史の記憶にも世代の違いが反映される。高齢者の記憶に興味を抱いた学生たちは、認知症のお年寄りのみなさんとの交流のために、上映会の前に認知症サポーター講習も受講した。

　地元の深草はもともと奈良、大阪、京都をつなぐ交通の要衝、特に話題を呼んだのは「チンチン電車の会（代表・竹場真司）の協力を得た回だ。全国で初めて伏見区深草を走った路面電車の開通当時の写真やフィルムの上映会である。それに乗って通勤通学をした世代の住民が参加、学生たちが次々に問いかける「運賃はいくらだったのですか」「住宅すれすれに走って危なくないのですか」「どうして廃止になったのですか」との質問に答えてくださった。

　特に、市電の廃止までの動きを市民として観察調査を続けられてきた福田静二さんが、車の交通量の増加について京都市内の交通事情を語ってくださったことは学生の卒業研究テーマにもつながった。バスや自動車で全国から来洛する人々で京都の交通事情がますます悪化している地域問題の解消は、現在から未来に続く課題でもある。

■ 放置されている映像データの修復と保存 ‥‥‥

　他の章でも述べられていると思うが、当時は各地で地域の古いフィルムが家庭から発掘されながら、映写機が普及しておらず、放置され酸化し溶けはじめていた。それを憂いながらデジタル化を薦める技術者は各地で声を上げていた。特に、京都では北野天満宮近くでフィルムやビデオの修復を請け負う吉岡映像の吉岡博行さんは国際的にも著名な復元家だ。東日本大震災の被災地で泥まみれになった古いフィルムが数多く持ち込まれ、再生可能な状態に戻して、持ち主の被災前の自宅周辺の風景やご家族を再現、感動させてこられたことはよく知られている。学生たちにアイロンを用いた修復作業の様子を見せてくださったこともある。吉岡さんのご縁で、アメリカ発のHome Movie Dayという毎年10月末の土曜日に行われる家族の映像記録を地域で共有する営みを、京都で開催するグループに参加もさせていただいた。

　地元伏見の人々はかつてどこにレジャーに出かけたのか、海外旅行に出かけた人々は、正月行事はどのようなものだったのか、駅前にあったデパートの屋上には何があったのか、お祭りのときはどのようなお神輿が登場したのか、そのときどんな料理を庶民はごちそうとして食べたのか、断片的ではあるものの、8ミリフィルムに刻まれた地域住民の方々の思い出語りは、学生たちに教科書にはない地域の生活史を教えてくださるものだった。

　そして、参加の高齢者の

町家シネマのチラシ

みなさんはとても楽しんでくださった。94歳のご高齢の女性は、亡きお連れ合い様に撮影してもらったという若い日の初詣のご自身とお嬢さんの晴れ着姿をご覧になり、とても喜んでくださった。お嬢さんやご親戚たちも参加され、毛布にくるまりながらニコニコとスクリーンを見ておられた。お孫さんがIMAGICAウエスト（現在はIMAGICA Lab.）で働いておられ、多くのフィルムのデジタル化に協力いただいた。

　これらのゼミ学生の活動「町家シネマ」では小さな規模ではあったものの、毎回の上映会での学生と住民の方々との貴重でほほえましい異世代交流が、その都度筆者らのゼミ活動に大きな成果をもたらしていた。

　当時は、新潟大学地域映像アーカイブのように、地域の篤志家や趣味人が遺した貴重映像を蓄積する先駆的な試みが注目されていた[*2]。地域の古い写真をデジタル化し、保存する活動に多くの人々が協力し、貴重な写真が掘り起こされた様子はアーカイブ活動の成功のモデルとして紹介されていた。が、筆者らは、ベンヤミン『複製技術時代の芸術』にいう一回性のアウラとしての上映会を心から楽しんでいたため、アーカイブは手の届かない大事業だと考えていたうえに、そこまで求めなくても充分に意義のあることを住民の方々と営めていたと思っていた。

2 ｜ 次世代に残したい映像

■ベトナム戦争脱走兵を匿った記録映像の上映 ……

　貴重な映像の持ち主から「誰にも見せないで棺桶に入れてもらおうと思っていたのだけれど」とジャーナリストの小山帥人さんから相談を受けた。

　ふかくさ町家シネマで初公開を検討くださったその映像は、大阪万博を前に関西が好景気でにぎやかだった1968年、ほとんどの人々はベトナム戦争が続いていることを忘れていた頃、戦地から脱走してきたアメリカ兵の19歳の青年を25歳の小山さんが実家に匿った記録だった。3日おきに見知らぬ人からリレー方式で脱走兵を預かり、次に送り届ける人だけが知らされていたという。当時、脱走兵自身は母国では重罪、法律で厳しく罰せられるが、日本で匿うこと自体

は日本の法律では何の問
題はなかった。

　相談された小山さんの
母親は、内密で大切なプ
ロジェクトだと思いやり、
窓にカーテンをあつらえ、
手帳には「ヒミツが来た」
とメモをした。当時の小
山さんの月給に相当する
額で牛肉を買い、すき焼

「わが家にやってきた脱走兵」『映像'15』毎日放送より

きを脱走兵のキャルにごちそうした。暗い表情であったと同時に根は明るい青
年で、小山さんがカメラを向けてもひょうきんに猫に語りかけるなどした。背
景には和歌山のみかん箱が映っており、外国人が日本の民家に滞在しているこ
とがわかる映像だった。そして、テープレコーダーを用意した小山さんの自己
所有のカメラに向かい、反戦のメッセージと脱走の意図を語った。

　これを上映したふかくさ町家シネマには、当時自分も匿ったという人や、新
聞・テレビの記者が訪れ、大学生が同年代の脱走兵を見た感想を取材した。ベ
トナム戦争や脱走兵に想像が及ばない学生たちは「留学生のホームステイみた
い」「イケメンだから私も匿ってもいいかも」と、平和の意味を伝えようとし
た小山さんを苦笑させた。

▌脱走兵のその後の追跡ドキュメンタリーを制作 ……

　小山さんはこの上映をきっかけに、その後のキャルがどうしているのか、生
きているのか、どこにいるのかを調査、追跡することにした。冬眠していた
キャルのその後の人生への小山さんの思いが、若者への上映で一気に高まった
ようだった。もし、生きていたら。その経緯は脱走兵と同年齢の学生たちに平
和や戦争を考える貴重な機会になるのではないかと。そうして、小山さんは47
年間の映像の封印を解いた。

　この模様とその後について、毎日放送の津村健人ディレクターが同行しアメ
リカでともに調査をし「我が家にやってきた脱走兵」と題しドキュメンタリー
番組をまとめた。この作品は、文化庁から2015年度芸術祭賞優秀賞を受け、毎

日放送のウエブサイトから今も誰もが観ることができる。また、その経緯を小山さんは著書にもまとめている。[*3]

　龍谷大学は創設380年を超える歴史を持つが、今勤務するキャンパスは1960年に開設され、元々は第二次世界大戦時に軍の施設であった地にあり、第一軍道と師団街道に囲まれる。平和教育の機会が備わっているとはいえ、その地の記憶を語ってくださるお年寄りはいない。次世代に反戦平和を語り継いでくださる高齢住民の方はまだ現れないのだ。どんな施設があったかについては写真も多く残され、解説くださる高齢者はおられるのだが。

3 ｜ 地域の文化の「保存・継承・創造」

▌行政支所100周年事業としてのデジタルアーカイブ ‥‥‥‥

　2020年11月6日、伏見区役所深草支所地域力推進室・区民部からメールを受け取った。町家シネマの経緯を報告書から知り、その経験を生かし京都市の事業として旧深草町施行100周年にあたる2022年に住民から集めた写真をデジタルアーカイブにまとめたいということだった。

　集めるだけでなく、保存し、次世代の若者たちに未来を創造する材料にしていくということで、勤務校の学生たちが活躍できるのであれば、これまで町家シネマで関わっていただいた地域住民の方々にも参加してもらい、貴重な映像が遺せるのではないかと考えた。

　主旨もこれまでの町家シネマと合致していた。古い写真を集める単なるコレクションではなく、保存し、地域で共有し、未来の創造のために用いるという「保存・継承・創造」のキーコンセプトは、言語化して初めてこれまでの活動も含めて「アーカイブズ」であったことを再認識し、学生たちとともに参加することの意義が確認できるものだった。

　デジタル化に費用がかさむが、文化庁からの助成金ですでにサポート企業にも相談しているとのこと。住民実行委員の私たちや住民の委員には一切報酬は支払われないとのことだったが、従来のゼミ活動の延長なのでその点には全く問題は感じなかった。企画書や仕様書のような書類作成にも同僚や所属長の理

解と応援を得て、文化庁にも説明に出かけた。住民の実行委員会4名は支所が人選をし、筆者にも推薦したい人について打診があったので「チンチン電車の会」代表の竹場真司さんを紹介した。

ただ、筆者に委員長にとの推薦は、支所推薦の住民の方々との会合を持たないうちにそれを決めるのはよくないのでは、と、行政の事前の根回しが反感を買った愛知万博検討会議の委員長の選出の経緯を説明したが、行政から説明をするとのことで危惧しながらも引き受けた。が、想定したとおり、最年長の男性住民の方は行政が副委員長に選出しようとしたが、固辞された。

■「脱走兵の記録」の上映と保存のその後 ‥‥‥

新年度の2021年度、日本にも感染症が拡大し、高齢住民と若者たちの接触が著しく困難な状況に陥ったが、期限のあるプロジェクトなため、写真収集を呼びかける住民説明会を開催しなければならなくなった。しかし、町家シネマの蓄積として、最も多くの参加者を集め、新聞に大きく取り上げられたフィルムがあった。提供者の小山さんもかねてから求めがあってアーカイブをつくるのであればと、提供を了解していた。

生涯見せないつもりでおられたフィルムを、学生のためにと撮影者が上映を解禁した「ベトナム戦争脱走兵の記録」であった。オンラインで試写をし、小山さんとの打ち合わせと試写に参加した実行委員会メンバー2名は上映会への参加に頷いたにもかかわらず、後日の会合では「脱走は大反逆罪だ」と、その映像を用いた住民実行委員会主催での上映会は行わないと決定した。回覧板での広報はすでに終わっていたので、主催者を学生たちに変更して脱走兵フィルムの上映とアーカイブのための写真収集の呼びかけを行うことにした。筆者は参加希望を伝えてきた200名あまりの電話番号すべてに、予定は変更されないこと、しかし主催者は学生に変更されることを伝えた。

住民実行委員会が主催を取りやめたことで、わざわざ中止の広報も支所によってなされ、混乱も生まれ、問い合わせは増えた。当日、小山さんは腰を痛め、オンラインで登場したが、地元藤森小学校出身の小山さんの同級生が当時の小学校校舎の写真を持って多くかけつけ、「当時は壁に銃を置く場所があった」「穴の開いた床に潜って基地ごっこをした」「教員の体罰が多く、職員室に苦情を言いにいった」などの思い出を口々に語った。ゼミ学生たちは、戦後もつらい

思いをした元子どもたちの話から戦争の余韻が長く残った地域の思い出を聴き、住民実行委員会が収集している古写真を探して提供してほしいと呼びかけた。

デジタルアーカイブ募集要項の表紙

パンフレットも配布した。「貴重な写真・古絵図・絵はがき・動画等をデジタル化して保存・継承しよう。（募集テーマ）将来に遺したい深草地域の暮らしと文化」という表紙に、「深草地域が何を大切にし、これから何を守るのか」未来のまちづくりを描いていくためには、地域のルーツや文化・歴史を共有し、地域ぐるみで考え、深草の未来を創造していくことが重要であると考えています。（中略）地域の皆さまから、深草地域の『暮らしと文化』にまつわる古写真等を収集し、デジタル化し、住民全体で共有する財産として、次世代へ引き継ぐプロジェクトを呼びかけます。（中略）かけがえのない歴史・文化を伝える写真等や動画。これらを遺し、次世代が活用できるよう、地域ぐるみで数多く収集したいと考えます。ぜひ、ご協力をお願いします」とパンフに記載した。

　平和教育や環境教育のテキストとなるような古写真や映像を集めたい、出てきてほしいと期待したが、感染症蔓延で外出しづらい夏が京都を覆った。史実としての脱走兵のフィルムは、住民実行委員会がアーカイブに残さないことに決定した。筆者は、集まった写真をアーカイブに掲載するかどうか、選抜するという実行委員会の見解にどうしても賛同できなかった。さらに筆者や学生たちと高齢の実行委員会は、感染症の拡大もあって打ち合わせへの参加が拒まれ、距離ができてしまった。

4 | 完成したアーカイブ

▌コロナ禍に集まった1400枚の写真 ‥‥‥

　コロナ禍で古写真は順調には集まらなかったが、住民実行委員会の面々は地元住民にネットワークがあり、それらを駆使して多くを集めたそうだ。人に会うこともできにくい夏によく健闘された。しかし、アーカイブに掲載するための当初の目標にはまだ足りないと思われたときに、大量の写真がウェブサイトから発見された。見つけたのは塾講師でもあるチンチン電車の会の竹場真司さん。深草の地で子育てをした瀧澤家が子どもたちの成長記録を街角で撮り貯めていたのだった。それらを併せ、総計1400枚もの写真が集まった。

　瀧澤修さんの実家の思い出の古写真はアーカイブ掲載写真の約半数を占めた。完成後、2022年9月、協力した住民へのお披露目の意味で「未来へ紡ぐ深草の記憶　あなたの記憶が未来を創るデジタルアーカイブ」（以下、深草アーカイブ）の鑑賞会が開催された。

　瀧澤家の思い出の写真は、瀧澤修さんが深草に幼児期から子ども時代に住んでいた頃に撮影されたものだ。子ども時代を過ごした戦後復興期、高度成長期に、深草の地が目覚ましく姿を変えていった経過が察せられる。もと軍の施設が置かれていた広大な地域が住宅街に変貌し、深草を東西に横切る名神高速道路、南北を貫く京阪電鉄、近畿日本鉄道、国鉄は、古くから交通の要衝となってきた深草の象徴でもある。

　まだ住宅がほとんどなかった頃の子ども時代の修さんの遊び場となってきたその周辺の写真には、修さんの成長とともに深草も成長していた姿があった。現在は東京に住んでいる修さんが会場とZoomでつながり、住民実行委員の人々とともに舞台に並び、当時の思い出を語った。

▌デジタルアーカイブの最大の魅力はオーラルヒストリー ‥‥‥

　デジタルアーカイブの最大の魅力は、写真を集めた住民自身の語り、地域のオーラルヒストリーにある。「藤森神社の祭りの継続」や「住民の憩いの場と

しての琵琶湖疏水」に心血を注いできた人々の思いと活動は地域で共有し、協力を惜しまずにいる深草というコミュニティに尊敬を惜しまないでいたい。そして、次の世代の若者や子どもたちにアーカイブを材料に深草という地元の物語を語り継ぐ場を設けることの重要さをかみしめたい。日本の路面電車の歴史がこの深草から始まったことを誇りに、次世代の交通の在り方を考える営みを継続していくことは大切であろう。

　コロナ禍にもかかわらず、住民が時間と心血を注ぎ、無償で作成した深草アーカイブに感謝をささげたい。ウェブサイトに置かれたアーカイブは工夫が凝らされ、誰もが楽しんで観ることができ、それらの写真の二次利用も可能になっている。教育資源として役立てられることは間違いない。筆者のゼミ生たちはこの地に住んでいないが、上映の会に居合わせて、そこで学ぶ恩恵を受けていることに気づかされていた。

■ アーカイブ編纂ですべきこと、してはならないこと ……

　ところで、サポート企業である凸版印刷が編集した壮大な深草の歴史は、縄文・弥生時代から説き起こされる。京都であるがゆえに、多くの文献に遺された文化の蓄積を、現代人がアーカイブに借用し、面識のない遠い歴史の先達の深草への貢献を未来のために役立てることの意義深さは、住民実行委員会の貢献が為したアーカイブの大きな成果である。今はそこに並ばない筆者が、ご苦労に感謝していることは偽らざる思いである。

　しかし、その編纂にあたって、貴重な映像を選抜し、省いてしまうことで、その地で営まれた多くの史実を捨象することを忘れてはならないのではないか。

　デリダは、「アーカイブはコミュニティの記憶を『消去し、抑制し、忘却したことの痕跡ともなる（Derrida：2002）』」と述べている。「今日、『アーカイブ』という言葉ほど頼りにならず、不明瞭なものはない（Derrida：1996）」というデリダの言葉も拡散されている。アーカイブを観るときには、現代の住民が何を集め、何を捨てたかも記憶するべきだと教えているのだ。そのために、コロナ禍に住民が汗を流した記録とともに、そこにない記録を忘れず網羅しアーカイブに組み入れ完成を目指すこと、今後も成長させ続けることを願う。深草の地でなされた人々の営みすべてに、次世代が目を向ける場として、アーカイブを創り続けてほしいのである。

特に、「未来を創る」ことを目指すのであれば、地域の物語を美化せず、率直に次世代に向き合って作ることが求められるのではないだろうか。フランスのアーキヴィスト協会の分科会には、住民（コミューン）、企業、行政のみならず、医療機関、大学、学生運動が参加している。アーカイブに接する住民が記憶をさらに更新し、近年この地で起きているさまざまな住民のなしえた地域への関わりを丁寧に残し続けることが不可欠ではないだろうか。

5 | 地域の歴史を次世代はどのように学び継承するのか

　2021年春『美術手帖』は「アーカイヴの創造性　過去をどう活かす？　未来にどう残す？」を特集した。そこでの対談で、美術史家でインターメディアテク館長の西野嘉章は「アーカイヴはゴールではなく、利用可能な『マシン』」だと述べている。

　完成作品ではなく、利用してこそ価値を持つ。コロナ禍を脱出しつつある2023年度、人が集い語り合う場で、ますますデジタルアーカイブは活かされることだろう。多様な価値観で収蔵内容も見直され、さらに成長するだろう。

　写真やフィルムといった映像に特化された内容のアーカイブであるが、今後は住民、子どもたち、労働者の声も集まることが期待される。オーラルヒストリーのデジタルアーカイブの特徴は、（デジタル化により）話者の表情と声（音声）が記録できることである（岐阜女子大学デジタルアーカイブ研究所：2017）。

　地域の歴史を次世代が学ぶ場として、ネット接続されたさまざまな端末機器がある。教室や家庭で、友人たちや家族でそれを囲む。

　デジタルネイティブ世代はアーカイブをどのように継承するのだろうか。「深草アーカイブ」を授業で用いて分かったことがある。若者たちは優れた検索能力が身についており、アーカイブに掲載されていない深草の歴史をネット上から入手することも得意だということである。現に、深草アーカイブの優れた点を享受することができる一方、「そこにない深草の昭和の歴史」を探り当てることができるのだ。

　環境を学ぶ学生たちは、「深草の環境を守る会」が昭和時代から深草地域の難題であった大岩山の環境汚染に取り組んできた経緯を発見する。「守る会」代表の尾関忠さんは「アーカイブはとてもまとまっていて、それはそれでいい

けれど、この問題はもうそれは大変でした。でもあと4〜5年で解決できるでしょう」と語る。そうなったときに、かつての大岩山に立ち上った産業廃棄物から立ち上る煙や、学生たちも参加した「守る会」住民活動の成果で憩いの場に変貌するその地域の様子も、深草の歴史の一コマとして、深草アーカイブに搭載されてほしい。

　人権問題に関心を持つ学生たちは、薬物依存を克服しようと深草に移住してきた元患者たちに「出ていけ」と批判する400枚もの張り紙を撮影している。しかし今、地域住民と和やかに夏祭りの準備や餅つきを行う様子も目撃し、地域の人権問題が住民の協力関係のなかで解決されてきた歴史も知ることができるのだ。

　今後のアーカイブ制作には近隣のケーブルテレビ、コミュニティFMや地域紙に掲載された深草に関する番組や記事とのネットワークも考えられる。

　アーカイブ作成にあたりアドバイザーとなった若林正博さんは「何をアーカイブに掲載させるかは、住民自身が決めること」だと語っていた。しかし、このたびのアーカイブ作成住民実行委員会の委員には住民ではないメンバーも複数参加している。行政職員も京都市の外から通っている。筆者はそれでいいのだと思う。住民とは、日常的にその地域に住み、働き、学ぶ人々でよいのだ。若林さんが指摘する「断捨離しない」地域の記録をまんべんなく「住民」が収集することで、多面的、公平な次世代のための素材の集め方がなされるのであろう。

　議論がたたかわされながらも、地域が分断されない歴史認識と未来創造の営みのために、アーカイブはこれからも更新を続けていくことが期待される。

（松浦　さと子）

＊1　ブリュノ・ガラン著、大沼太兵衛訳（2021）『アーカイブズ　記録の保存・管理の歴史と実践』文庫クセジュ、白水社を参照。

＊2　原田健一・石井仁志編（2013）『懐かしさは未来とともにやってくる：地域映像アーカイブの理論と実際』学文社を参照。

＊3　小山帥人（2020）『我が家にやってきた脱走兵　1968年のある日から』東方出版を参照。

第12章

双方向なつながりと
国境を越えて協働する地域

　本章では、筆者が理事・事務局長を務めるNPO法人地球対話ラボの東日本大震災・原子力災害（以下、震災）以後の活動を中心に紹介する。

　地球対話ラボの活動のきっかけは、2001年のアフガニスタン戦争だ。2001年9月11日に米同時多発テロがあり、アフガンのタリバン政権への攻撃が始まる。筆者は、ビデオ・ジャーナリスト集団の一員として現地取材をした。このアフガン戦争の報道現場では、テレビ電話・インマルサット衛星電話携帯端末・インターネットを使って生中継や映像伝送が行われた。従来の方法に比べ画質は落ちるが格段に機動性があり、コストも安い。今のネット生中継につながる新しいかたちのテレビ報道であった。

　筆者は、この仕組みを実際に使ってみて、これを双方向な市民の情報交流・情報発信に活かせるのではないかと考えた。賛同した教育関係者らと「アフガン対話プロジェクト」を立ち上げ、2002年6月に日本とアフガンの高校生が、テレビ電話や衛星端末を使ってリアルタイム・双方向のビデオ対話を行った。

　これが地球対話ラボの活動の始まりであり、それ以来、ずっと私たちが大切にしている理念が双方向性である。一方通行ではなく、お互いが何かを得てかつ与えることもできる、そんなやりとりを大切にしたい、ということだ。例えば従来のテレビ報道は、戦地の過酷な状況に置かれた子どもを取材し、日本の視聴者に向けて映像を流し、視聴者がそれを受信するだけの一方向的な映像メディアであった。そうではなく、アフガンの子どもの現在を、現地の子どもから直接、日本の子どもに発信し、対話を行う。それによって、双方向の、もう一つの映像メディアのあり方を提示したいと考えたのだ。これが私たちの活動の原点だった。

　2002年といえば、今では当たり前になっているZoom（2011年開始）、

YouTube（2005年開始）、地上デジタル放送（2003年開始）などが始まる以前であり、まだテレビが4対3サイズのSD放送時代である。インターネットは光回線ではなくADSLが一般的で、ようやく低画質の動画再生ができるようになった頃だ。

　高速のインターネット回線が地球上に張り巡らされ、モバイル端末で高画質動画を見ている今からすれば、2002年の状況は想像しにくいものになってしまったが、当時からずっと続けてきたのは、メディアや市民活動の可能性を、草の根に開かれた技術を活用しながら果敢に切り拓いていく取り組みである。

　世界中にいたであろう、記録に留められることもなく忘れられていった、抑圧された人々。彼らが歴史に残らぬまま、思いを言い残す手段さえないような状況は大きく変わった。草の根に開かれた技術は、既成の枠組み、権威、閉じられた在り方にしばられず、現場の当事者が自分の手で「もう一つの回路」、「もう一つの場所」、「もう一つのつながり」を創造し、具体的にその実感を手にして、それを発信することを実現した。

　20年以上続けてきた活動の意義とは、自分たちの立ち位置を一方向的にならないように常に相対化しながら、このような活動を喜びとして感じ、様々な人々と共有できたことだったと思う。

1 ｜ 地球対話ラボの活動と双方向性

▎地球対話とは ……

　活動当初から、私たちはビデオ対話を双方向・リアルタイム・汎地球という特色を持つ新しいメディアとして捉えて活用してきた。写真でも動画でもそうだが、カメラによる撮影は一方向的な権力性を持つ。筆者は学生時代にその一方向性を乗り越えるために、2台のカメラを合体した双方向に撮影できるカメラを使って自主映画をつくることを夢想したことがある。ビデオ対話は、それを地球上の距離を超えてライブで実現してしまった画期的なメディアだといえる。

　このビデオ対話を使って、遠く離れた場所の、日常生活では出会うことが難

しい人々の間をつなぐ活動を私たちは「地球対話」と呼んでいる。地球対話には標準的なフォーマットがあるわけではないが、その最小単位は、以下の２つを組み合わせた活動だ。

① ライブのビデオ対話
② 事前学習・ワークショップなど、お互いのことを知るための活動

　参加者としては、異国間の小学校の同学年クラスどうしが、実施した中で最も多い。ただし異国間でなくとも良いし、大人どうし、子どもと大人の組み合わせもある。２つの教室を結ぶ場合が多いが、屋外フィールドと教室を結んだり、ビデオ会議方式で多数の場所・団体・個人が参加する場合もある。
　事前のワークショップでは、お互いに自分たちを紹介する写真やビデオを制作し、それを交換したり、現地の文化事情に詳しい人に話を聞くなど、様々なやり方がある。さらにビデオ対話の後、ふりかえりのワークショップを行うこともある。
　上記①と②の最小単位を基本にして、参加者によって自由にオプションを組み合わせて地球対話は実施される。ファシリテーターや通訳の力量が重要なのは明らかなのだが、世界各地で地球対話をやってきて、ケースごとの違いが大きく、ノウハウの標準化が難しいのが、現在の課題だ。

■ 震災後の活動 ‥‥‥‥

　2023年の現在も東日本大震災・原子力災害は続いている。震災復興は終わっていないし、政府による原子力緊急事態宣言も解除されてはいない。震災後の12年間、地球対話ラボは東北を中心に、地球対話を柱の一つとして、双方向性という理念を大切にして活動してきた。それは様々な人々との関わりによって変化しながら、インドネシアと日本の国境を越えて地域をつなぐ「被災地間協働プロジェクト」となり、今も進行中である。
　次節では震災後の活動を詳述する。

2 │ 東日本大震災・原子力災害後に始まった活動

▌震災関連活動を自ら発信する市民放送 ‥‥‥‥

　地球対話ラボの活動にとって、2011年の東日本大震災・原子力災害は大きな転換点であった。発災後は、東京に拠点がある自分たちに何ができるかを考え、当団体の特色を活かした震災関連活動に注力することになる。

　2011年3月11日の発災直後に、地球対話ラボやNPO関係者らが市民による震災メディア活動を立ち上げようと、BSテレビ放送局のBS11（ビーエスイレブン）に働きかけ、4月から番組の放送が始まった。

　別稿で詳細を報告しているが、[*1] 1年間続いた市民放送「東日本大震災パブリックアクセス・いま私たち市民にできること」では、放送局による取材ではなく、震災関連活動をしている団体・個人の活動を市民自らが発信した。それは、既存のテレビ放送に、取材対象となる当事者・市民の手によって、双方向性を持ち込む試みだったかもしれない。

▌宮戸小学校や教員との出会い ‥‥‥‥

　市民放送は2012年3月に終了したが、被災地では、多くの団体が様々な分野で支援を続けていた。その頃には、地球対話ラボならではの活動、被災地の子どもたちに地球対話を体験してもらえないかと考え始めていた。当団体がある東京都大田区が、宮城県東松島市にボランティアや区職員の派遣を行っていた関係で、東松島市立宮戸小学校を紹介してもらうことになった。

　まだ発災から1年で、毎日のように被災地の深刻な状況が報道されていた。当然、地球対話どころではない、と言われることは覚悟したし、団体内でも、いわゆる支援の押し売りや自己満足を懸念する声はあった。それでもこの時、あえて一歩踏み出した理由は、2002年のアフガンで活動が始まった時から持ち続けた、一方通行にならない、当事者による情報発信という理念によるものだったと思う。当時の地球対話ラボ理事長であった小川直美はこう記している。

「大地震・大津波と原子力発電所の大事故。被災地には海外からもたくさんの支援者や取材者が来ていました。マスメディアによる連日の報道では、子どもたちは被写体であり、あるいは支えられる存在であり、自分たちから海外に発信する手段も機会もない。ちょうど10年前、戦争直後のアフガニスタンの子どもたちと対話をしよう、と発想した時の、アフガニスタンへのまなざしが、反転して日本へ、子どもたちへ、私たちへと、そそがれているような感覚がありました」[*2]

宮戸小学校のある宮戸島は、宮城県の観光地・奥松島にあり、海苔・牡蠣の養殖や観光が主産業だった。震災では、島のただ１つの学校であり中心部の高台に位置する宮戸小学校にほぼ全島民が避難した。津波は学校の敷地ギリギリまで押し寄せた。避難した人々は無事であったが、島の４集落のうち３つは津波で壊滅し、島の産業も崩壊状態であった。

2012年９月に、筆者が宮戸小学校を訪れ、出会ったのが教務主任であった宮﨑敏明（現・登米市立豊里小中学校教頭）だ。当時の宮戸小学校の全校児童数は23人。まだ校庭に仮設住宅があり、体育の授業も校庭ではできなかった。親族を震災で亡くした先生もいた。発災から対応し続けていた緊急事態の余韻がまだ残るなか、学校の先生たちは、次々と起こる問題への対処、ストレスを抱えた児童、地元住民への対応で大変な状況であったと思う。

既に2011年５月から、宮﨑は過酷な被災後の状況において、「宮戸復興プロジェクトＣ（チルドレン）」という図画工作を中心とした未来を見つめる活動を始めていた。「10年後の宮戸島」について思いをめぐらせた全児童による壁画制作や、将来への夢と希望につながる親子創作活動である。この「宮戸復興プロジェクトＣ」については宮﨑自身が著書『大震災を体験した子どもたちの記録』[*3]にまとめているが、発災直後から困難に立ち向かっていった宮﨑の真摯な取り組みがベースとしてあったからこそ、このあとの地球対話ラボの宮戸島での活動が可能になったと思う。

宮戸小学校では、私たちは被災地の外から入った団体であり、あくまで宮戸小学校の意向や都合を最優先に考える旨を伝えたうえで活動を進めた。ただ、ひとつだけ最初から学校側にお願いしていたことがある。それは、対話の相手との双方向な関係を大切にしてほしい、ということであった。対話や交流をする時には、一方の思いや都合を押しつけず、お互いが得るものがあるような双方向性を大切にしようとの確認をして進められた。

▎アチェとの対話を提案 ……

　2013年初頭に、宮戸小学校とブータンの間で地球対話を行った後、次のステップとして、インドネシア・アチェとの地球対話を学校側に提案した。アチェは2004年12月のスマトラ島沖地震・インド洋津波で大きな被害を受けている。同じ津波被災地をつなぐ発想の背景には、筆者がスマトラ沖地震後にアチェを取材したこと、さらに、前述した市民放送でアチェから東北への支援メッセージを放送した経験があった。

　事前の学校との打ち合わせでは、宮戸小学校の子どもは人数が少ないためお互いにつながりが強く、上級生は下級生の面倒をよく見る一方で、外へ向かう積極性が弱いとのことだった。海外との対話や交流を、外の世界への関心を高め、自己表現の力をつける機会にしたいと言われた。

　私たちとしては、何よりも、異なる文化の中で生きるアチェの子どもとの地球対話の素晴らしさを経験してほしいと思った。そして、海外にも津波被災地があり、同じようにそこで生活する人々や子どもたちがいることを、お互いに知ってほしかった。

　当時の学校側としては、同じ津波被害を受けているアチェとの交流については、期待と不安の両方があったと思う。この頃、宮﨑によれば、宮戸小学校では、新たな子どもたちの体調不良やPTSDの症状が出始めていた。「集落の高台移転や子どもたちの転出、学校の閉校など、保護者や島民たちと検討しなければならない問題や動きが続き、生活環境の変化が激しい日々でした。家庭でも話題にのぼることがあったと思われ、子どもたちの心に不安定さを生み出すことにつながった[*4]」。

　さらに、宮戸小学校と統合することになる野蒜小学校では、学校側の震災時の児童引き渡し対応によって、ある児童が津波に巻き込まれ死に至ったと責任が問われ、訴訟が起きていた（2013年7月仙台地裁に提訴、2018年遺族の勝訴確定）。今から思えば、宮戸小学校や周辺の状況は、筆者が考えていた以上に深刻で、先生たちは、子どもや地域に、今何が必要か、何ができるのかを全力で模索していて、悩んでいたと思う。

■ アチェ対話の実施（2013年）……

　2013年8月、宮戸小児童を対象にアチェを知る事前ワークショップを行った。アチェで震災支援をした経験があり、当時JICA東北にいた永見光三に講師を依頼した。このアチェ対話の準備段階から、武蔵大学の松本恭幸ゼミの学生ボランティアが参加する。学生らは2班に分かれて、実際にアチェに渡航し、現地の小学生に対して日本文化や宮戸の紹介ワークショップを実施した。9月と12月には、帰国した学生らがサポートしつつアチェとのビデオ対話を行った。このような学生らの関わりは、翌年からの両国の若者・学生の相互訪問交流につながっていく。

　この2回のアチェ対話が、子どもたちに積極性や自己表現の力をつけたと言えるかどうかはわからない。ただ、アチェ対話の準備段階で、子どもが親と一緒にアチェに送る宮戸の写真や動画を撮った取り組みが、大きな成果をもたらした。2023年の宮﨑への聞き取りでは、これが大きな転換点だったと言う。
「児童が親と一緒にiPod touchを持って島内を撮った、その取り組みによって、子どもたちは津波の被害で不幸な場所にいるという意識から、家族と共に歩き、地域の良さを教えられたりしたことで、自然への恐れとともに海の恵みというのを感じ取れるようになってきたのです。アチェの子に何かを伝えようとする時に、自信を持って言えてるんですね。それは実は、子ども自身がそう感じるということは、親自身もあの時、そう感じ、見つめ直すことができたんです。

　家が流されている。仕事もままならない。あの時に、子どもからふるさとのことを聞かれることで、今は大変な中にいるけれども、宮戸はやっぱりすごく素敵な場所だったんだって、子どもに伝えることができた。そのきっかけがあのアチェ対話だったと思うんです。これはやっぱりすごく大きなことだったと思います」

　アチェ対話の後、筆者は宮﨑から、この時の島内の撮影のために、震災後初めて子どもと一緒に浜に行った親もいた、と聞いた。

　宮戸の子どもたちによる映像の撮影や発信が、親も含めて自分たちの地域の現状を受け止め、地域を見つめ直すことにつながったのだ。

▌若者・学生参加で世代を超えた支援・被支援の循環へ（2014年）……

　2014年度からは、若者・学生による支援への参加と学びの可能性に注目して、日本とアチェで「チームAJ」（AJはAceh/Japanの意）を募集するようになる。この年度は、武蔵大学の松本がサバティカルに入ったため、筆者が1年間メディア社会学ゼミを受け持たせてもらうことになった。日本側は、その武蔵大学と東北大学の学生8名、アチェ側は現地の学生団体から8名が「チームAJ」に参加した。

　2014年8月、日本側メンバーがアチェに行き、被災や復興状況のフィールドワークを行い、子どもたちにビデオ制作のワークショップなどを実施した。そして、アチェ側メンバーのうち3名が、そのまま日本側メンバーの帰国に合わせて来日。これが、初めてのアチェの若者・学生の招聘であり、コロナ禍で中断するまで続く相互訪問交流となった。

震災を経験したアチェの大学生が宮戸小学校を訪問・交流した（2013年8月）

　来日したアチェのメンバーは、宮戸小学校で交流ワークショップを行い、さらに福島、東京を訪問した。アチェと日本の「チームAJ」メンバーは、この相互訪問交流の経験をベースに、9月と12月のアチェ対話のサポートを行った。

　双方の国の若者・大学生が相互訪問し活動に参加したことで、同じ被災地であるアチェと東北をつなげる「被災地間協働プロジェクト」の次のステップが見えてくることとなった。

　この頃の宮戸の子どもたちは、被災の現実のただなかに置かれていたが、対話の相手であるアチェ側の小学生は、既に2004年スマト

ラ沖地震の記憶がないポスト津波世代だった。私たちは、日本とアチェの現場を行き来しながら、支援・被支援の循環を意識することで、この違い、時差を前向きにとらえようと考えた。

　アチェの若者・学生らは子ども時代に被災し、それを乗り越えて活躍している世代だ。宮﨑は、彼らの背中を見て日本の子どもたちに前に進む力を感じてもらうという狙いを提起する。この狙いにおけるアチェ側の若者・学生の役割は、子ども時代に世界中から震災支援を受けた彼らにとっては、その受けた支援の「お返し」ともなる。

　若者・学生らの相互訪問によって、アチェで子ども時代に被災し支援された世代が、今度は日本の子どもたちを支援するという、国境や世代を超えた双方向のつながり・支援の循環がうまれた。そして将来は、日本の小学生たちも下の世代を支援するはずだ。宮﨑ら現場の先生たちとはそのようなビジョンを共有した。

　2023年の現在では、この時のアチェと同様に、日本の被災地の小学生は震災を記憶していないポスト津波世代である。被災記憶の伝承が課題だが、被災時に子どもだった世代による、下の世代や被災地外から来る人に対しての防災活動や震災を伝える取り組みが始まっている。そのなかから、地球対話ラボの活動に参加する大学生も出てきている。

■ 宮戸小学校の閉校に向けた活動（2015年～2016年）······

　2015年の夏、「被災地間協働プロジェクト」の一環として、宮﨑がアチェで子どもたちに壁画制作ワークショップを行った。アチェで制作されたのが壁画「10年後のアチェ」で、宮戸小学校の壁画「10年後の宮戸島」と対になるものだった。

　宮戸小学校の閉校に住民は反対したが、子どもの数が減り続けるのは明白で、最終的には2016年度からの統合を受け入れた。「宮戸復興プロジェクトＣ」の象徴である壁画「10年後の宮戸島」は、住民の話し合いを経て、海を渡ってアチェへ行くことが決まり、現在はアチェ津波博物館に、２つの壁画が並んで展示されている。

　この2015年度は、閉校が決まった宮戸小学校の最後の１年間であり、再度募集された「チームAJ」は相互訪問交流活動のほか、日本の学生らが宮戸小学

アチェ津波博物館で展示された宮戸とアチェの子どもが描いた壁画（2016年12月）

校の閉校に向けて以下のような活動に取り組んだ。

〈宮戸小学校の閉校に向けての活動〉

① 宮戸小学校の1年間の映像記録撮影と編集。
② 最後の運動会や学芸会などの動画をWeb公開。
③ 日本訪問アチェ学生を交えた異文化交流ワークショップ。
④ 記録映像DVDを住民に配布。
⑤ 学生がつくった地域向けニュース配布。
⑥ 閉校式で学生が編集した思い出ビデオ上映。
⑦ 閉校記念誌のデザイン・編集サポート。

　閉校に向けての活動では、貴重な記録を残すことと、その記録を地域外や未来へ向けて発信することを意識した。住民にとっては、地域の映像記録を行うことの意義は言うまでもないが、一方で日本の学生にとっては、この映像記録の活動によって地域から受け取ったものは大きかった。
　映像制作をともなうフィールドワークが、学生の人間力を育てる効果があるとの研究・実践報告はあるが[*5]、ここで強調したいのは、以下のような、宮戸住民と学生との映像記録・発信を通した双方向な関わりだ。

〈学生と宮戸住民の双方向な関わり〉
① 大切な歴史を記録し発信したいという思いを、学生らが住民と共有させて
　もらえたこと。
② その歴史や記録が外に開かれ、地域外や未来へ向けての発信によってもた
　らされる希望や可能性を学生が実感できたこと。
③ 復興事業のようなトップダウンではなく、活動を地域と協力して草の根で
　行ったこと。
④ 活動が学生の学びにもなっていることが、住民の方々に伝わったこと。

　筆者は、学生と共に活動をしながら、住民が、大切な宮戸小学校の最後の1
年間を慈しみ、惜しむ切なる思いを感じた。学生も撮影をしながら住民の思い
を受け取り、それを編集して見てもらい、住民からその感想や感謝を受け取っ
ていた。そこには映像記録を通して、お互いに何かを得る・与えるような関係
があった。これも、世代を超えた、さらには被災地内外の境界を越えた、双方
向のつながり・情報交流だったと思う。
　2016年3月に宮戸小学校は閉校し、アチェとの地球対話は、宮戸小学校が取
り組んだ活動として新設の宮野森小学校に引き継がれ、現在も行われている。

▌10年後の宮戸島 ……

　2021年3月13日に、コロナ渦のもと、宮戸島で震災10周年記念式典と「10年
後の宮戸島～これまでとこれから交流会」が行われた。式典の後の交流会で、
宮戸島の人々はアチェに渡った壁画「10年後の宮戸島」とオンラインで5年ぶ
りに再会することとなった。
　その時に、宮戸とアチェの子どもが描いた2つの壁画について、アチェ側か
らこのように紹介されている。
「震災に負けることなく、夢や希望を持って皆が協力することの大切さを、2
つの壁画"10年後のアチェ"と"10年後の宮戸島"が、このミュージアムにやっ
てくる世界中のみなさんに伝え続けます」
　壁画が展示されているアチェ津波博物館は、アチェにおける被災地ツーリズ
ムの中心施設であり、国内外から多くの人々が訪問する。2つの壁画が世界に
向けて発信しているのは、震災を乗り越えていく子どもたちの夢や希望であり、

同時に、様々な人々が関わった「被災地間協働プロジェクト」によって結ばれた、2つの地域の人々の双方向のつながりである。

■ 宮戸の子どもたちにもたらしたもの ⋯⋯⋯

　2023年に行った宮﨑への聞き取りで、宮戸小学校の子どもたちに我々の活動は何かをもたらしただろうか、と尋ねた。

「今の子はコロナ禍で学校に行けないなど、孤独を感じている子が多いのです。それに比べると、当時、宮戸小学校にいた子どもは、ひとりじゃない感覚、夢や希望を持てる感覚があります。短い期間でも、いろんな人が関わり、サポートを受け、包まれている感覚が栄養分になって、たくましくなっている」

「親から聞いた話ですが、リストカットを重ねていた子が、今は元気に明るくがんばっている。周囲がその深刻さをしっかり受け止め、ただその子のことを思っているよ、としか伝えられなかったかもしれない。それでも受け止めてくれる人がいる。それで強くなれた、今、何かができる、ということもあるのです」

　活動は子どもたちに何をもたらしたのか。地球対話を経験した宮戸小学校の子どもたちに、今、直接聞いてみたい。国際的な活動をしたいと言っている子もいるらしい。しかし、それは、あと10年先にしようと、地球対話ラボのメンバーと話している。すぐに結果を求めるような態度に、子どもたちをさらさないで、まだ待ってみよう。

　一連の活動では多くの団体から助成や支援を受けており、報告書には成果をきちんと書いているが、短期間、1年単位ではないところからわかるものは、もちろんあるはずだ。その報告はさらに10年後に、宮戸の子どもたちの口から発信してもらえるといいなと思う。

■ 学校と地域の持続可能性 ⋯⋯⋯

　筆者は、宮戸小学校閉校までの地域や学校との関わりから、特にへき地で学校を失うことが、その地域が持続可能でなくなる境界線ではないかと考えるようになった（宮戸地域を指すのではない）。学校が1つしかないような地域では、学校は教育だけでなくコミュニティの行事や交流の中心であり、地域を担う意

識が共有される場所である。地域が学校を失うとその意識共有が薄れ、子ども
を持つ世帯が住みにくくなり、子育て世代の転入は難しくなる。そして、子ど
もを育てる人がいなくなれば、いずれ住む人もいなくなる。

　今、日本の各地で起きている、このような状況を解決する方策はなかなかな
い。学校を維持する取り組み例としては、子どもの農山村留学があるが、学校
や地域の特色が、親を移住させるくらいの魅力とならなければ、地域の持続可
能性には結びつきにくいだろう。

　ここで筆者が提起したいのは、このような統廃合の圧力にさらされる学校どう
しの地域を越えた連合（奈良県・へき地教育部会Webサイト参照）、米国にあ
る学校ではない家庭内教育制度、先生以外の多様な人々の関わり、通信制高校
N高のVR授業のような仕組み等々を組み合わせた「越境する学校」の可能性
である。あくまで可能性の１つではあるが、この越境する学校は、地理的には
学区や自治体を越境し、学校や教育の担い手も越境するものだ。もしかしたら、
国境を越えてオンラインを活用して運営される新しいインターナショナル・ス
クールが実現する可能性もあると思う。

　地理的な地域のつながりが子どもにもたらすもの、その大切さは言うまでも
ない。しかし、持続可能性の境界線を越えて後戻りできなくなる地域が増えて
いる現状を見据えれば、様々な可能性が検討されてもよいのではないかと思う。

3 インドネシア・アチェでの コミュニティアート・プロジェクト

▊2013年のアチェ、復興のあり方 ……

　筆者は2013年、スマトラ沖地震の取材以来８年ぶりに、宮戸小学校との対話
のためにアチェを再訪した。壊滅していた州都バンダ・アチェが、津波から10
年も経たずに、多くの人々で賑わう活気ある街となっていてとても驚いた。復
興の早さには様々な要因がある。日本では、震災で被災地からの人口流出が加
速したのとは違って、アチェの若年人口はそもそも多く、増え続けているので、
まだまだ若い地域の活力がバンダ・アチェの賑わいの背景にあると思う。既に
アチェ津波博物館が建設され、国内外から震災遺構を訪れる人も多く、被災地

ツーリズムも実践されていた。

　その頃、日本から来た人は、津波をテーマにした博物館があること、その生々しい展示内容に一様に驚いた。さらに、津波で流された漁船が民家の二階に乗り上げた状態で保存されている震災遺構を見て、それは東日本大震災後の日本ではできないとされたことが実際にできているわけだが、自分たちが前提としていた思い込みにも気づかされる。

　日本とアチェでは復興に対する姿勢や事情はもちろん異なる。バンダ・アチェでは仮設・復興住宅建設が追いつかず、日本のようなかさ上げや防潮堤建設を行わずに沿岸部や浸水区域に住民が次々に建物を建てた。津波の防災対策としては、津波博物館の建物も避難ビルとして設計されたし、日本も数か所の津波避難ビルの建設を支援した。しかし、再び大規模な津波に襲われたら、現在の住民を全て避難ビルには収容できない。近郊の高地に住民が避難するとしても、犠牲は出るだろう。

　アチェ州の地方に行っても、やはり日本人は驚く。防潮堤が建設されなかった美しい海岸にはヤシの木が元どおりに繁っている。復興の在り方は、どちらが正しいとは言えないが、ただ、アチェの復興は美しい海岸を壊さなかったし、日本と違って早く進んだ。

　震災の伝承については、宮戸小学校の交流相手の小学校を訪れた時、校長から聞いた話が印象に残った。

「学校では定期的に津波避難訓練をしている。津波の経験がある子どもは、抜き打ち訓練では必死の形相で避難していた。ところが、今の津波を知らない世代になると、まったく真剣に避難しないようになってしまった」

　このようなポスト津波世代の出現、復興と賑わい、被災地ツーリズムなど、アチェの状況は、日本の被災地の未来を考えるにはとても参考になる。日本国内の限られた発想ではない復興の在り方をもっと知ってもらうべきだと痛感した。

■ アチェと日本 ‥‥‥‥

　筆者が初めてアチェに行ったのは、スマトラ島沖地震翌年の2005年。それ以前は、アチェ独立派と中央政府・国軍の間で内戦が続き、アチェ内の人権弾圧が伝えられていたが、NGOやプレスはアチェに入ることができなかった。震

災によって、日本人も含めた支援者やプレスが一斉に現地に入ることができたのだ。結局、スマトラ沖地震の被害があまりに大きく、中央政府とアチェ側は和平に合意。震災が内戦を終わらせたと言われた。人知を超えた大きな圧力に人間がさらされ、ようやく殺し合いを止めることができたということか。

　地球対話のためにアチェを再訪した時、「なぜ地球対話のプロジェクトをやるのか。それは、殺し合いをしないためです」と説明したのだが、内戦と津波という２つの大きな災厄を生き延びた人が、力強くうなずいていたのが印象に残っている。

　ところで、そもそも、アチェの人々にとって日本はどう見えているのだろう。

　アチェで多くの人に話を聞いたが、思った以上にアチェの歴史には日本が刻まれていて、筆者も含めた多くの日本人が、それに無自覚であることに気づかされた。

　アチェには、大東亜共栄圏をかざした日本の占領時代に旧日本軍による地元民の徴用や食料略奪で、ひどい目にあったと言う証人がいた。一方で日本降伏後、残留日本兵や武器が、インドネシア独立に役立ったと言う人もいる。

　インドネシア開発独裁の時代には、中央政府がアチェの天然ガス資源の利益を吸い上げ、それが内戦の誘因となった。アチェの人々は、そのガスが日本へ輸出されたのを知っている。内戦時の人権弾圧を非難した日本のNGOはあったが、日本政府は動かず、弾圧に日本が荷担したと思われても当然だった。

　私たちのプロジェクトに関わっている人で言えば、アチェ側の地球対話をサポートする団体の共同代表であるハナフィは、初期の制度で来日した元研修生で、日本で学んだ仕事への姿勢や心意気を後輩にも学んでほしいと熱心だ。まだ余裕があった、ある意味、「良い時代」だった日本を経験している。

　このように、アチェの人々からの日本の見え方は、時代や個々人によって様々なのだが、いずれにしても多くの日本人は、アチェから日本がどう見えているのか、よくは知らない。

■ 東日本大震災を追悼するアチェ ‥‥‥

　今につながる、震災と津波を共通項としたアチェと日本の双方向な関係の始まりは、前述したように、2011年の震災直後に市民放送で放送された、アチェから日本へ向けた応援メッセージだったと思う。その内容は、アチェの若者・

だからこそ私たちは(日本に)千の希望を送ろうと
折鶴を折る集会を開きました

「いま私たち市民にできること」第3回 2011年4月19日
放送：スマトラ島沖地震被災地バンダアチェからの祈り

学生らが日本に向けて、応援の言葉や寄付を送り、追悼をしてくれたというものだった。この映像は、今もYouTubeの「いま私たち市民にできること」チャンネルで見ることができる。

この後、ほぼ毎年3.11追悼の催しをアチェの有志が続けているが、アチェと日本の歴史的な経緯を踏まえて考えてもらいたい。アチェの人たちは、過去の日本との経緯がどんなものであっても、スマトラ沖地震後に支援に駆けつけた多くの日本人がいたことを忘れず、同じように辛苦をなめた3.11被災者へ連帯表明を続け、被災体験に向き合ってきた。アチェの人々の行動はとても真摯で、その志は歴史に残るだろう。そして、私たちのプロジェクトは彼らの志に双方向に呼応するものでありたい思う。

■ アチェでのコミュニティアート・プロジェクト ……

　アチェと日本を行き来して双方の被災地の状況を見ながら、そして若者・学生の相互訪問と地球対話の活動を続けながら、「被災地間協働プロジェクト」の新しいかたちを考え続けていた私たちは、2016年から、現代アーティストの門脇篤と、コミュニティアート・プロジェクトに踏み出していくこととなった。
　地球対話ラボの活動とコミュニティアートは親近性がある。コミュニティアートとは、アーティストや市民などの協働によって、アートを媒介として、コミュニティの新たな価値の創造や、コミュニティの課題解決をめざす活動だ

が、私たちの活動には、そもそもコミュニティアート的要素が内包されている
と思う。

　2016年にアチェで始まった「日本とインドネシア・アチェの被災地間協働に
よるコミュニティアート・プロジェクト」は、日本の宮戸島での活動の対にな
るもので、その目的は以
下になる。

〈プロジェクトの目的〉

① 被災記憶の継承を活
　性化し、震災遺構のあ
　り方を深く考え、その
　活用や被災地ツーリズ
　ムの新たな可能性を考
　える。

② ともに被災地に住ま
　う者としての共感を育
　み、双方の社会的背景
　や歴史にまで踏み込ん
　だより発展的なかたち
　でのネットワークを形
　成し、多様な人々の学
　びを実現する。

コミュニティアート企画例①「安心安全のアチェ」
（2018年）。アチェの内戦と津波をテーマに絵や演劇
などのワークショップを複数の団体が協働実施。写真
の絵はアチェでの展示後に、気仙沼市の東日本大震災
遺構・伝承館で展示された

　門脇はコミュニティと
アートについて、以下の
ように書いている。*6
「いつでもそのコミュニ
ティから自覚的・無自覚
的に浮いてしまっている
ということ、その距離が
"アート"の正体ではな
いかと思う。常にそのも

コミュニティアート企画例②「アチェ＝ジャパン伝統
衣装ギャラリー」（2018〜2020年）。民族のアイデン
ティティを表現する伝統衣装を収集しているランティ
が企画。アチェ伝統衣装と日本の浴衣を来場者に着て
もらい記念写真を撮った大人気企画

のから外れていたい。いつも特定のコミュニティや"言語"からずれていたい。それはそれらコミュニティを否定しているのではなく……その中にあっては生まれてこないようなものを時として生み出し、気づかないようなことに気づいてしまうような役割。それが"アート"の可能性である」

　アチェのコミュニティアート・プロジェクトでは、この"アート"の可能性や異化効果が絶妙に発揮されたと思う。具体的な企画内容は多岐にわたり、成果報告はインドネシア語と日本語が並記された3冊の報告冊子に詳しいが、ここでその企画のひとつを紹介する。

▌震災遺構・発電船 ‥‥‥‥

　津波によって流された巨大な発電船は、アチェにある震災遺構のなかでも有名で、多くの観光客が国内外から訪れる。震災直後に、地元住民が自分たちで管理して見物に来た人々に発電船を見せたのが、この震災遺構の始まりだった。地元住民はそれによって収入を得られるようになる。後から国の予算で周辺部も公園化されたが、今でも住民が遺構を管理している。アチェ津波博物館はトップダウンで公的資金によって建設され公的に管理されているが、この発電船はその正反対で、いわばボトムアップでできた震災遺構だ。

門脇の企画「雪は降り、やがてとけて春を迎える」
(2016年)。日本に行く技能実習生が、東北の象徴として雪に模した白い毛糸を発電船で投げ展示した

　門脇はこの震災遺構で、若者らの参加で白い毛糸を投げ展示する企画を行ったのだが、門脇への聞き取りによると、この企画がとても印象に残ったと言う。

　「日本でやるよりずっとうまくいったのが、ものすごい印象的でしたね。その1番のポイントは、(アチェの人々が) わからないことや、やったことがないことに、前向きっていうところが大きいんじゃないですかね。震災遺構から毛糸を投げるっていうのは、こんなこと、で

きないだろうなと思っていたら、何も問題ないみたいな話で。日本だと危険だとか震災遺構だからできませんとか、言われると思うんです。参加した若者に聞いたら、なんか（アートは）難しいことかと思ってたけど、実際は、こんなんでいいのかあ、むしろ、もっとやりたいと。できるかできないかとか考えずに、やりたい、やりたいみたいな。そういうところが、すごく良かったです」

　筆者は、アチェの人々はオープンでおおらか、外から来る人に対しても寛容な気風があると思う。そして、このアチェの寛容さは、アチェの震災遺構の在り方にも現れている。

▌震災遺構が開かれていく ……

　今回のプロジェクトの目的①にそって言えば、震災遺構で行われた企画は、アチェの「震災遺構が開かれている」ことを体現し、なおかつコミュニティアートを行うことで、より開かれていくことに貢献できたと考えている。

　震災遺構での企画は様々な批判も考えられたが、総じてアチェの人々の反応は良く、受け入れられた印象であった。考えてみると、アチェは、いにしえから海外に開かれ交易で栄えた土地であり、被災時に多くの支援を海外から得て、その後の内戦終結でも海外とのつながりをしたたかに活用している。被災地ツーリズムで観光客が増え、彼らが震災遺構で「にこやかに」自撮り記念撮影をすることに目くじらをたてたりはしない。

　筆者は、アチェでは震災遺構が外に向けて開かれている、と思う。

　アチェは、震災遺構を自分たちだけのメモリアルとして抱え込まず、外に向けて開いて、その共有をおおらかに受け入れている。ここには、震災記憶をより広く伝えることや、被災地ツーリズムを考えるための重要な示唆がある。

　震災遺構の扱いについては、全ての人が納得できる正解は、本当はない。だから、その正解がないことを心得るなら、アチェだけでなく日本でもより震災遺構が開かれていくように、震災遺構の扱い方を固定化しないように考えていくことが大切だと思う。

　さらに、ここでは、もうひとつ別の角度から、「震災遺構は何を表すのか」という観点での指摘をしておきたい。

　震災遺構は災害の脅威を表している。それは、地震・津波という自然の猛威と、人間の営みの対立を示しているが、同時に震災遺構は両者の合作によって

できた存在でもある。被災地ツーリズムも、そのような人間と自然の合作としての営みの、ひとつのあり方なのかもしれない。そもそも、人間は自然の一部だから、その二者の狭間にある震災遺構は、人間中心的な見方や考え方を常に相対化し、人間と自然の間の越境と融合を媒介し続ける存在だ。

　非人間中心的な見方からすれば、地球や自然は人間のものではない。地球の主人は人間ではない。だから、震災遺構はそのような地球上にあって、人間と自然の対立ではなく、もっと広く深い、人間と自然の双方向の関係や対話をうながしている存在と言えるだろう。

■ アチェの若者・学生たち ……

　アチェで行われたコミュニティアート・プロジェクトには、震災遺構や被災地ツーリズムの新たな可能性を考えるという目的があったが（目的①）、もうひとつはネットワーク形成と人々の学びがあった（目的②）。そのために、アチェと日本の若者・学生の相互訪問があり、コミュニティアートでは若者・学生に主な担い手となってもらった。アチェ側の若者・学生には長くプロジェクトに関わる人が多く、彼らには様々な変化や成長が見られる。[*8]　その中には、アチェと日本を結ぶような、自分の居場所を切り拓く者もいる。

　一例をあげるとフィラだ。彼女がアチェで初めて地球対話をサポートしたのは、2014年夏。その後、北スマトラ大学日本語学科を卒業し、アチェの若者団体KSAの代表を務める。コミュニティアート・プロジェクトでは、自ら監督したスマトラ沖地震のドキュメンタリーを上映している。2022年には震災と宗教を研究テーマとして東北大学大学院に留学。今では、東北における地球対話や他の活動で通訳として活躍し、東日本大震災についてのドキュメンタリーも製作・監督している。

■ アチェで団体ができる ……

　多くの若者や団体をフラットに束ねて実施されたコミュニティアートの手法は、以前のアチェにはないもので、ハナフィによれば同様の手法で催しが行われる例が増えたそうだ。地域に新しい風を吹かせたわけだ。そして、われわれと協働していく新団体もできた。

2013年から通訳・調整役として関わってきたパンリマが、３年継続したコミュニティアート・プロジェクトが一区切りした後に語っている。

「（プロジェクトは）自分には大きな影響がありました。若者支援なんて、やろうとも思っていなかったのです。人生で考えたこともなかったです。今では、その楽しみが家族ともども、わかりました。若者の可能性を思うこと、背中を押せば若者がどんどん動くこと、応援する楽しみがわかりました。アチェでこれから必要なのは、若者の居場所をつくることです。

アチェの人々に言いたいことは、過去に何をしたかにとらわれず、これからアチェで何ができるかに力を入れましょうということ。

あとは、今まででやってきたことを消えないようにしないといけない。何もしないでいると、やったことを他の人に知ってもらう機会を失ってしまいます。今まで日本とか、世界から、絆をもらったのを、自分の世代で終わらないように未来に残したいです」

パンリマは、2020年に政府のNGO認定をとって「アチェ・コミュニティーアート・ファンデーション」を設立、ハナフィとともにその共同代表となっている。

■ 双方向なつながりと国境を越えるコミュニティ ······

筆者は、震災後の地球対話ラボの活動は、従来の地理的に拘束されたコミュニティではなく、「国境を超えた地域を双方向につないだ新たなコミュニティ」の可能性を提示してきたと考えている。

私たちは2013年から、アチェと日本の異文化を持つ人々が向きあい、混ざり合い、越境と融合を試みる「被災地間協働プロジェクト」に取り組んできた。プロジェクトは双方向の関係を起点に、相手の見方に立って考え、さらなる双方向性を深めることを意識して実施されてきた。そのプロジェクトの成果とは、文化や宗教が異なる人々の間に、国境や時間を超えた「お互いの視点の交換を前提にしたコミュニティ」を立ち現れさせたことだと思う。

アチェと日本の人々が、文化の違いに戸惑いながらも協働して手にしたのは、自らも相手も「相手の見方に立って考える」とお互いが双方向に了解しながら、何ものかを生み出だそうとした意思の共有である。そのような国境を越えたつながりによって何かを創造するコミュニティの可能性を、現場の実践から示すことができたと思う。

4 ┃ おわりに

▌日本での展開、気仙沼へ ……

　2019年３月、岩手県大槌町と宮城県気仙沼市を主会場として、三陸国際芸術祭2019連携企画「未来との対話、三陸とインドネシア」というプロジェクトを、国際交流基金アジアセンターと共催で実施した。それをきっかけに、現在は、気仙沼市でコミュニティアートを軸にした「実習生などの外国人材と協働して地方とインドネシアがつながる事業」を行っている。

　地域に技能実習生が関わり、さらに実習生のふるさとと気仙沼の間で国境を越えた地域どうしをつなぎ、少子高齢化が進む地方の持続可能性を追究するプロジェクトである。実習生を媒介にした地域の国際化の可能性も見据えている。コロナ禍で丸２年間行き来できなかったが、2022年夏から訪問を再開した。近々、「離れた地域をつないで新たなコミュニティをつくる」という視点から活動の報告をする予定だ。

▌異質なるものとの対話 ……

　コロナ禍は、世界中の人間に大きな変化の機会をもたらした。

　人間は、震災と津波を無くすことはできない一方で、震災や津波も、人間を絶滅させることはできなかった。ウィルスについても同様に、単に人間側の一方的な都合で相手を災いとしたり脅威としたりしているだけで、実際にはお互いに相手と共存するしかない。そもそもヒトが成り立つ基盤に不可欠であったウイルスもあり、ヒトに役立つ遺伝情報をウイルスからもらったり、逆にウイルスがヒトを死なせる感染症を起こすこともある。だからと言って良いウイルスと悪いウイルスがあるという話ではなく、地球の一部として人間も震災もウイルスもあるように、ウイルスはヒトに内面化されている[*9]。ウイルスはヒトにとって異質なるものとしてあると同時に、ヒトの内なるものであるのだ。そして、生物がウイルスを内部に取り込んで進化したというなら、異質なるウイルスはヒトにとっての可能性、新しい何かに変化していく可能性でもある。

これまでのプロジェクトの実践を踏まえると、このパンデミックの先に垣間見えるのは、人間と人間以外のものらとの関係を問い直すような、越境と融合を媒介するような「ヒトではない異質なるものとの対話」だと思う。

　津波防潮堤をつくり、海との境界をつくり、安心し、豊かさと脅威を併せ持つ自然の存在を忘れてしまうのではなく、ヒトならざる異質なるものらの声をちゃんと聞き、向き合わなくてはならない。

　ヒトではない異質なるものとの対話ができるなら、それは、逆説的に人間の可能性を、人間が境界を越え未来の何ものかへ向かって進む可能性、変化の可能性を示す。その変化は必然である。異質なるものは、ウイルスのようにヒトの内にも外にもあり、逃げることも、無かったことにすることもできないのだから。

　もっと未来から時間を俯瞰して見れば、震災・津波・原子力災害からコロナ禍に至る流れは、人間が人間中心主義から離れて、異質なるものとの対話の可能性へと導かれる道程と見えるかもしれない。今よりもっと明確に、ヒトではない異質なる様々なものらとの対話によって成り立つコミュニティが地球だと自覚されているかもしれない。

　そう、それが、もうひとつの地球対話だ。

（渡辺　裕一）

＊1　渡辺裕一（2021）「いま私たち市民にできることプロジェクトの報告：東日本大震災10年の通過点から」『メディア情報リテラシー研究』2巻を参照。

＊2　小川直美（2015）「国境や民族を超えて人々が対面し語り合うメディアを」『子どもの文化』47（11）一般財団法人文民教育協会　子どもの文化研究所。

＊3　宮﨑敏明（2019）『大震災を体験した子どもたちの記録』日本地域社会研究所を参照。

＊4　同上、98頁。

＊5　松野良一ほか（2013）『映像制作で人間力を育てる──メディアリテラシーをこえて』田研出版、および坂本旬（2022）「第10章　大学生による地域の映像制作」『地域でつくる・地域をつくる　メディアとアーカイブ』松本恭幸（編）大月書店を参照。

＊6　門脇篤（2018）「コミュニティにおける「アート」の可能性」『ジョイント』

27号トヨタ財団を参照。

＊7　地球対話ラボ（2018）『報告書 Report 2017 日本とインドネシア・アチェの被災地間協働によるコミュニティアート事業』、地球対話ラボ（2019）『報告書 2018 日本、インドネシア、マレーシアの協働による津波被災地コミュニティアート事業』、地球対話ラボ（2020）『報告書 2013-2020 コミュニティアートによる日本とインドネシア・アチェの被災地間協働プロジェクト』を参照。

＊8　中川真規子（2019）「インドネシア・アチェと東北を行き来する「双方向スタディツアー」：インドネシア人参加者の変容に着目して」『文教大学教育研究所紀要』28巻。

＊9　中屋敷均へのインタビュー（2018）「人間と共生する生き物？　可能性未知数のウイルスの正体」『EMIRA』2018.10.15を参照。

第13章

選挙を通して子どもたちと一緒に作る
4年に1度の地域メディア

「選挙は高齢者のものだ」「最近の若いやつは」という若者批判は古代エジプトの時代からあったというが、現代であっても年寄りの口癖となっている。若者に政治を任せておけない。

しかし、若者がまったく政治に関心が無いかというとそんなことはない。「関心が無い」のではなく、「実感が無い」というのが正確なところだろう。ほんの少しのきっかけさえあれば、大人以上に関心を持って政治を考える若者も多い。

選挙での投票率を見ると高齢になるにしたがって上がっていく。そのため候補者は、高齢者向けの政策に偏りがちになり、若者が住みやすく生きやすい地域を作る政策は後回しになる。その結果、若者の貧困化やヤングケアラーといった問題を放置し、少子高齢化が進み、2065年の日本の人口は8808万人にまで減るという予想もある（令和4年総務省発表資料より）。

高齢者が住みやすい地域を作ることは大切だが、もっと考えなければいけないのは、これからこの国を担っていく若者たちが、安心して幸せに暮らせるようにすることだ。

選挙権は18歳まで引き下げられたが、それでも若者の投票率が低いために、選挙においてその声が吸い上げられる機会は極端に少ない。さらに下の世代となると、候補者からはまったく見えていない。子育て政策を訴える候補者は議会の中で少数派となり、実現される可能性は低いのだ。

意識が高く強いリーダーシップを持つ首長がいれば、子育て世代が安心して子を産み育てることができるようになるが、まだそんな自治体は片手で数えられるくらいしかない。

しがらみの多い大人による選択だけではなく、その地域に住み、これから次

の世代を作っていく子どもたちはどんな選択をするのだろうか。

　子どもたちに政治はわからないとか、社会を知らないから正しい選択ができるはずないという批判もある。しかし、それであれば大人は、正しい判断をしているのだろうか。地域の未来、住民の将来を考えて政治家を選んでいるのだろうか。子どもたちと一緒に勉強し、考え、そして子どもたちと一緒に投票したら、彼ら彼女らはどんな選択をするのだろうか。

　そんなことを考える大人は今までもいたが、実際に行動に起こし、日本全国に広げていくことまで考えた大人は少ない。2021年、その動きが自然発生的に茅ヶ崎から始まった。地域を知り、課題を知り、どうしたら良いかを考えていく。茅ヶ崎の地域メディアを大人と子ども一緒になって作り上げ、みんなで地域を創造していく。「ちがさきこども選挙」はこうして始まった。

1 ｜ それは茅ヶ崎から立ち上がった

　2021年も終りが見えてきた頃、新型コロナウイルスの波は収まる気配がなく、日本全国が停滞感のなかで光を求めて右往左往していた。

　衆議院では、就任したばかりの岸田文雄首相が38日目に解散を宣言し、10月31日に衆議院選挙が行われた。与党は選挙前勢力からは若干議席を減らしたものの、野党の失速に助けられて過半数は維持することができた。

　そんななか、1年後に市長選挙を迎えることとなった神奈川県茅ヶ崎市では、小さな動きが始まろうとしていた。

　茅ヶ崎は神奈川県の湘南エリアに位置し、マリンスポーツのメッカとなっている。加山雄三、サザンオールスターズといったスターを輩出し、多くの若者が全国から集まってくる。

　そんな茅ヶ崎にはマリンショップだけでなく、オシャレなカフェやレストランなどが点在しているが、必ずしもその資源を活かしきれているとはいえない。そして、他の自治体と同じようにさまざまな問題を抱えている。

　茅ヶ崎市民は政治への関心が低いわけではないが、投票率は毎回40％台で推移しており、50％を超えることはない。前回2018年は、服部信明市長の急死により急遽行われ、河野太郎衆議院議員の秘書であった佐藤光が当選した。

　佐藤市長は2期目に向けて当然出馬すると見られていた。その他には前回も

出馬した桂秀光、そしてもうひとりが出てくるのではないかと見られていた。

　まだ選挙がどうなるかまったく見えないなか、コワーキングスペース「Cの辺り」ではこんなことばが交わされていた。

「子どもたちが選ぶとしたら、どんな候補者が選ばれるだろう」

2 ｜ 子どもの声を政治に届ける

　中心となったのは、コワーキングスペース「Cの辺り」を運営する池田一彦・美砂子夫妻。日頃から付き合いのある友人たちが集うと、自然と市長選挙に関する話題が出てくるようになった。

「Cの辺り」は、茅ヶ崎の海のシンボル的モニュメント「サザンC」の前に建てられている。コワーキングスペースとライブラリーが併設され、湘南の海を見ながらテレワークや読書をしたり、地域の交流が行われたりしている。

「Cの辺り」のコンセプトにはこのように綴られている。

　　自由と多様性に出合い
　　お互いを認め合う関係性からはじまる
　　幸せなあり方探求。

　ここには、今の日本社会が失いかけているキーワードが含まれている。「多様性」「認め合う関係性」「幸せなあり方」。

　新型コロナウイルスが世界中に蔓延し、遠い地で行われているウクライナ紛争が、世界経済や国民の意識にマイナスの影響を与えている。他人を思いやる気持ちは薄れ、自分の幸せを追い続けることにいっぱいいっぱいで、地域のことを思う余裕がなくなっている人も多いことだろう。茅ヶ崎はそれらと無縁だ、とは決して言えない。日頃からおとなの顔色を伺っている子どもたちは、その変化を敏感に感じ取り、不安に思っているかもしれない。自分たちを育む茅ヶ崎の将来を心配するのは大人と同じだ。

　子どもたちには選挙権はないが、茅ヶ崎の未来を担う一員として、声を上げる権利はあるはずだ。そして、その声を大人たちは聞くべきではないのか。

　多くの政治家は「子どもたちに明るい未来を」などという政策を立てる割に

は、実際に子どもの現状を知ろうとしたり、子どもの声を聞こうとしたりしない。もちろん、積極的に若者向けの政策や子育て支援に取り組む政治家もいるが、それは少数である。理由は簡単で、「票にならない」からだ。

　年代別の投票率を見ると、概ねどんな選挙でも18〜29歳までの投票率は、60歳以上の投票率の半分程度となっている。それは、決して若者が政治に関心を持っていないわけではない。社会との接点がないなかで、政治とのつながりを現実のものと思えず、選挙に行く意味を見出せていないからだ。

　若者が投票しないということは、投票行動で声を届けることができない、ということに繋がる。すると政治家は、若者からの声がないと思い、高齢者に向けた政策を中心に据えるようになる。そして、高齢者に支持されがちな候補者が当選することとなる。

「子どもの声を聞きたい」

　これは本来であれば選挙に出る候補者が日頃の活動として行うべきことであり、それができないのであれば、子どもたちの親が中心となって、声を集める仕組みを作る動きが出てきてもおかしくない。

　そして、茅ヶ崎ではその動きが出てきたのであった。

3 ｜ 公選法の壁と「未成年模擬選挙」の存在

　子どもたちの意見を聞くといっても、一体何から始めたらよいのか。

　初めに取り組んだのは企画書の作成だった。

「こどもの、こどもによる、こどものための選挙」と題された企画書を作成し、まずは身近な友人・知人に説明するところから始めた。

■ 企画書の一部 ‥‥‥‥

　実は、同じことを考えて実際に行動を起こしていた事例がある。「模擬選挙推進ネットワーク」が行っている「未成年模擬選挙」だ。

　2003年に行われた第43回衆議院総選挙から、国政選挙や地方選挙で多くの未成年による模擬投票を行ってきた。

　代表の林大介に以前話を聞いたことがある。模擬投票では通常の選挙と同じ

ように一切の政治的な偏りを持つことは許されない。不偏不党の立場を貫き、政策の評価は行わず、純粋に投票のみを行うのだが、学校が参加することとなるため、教師によって偏りが出てしまうかもしれないと心配する親や政治家によって、後ろ向きの意見が出てくることもある。もし、教師が議会のことを勉強させようと、社会科の時間に議員を呼んで教えてもらおうと考えると、必ず政治的中立性の話が出てくる。A党の議員を呼ぶと、「B党は呼ばないのか？」という話になってしまう。

　さらに、公職選挙法（公選法）の壁がある。公選法では、選挙期間中の「人気投票」と結果の公表が禁止されており、模擬投票の結果を選挙期間中に公表すると公選法に違反する可能性があるため、結果は必ず選挙が終わってから公表しなければならない。

　また、公選法では非有権者の選挙運動が禁じられている。投票権のない子どもたちは、選挙があっても誰が良いとか誰に投票するといったことを話し合うことができない。もちろん、友だちどうしの日常会話の中で選挙について話し合うのは問題ないが、それが選挙運動と取られるようなことであれば、公選法の対象となるケースが発生するのだ。社会科の授業で選挙について学ぶことができても、「僕はAさんが良いと思うから、君もAさんに投票しようよ」とは言えない。

　「こども選挙」では、実際の選挙が対象となるので、選挙権のない子どもが選挙期間中に、「Aさんに投票しよう」と呼びかけるのは違反になってしまうのだ。

　しかし、総務省や選挙管理委員会は、決して模擬投票をやめさせようとしているわけではない。むしろ、全体の投票率向上が期待でき、子どもたちの主権者教育に繋がる行動として、特に現場レベルでは支援する動きもある。前例のないことをやろうとすると、必ず異を唱える人物が登場するが、それはむしろ少数派だと言えるのだ。

　未成年模擬選挙を参考にし、選挙の専門家からもアドバイスをもらう目処が立ったが、未成年模擬選挙のように投票を行って結果を発表するだけでは足りない。子どもたちが茅ヶ崎の良いところや問題点を勉強し、考え、議論して候補者に託すまでのプロセスが重要だ。それを市民と共有することで初めて、大人から子どもまで一体となり、地域の未来を創っていくことに繋がるのではないか。

　こども選挙のロゴが作成され、ドメインを取得しウェブサイトを制作した。ロゴやウェブサイトは、プロのデザイナーが参加して、全国展開も視野に入れた内容で制作された。

　そして、ライターの池田美沙子が、ブログ型プラットフォームの「note」を使い「ちがさきこども選挙　こどもと大人の冒険記」というウェブ新聞を発行してプロジェクトの過程を可視化していくこととなった。

4 ｜ 地域メディアが注目し認知度が上がっていく

　子どもが投票する選挙を企画したものの、これは初めての試みであり、しかも公職選挙法でガチガチに縛られている選挙を子どもたちに行わせようというのだ。誰にも迷惑はかけられない。選挙の専門家のアドバイスを受けながら、プロジェクトは慎重に進められていった。

　最初に作成した企画書が浸透し始めると、興味を持ったメディアが取り上げ始めるようになった。

■タウンニュース　2022年8月5日号 ……

　タウンニュースは神奈川県全域と東京都多摩地域全43地区に、計203万部が発行されるフリーペーパーである。タブロイド判で全4〜8ページがカラー印刷となっている。神奈川県は約426万世帯なので、およそ3分の1以上の世帯普及率を誇っている。神奈川県の地方紙である神奈川新聞の発行部数がおよそ15万部であることを考えると、かなり多くの県民に情報が届いているといえる。

　この地域ペーパーを利用している政治家もいる。神奈川県議会議員の佐藤知一だ。

　佐藤は、インターネットにはあまり力を入れておらず、定期的にタウンニュースに活動報告やオピニオン記事を掲載している。タウンニュースは、

こうした政治家自身による記事の掲載も可能だ。地域や掲載サイズによって金額は異なるが、リーフレットの活動報告を印刷し、ポスティングやビラ撒きの活動を行うのもかなり費用はかかる。そのため、タウンニュースに掲載することで、多少高くても訴求率と認知度でメリットがあると考えるのも無理はない。

　佐藤は自ら費用を負担して主義主張を市民に伝えているが、「こども選挙」は不偏不党であることで、タウンニュース側から取り上げてもらえることになる。「こども選挙」自体がウェブメディアと言えるうえに、タウンニュースの紙版やウェブ版が強力な広報となり、神奈川県に支局を持つ別のメディアや市民に、運動の存在や意義を知ってもらえることになるのだ。

■ 子どもは有権者ではないが主権者である ••••••

　2022年9月。いよいよ本格的な「選挙」が開始された。

　公募により集まった「こども選挙委員」は15名。子どもたちだけでなく、保護者も緊張の面持ちでスタッフに視線を向けている。

　最初はこの質問から始まった。

「選挙って知ってる？」

　まずは選挙についてどのくらい理解があるのか明らかにしたところで、茅ヶ崎の「好きなところ」と「残念だと思うところ」を書き出していく。最初は「好きなところ」が集まり、それから少し考えて「残念なところ」が出てくるようになった。

　次の質問はこうだ。

「その残念なところは、どうすれば良くなると思う？」

　問題点を出すだけでなく、解決策も考えさせることにより、問題の本質を捉えていく。これは実際の市民自治でも求められることであるのだが、これができない大人も多い。国会においても、問題点を舌鋒鋭く指摘する野党議員は多いのだが、対案を示し提案までできる議員は少ない。

　そして、問題点の仕分けも行われた。国の仕事と茅ヶ崎市の仕事に分けるのだ。これは予算と権限を明確にして、選挙における選択のポイントを有権者（子どもたち）に示すことに繋がる。これも実際の（大人の）選挙では行われないことが多い。

子どもたちによるワークショップの様子

　一自治体の首長選挙であるのに、国に対するまったく見当外れの要望を候補者に突きつける有権者は多い。本来は国政政党とも分けて考えねばならないはずなのに、国政での支持政党を自治体の選挙に持ち込むことが当然のように行われている。また、国政にも影響しそうな首長選挙となると、多くの国会議員が応援に来るのだが、地元の問題を把握できていない議員が、ただ自説を述べて帰っていったり、国会での他党の批判をそのまま応援演説で咆哮したりすることも多い。

　こども選挙においては、大人たちのしがらみは一切関係ない。金銭的なメリットや、企業や組合の推薦など、組織・団体の意向に沿わなければならないということもない。純粋に、候補者が自分たちの地域の将来をどれだけ考えてくれているか、実行力はあるのか、本来の政治家に求められる観点で選んでいく。自ずと候補者の主張に真剣に耳を傾けるようになる。
「国や社会の問題を自分の問題として捉え、自ら考え判断し、行動していく主権者を育成していくこと」（総務省）

　これを「主権者教育」という。

　日本国では国民が統治権を持っているために、「主権者は国民である」といえる。選挙権を持つ大人は「有権者」であり、「主権者」でもある。
「子どもは有権者ではないが主権者である」

　これが一貫して「こども選挙」の主催者が、心に持ち続けていた思いであった。そして、政治参加に対して及び腰となっている大人たちに向けたキーワード。それが「主権者教育」であったのだ。

　公選法を気にしたり、政治に対して良い印象を持っていない大人たちが、「小学生が政治に関わるのは良くないのではないか」と疑問を投げかけてきたことがしばしば発生した。そのときは、「これは『主権者教育』というもので、むしろ推奨されていることなんです」と答えれば良いのだ。

　もちろん、子どもたちにとっては初めての本格的な選挙であり、クラス委員を選ぶのとは異なる。

　若者の投票率低下が叫ばれ、その理由としてあげられているのが「誰に入れたら良いかわからない」「間違った選択をしたら、責任が持てない」「面倒くさい」といったものだ。間違った選択をしたくないというのは今どきの子どもらしい理由だと思うが、そもそも候補者が正解か不正解かというのは大人でもわからない難解な問題で、議員活動を通じてあとからわかるものである。ほとんどすべての有権者が「この候補だったら（地域は、国は）良くなるかもしれない」という漠然とした期待で投票を行うことを考えれば、投票行動をあまり重く考えるべきではない。

　10年ほど前に、インターネット選挙をテーマにしたネット番組に私が登壇したとき、その前のコーナーに出演した政治学科の大学生3人がこんな会話をしていた。

「投票に行ったことある？」

「ナイナイ」

「なんで？」

「誰に入れたら良いかわからないし、自分の一票では何も変わらないよ」

「そうか。選挙って行かない権利ってあるよね」

　これを聞いていた私は、その後の自分が登壇したコーナーで、こんなことを言った。

「選挙に行かない権利？　政治学科の学生がバカ言ってんじゃないよ。今までどれだけ先人たちが苦労して選挙権を獲得してきたか。行かない権利とか言っているようなら日本から出ていったほうが良い」

　多少、場を盛り上げようとして誇張した表現を使ったところはあるが、言われた大学生たちはポカンとした表情で聞いていた。ところが、その後数日経って、「あの時の話をもっと詳しく聞かせてほしい」と私の事務所に訪ねてきた。ゼミの先生や学生たちと話し合って、なぜあんなことを言われたのか、その真意を聞いたほうが良いということになったのだ。

　普通は「日本から出ていけ」などと言ってくるオヤジとは話したくないだろ

う。しかし、3人で「もっと話を聞かせてほしい」と訪ねてきたことに私は関心を持ち、丁寧に説明することにした。

　選挙で投票するのは義務ではなく権利である。確かに行かない権利もあるが、それは行かないことを正当化した、ただの言い訳に過ぎない。そして、ほとんどの場合、有権者による一票は選挙結果に影響を及ぼさない。選挙によっては一票差や同数票というものもあるが、ほとんどの選挙は一票動いたところで結果は変わらない。

　選挙で一票を投じるということは、投票した自分が変わるということだ。自分の住んでいる町や国の良さや問題点を意識し、候補者の主張を見て、最適だと思った候補者に一票を入れる。もしくは、消去法で選んでも良い。ダメだと思う候補から外していき、最後に残った候補に一票を入れても良い。

　その結果、自分が投票した候補は落選してしまうかもしれない。しかし、自分が学習したり考えたことは無駄ではない。どうしたらもっとこの地域は良くなるのか。日本は良くなっていくのか。当選した候補者はこれからどうしていくのか。その意識が政治家を自律させ、議会での活動が深くなっていく。市民の目が厳しければ、居眠りなんかしていられないはずだ。

　投票した自分自身も、政治とのつながりを意識するようになる。払った税金はどのように使われているのか。首相は「国は国民の生命と財産を守る」と言っているが、本当にそうなのか。不正が行われたり、税金が無駄に使われていたりすることはないのか。

　「自分の一票では政治は変えられないかもしれないが、自分自身が変わることはできる」

　そのことばで、学生たちとの懇談が終了した。

5 ｜ 子どもたちが変わっていく

　第1回のワークショップで、子どもたちは「茅ヶ崎」を自覚することができた。「好きなところ」と「残念なところ」を出し合い、その解決策を話し合うことで、茅ヶ崎の魅力や問題点を共有することができた。

　第2回のワークショップでは、実際に茅ヶ崎を良くしようと活動している先人に学ぶことになった。

　地域問題や環境問題について「みんなで一緒に考える」ために、フリーペーパーやイベント、訪問授業という形で情報発信を続けている「地球過保護プロダクションBENIRINGO」。そして、茅ヶ崎青年会議所のメンバーからは、茅ヶ崎の歴史や名前の由来などを教えてもらった。

　さらに茅ヶ崎といえば音楽。今の高校生でも加山雄三やサザンオールスターズは、リアルでは経験しておらず、親が聴いているから知っているというくらいだ。それらのスターを生み出した茅ヶ崎の文化について学ぶことで、より深く茅ヶ崎を理解するとともに、地域への愛と誇りを感じるようになる。

　自分を育んでくれる地域を知り、愛する。そのことから問題点や課題が明らかとなり、解決に向けて考えるようになる。そこで政治との関わりが重要だと気がつく。この頃になると、子どもたちは大人顔負けの「地元ツウ」となっていて、政治家が学ぶべきものを持ち合わせるようになる。

　ワークショップの第3回目では、いよいよ候補者への質問を子どもたちが考えることとなった。

　ひとりひとりが質問を考えてメモしたあと、模擬投票を実際に体験してみることになった。『どうぶつせんきょ』（ほるぷ出版）を題材にして、立候補したライオン、サル、ヘビ、ナマケモノに、子どもたちが投票する。

　結果は、ライオン0票、サル2票、ヘビ2票、ナ

候補者への質問を考える

子どもたちによる質問映像

マケモノ6票となった。この結果から、それぞれの投票理由を話し合うことで、自分の考えを深めていき、実際の選挙で候補者に投げかける質問を考えるのだ。

　子どもたちは3つのグループに分かれて、それぞれが作った質問をもとにひとつにまとめていく作業を続けた。メンバーの質問のどれかを選ぶのか、それともそれぞれの質問をまとめてひとつにするのか。大人のスタッフも混ざって喧々諤々の議論が交わされる。

　最終的にまとまった質問は以下の3つとなった。

① 市長になったら何をがんばりたいですか？　その目的はなんですか？
　（理由：この質問をすれば市長になりたい理由も分かると思ったからです。）
② 子どもと大人の意見をどのようにして取り入れますか？　また、どのようにして実行しますか？
③ 茅ヶ崎の中で、マンションを増やすことについてどう思いますか？　また、マンションを建てるメリットがあると思いますか？
　（理由：最近学校の通学路に新しく3つもマンションが建つのですが、ただでさえ人数が多いのに、もっと人が増えたら教室が狭くなるし、クラスを増やしたくても増やせる教室がないと感じているからです）

　すべてを大人がお膳立てするのではなく、子どもたちが地域や政治・行政について学び、自分たちで政治家を選択する準備を進めていく。その過程をウェブで発信することにより、選挙だけでなく地域への理解を深めることに繋がり、住民の意識が高まっていく。

　これは、単にひとつの市民グループの活動や子どもの社会科の授業ということではなく、大人を土台にして子ども目線で地域を見て、さらに住民が参加して選挙を行うという、すべての地域住民を対象とした運動と言える。そして、その過程を発信し続けるのが、地域メディアとなるのだ。

6 ｜ リアルとバーチャル

2022年10月30日（日曜日）。いよいよ茅ヶ崎市長選挙当日となった。

　おとなは市長選挙の投票所へ、そして子どもたちは市内11箇所に設けられた

こども選挙用の投票所に足を運んだ。こども選挙の投票所は、ボランティアで集まった市民による手作りで、のぼりを立てて本物の投票箱も用意した。こども選挙のために集まったボランティアは総勢58名。その中には子どもも多く含まれている。

市内に設けられた投票所 ……

　実際の選挙では、最初に投票する有権者が、投票箱にあらかじめ投票用紙が入っているなどの不正がないことを確認する「零票確認」（れいひょうかくにん、もしくはゼロ票確認ともいう）という作業がある。わざわざこれをやりたくて一番乗りする"マニア"もいるほどだ。こども選挙でも零票確認作業が行われた。

　投票開始は10時。ぞくぞくと子どもたちが投票に訪れる。この結果で市長が決まるわけではないが、未来の茅ヶ崎を担う子どもたちが、地域のことを学習し、課題や問題点を把握して対策を考える。その行為自体が、行政や議会が耳を傾けるべき「声」となる。

　投票所に来られない子どもたちのために、ネット投票も用意された。リアルな投票は10時から15時までだが、ネット投票は7時から20時まで行われる。

　現在、大人の選挙においてもインターネット投票や電子投票が議論されているが、実現までの道のりは遠い。それは、ハッキングなどのセキュリティの問題だけではなく、機器が故障したときのことを考えた冗長化のコストや、同数票や一票差などのときに、現在行

本物の投票箱を用いて投票が行われた

われている再開票が行えないなどの運用上の理由もある。

　電子化されれば数え直し作業はなくなると思えるのだが、現在の法律では、一票差などの接戦のときに、候補者から再開票を求められたら、選管は数え直しを検討することになっている。電子化により人名の読み間違いや判断ミスな

どはなくなるはずだが、電子機器の集計にミス、つまりバグがあるのではないかと指摘され、再開票を求められたら、どのような対応をしなければならないか。そんなことも考えていると、ネット投票や電子投票実現の可能性はまだまだ低いと言わざるを得ない。

　こども選挙では、早い段階からリアルの投票とネット投票の同時開催が検討された。しかし、特にネット投票においては、茅ヶ崎在住であることをどうやって証明させるのか、不正は行われないか、プライバシーの問題はどうかなど、大人の選挙でも問題となっていることを議論し、解決に向けて対策を立てていくこととなった。これは、実行メンバーにウェブシステムの専門家が入っていたことで、素早く問題の本質を捉えて対応することができた。

　リアルとバーチャルのハイブリッド選挙システム。それは大人の選挙の先を行くような試みでもあった。

▍選挙の結果はどうなったのか ……

　市民有志による手作り選挙。その結果はどうなったのか。

　投票所での総投票数は399票。およそ400人の子どもたちが、投票所に足を運び、自らの手で次の市長に投票したことになる。じっくりと候補者の主張に耳を傾けた子もいれば、雰囲気で投票してしまった子もいることだろう。大事なのは、「自らの手で投票をおこなった」ことだ。子どもたちの脳みそには、投票用紙に名前を書いて投票箱に入れるという行為が記録された。

　大人たちが選ぶ新しい市長が自分の選択と同じであれば、誇らしい気持ちとなって応援しようと思うだろう。違う結果となった場合は、なぜそうなったのか気になるのではないだろうか。自分が市政に期待したことを、新しい市長はやってくれるのだろうか。そして、多くの子どもたちが思うはずだ。「今度は本当の選挙に行ってみたい」と。

　大人たちの選挙は次の結果となった。

　佐藤光　42,831票　当選
　藤村ゆかり　22,569票
　桂秀光　4,429票

子どもたちの選挙はどうだったか。

投票所得票数
　１．藤村ゆかり　186票
　２．佐藤光　179票
　３．桂秀光　31票

ネット投票得票数
　１．佐藤光　85票
　２．藤村ゆかり　60票
　３．桂秀光　22票

得票数合計
　１．佐藤光　264
　２．藤村ゆかり　246
　３．桂秀光　53

　総得票数では大人の選挙と同じ結果となったが、リアルな投票所での得票数は異なる結果となった。

　大人の選挙では、主張する政策が受け入れられて当選する候補者も多少はいるが、政策とは異なる要因で当選が決まることが多い。

　よく、選挙に当選するためには、ジバン（地盤）・カンバン（看板）・カバン（鞄）の「三バン」が必要だと言われる。選挙区内での支援体制や後援会などの「地盤」があり、しっかりした肩書や知名度の「看板」を持っていて、「鞄」の中にたくさんのお金があれば当選するということだ。

　しかし、昔ながらの土着選挙への批判や、ネット時代を反映して、そうした古い常識は薄れてきつつある。選挙が多くの有権者に名前を書いてもらうものであるため、三バンが完全になくなることはないが、ネットを使って低コストで主張の発信ができるようになってきたことで、今まででは考えられないような結果となるケースも増えてきた。

　子どもたちの選択は、本来の選挙に求められていたものを思い起こさせることに繋がったのだろうか。「ちがさきこども選挙」の結果には多くのメ

ディアが関心を持ち、NHKも特集を組むほどだった〈子どもが市長を選んだ
ら!? 初めての「選挙」で学んだこと〉（NHK、2022年11月17日放送）。

■ ノウハウに自治体や政治家が興味を持つ ‥‥‥

　こども選挙で使われたロゴデザイン、のぼり、チラシ、ウェブサイトなどの
制作物に加え、専門家の意見を聞いて、多くの議論と試行錯誤を積み重ねたノ
ウハウは、そのまま「こども選挙実行セット」として商品化できるほどの完成
度となった。

　この試みは茅ヶ崎独自のものから発展し、全国1700あまりの自治体で共有で
きる財産となった。選挙中から問い合わせがあり、終わってからも「うちでも
できないか」という引き合いがあったという。

　主催者の池田一彦は、企画を立ち上げたときから、これは全国に広げるべき
ものだと認識し、ロゴデザインも他の自治体でも使えるものを考えたという。
小さくある「ちがさきこどもせんきょ」の字を変えるだけで、全国どこでも同
じロゴを使うことが可能だ。

　4年後の2026年、14歳だった中学生は選挙権を持つ年齢になる。そのときは
ネットの様子も変わっているだろう。子どもたちがAIを駆使して選挙を学習
し、投票を行うといったものになるかもしれない。新たな選挙システムをプロ
グラミングする強者が、現れるかもしれない。

7 ｜ 子ども目線のメディアが日本を変えるとき

　子どもたちが自分の住む街を知り、問題点を把握し、解決策を考えて次代の
首長や議員に投票する。その過程をネットを駆使して発信し続けることは、そ
れ自体が「地域メディア」と言える。

　子どもたちに感化され、しがらみの多い大人たちが、純粋にその地域の未来
を見据えて候補者を選択するようになると、確実に地域は良くなっていくに違
いない。

　そのことを一番敏感に感じ取らなければならないのが、地域の政治家だ。本
来の政治家の仕事である、地域の人の声を聞き、問題を把握し、解決に導くこ

と。そして、議会で質問して行政の問題点を正したり、法律・条例を作成して市民の生命と財産を守っていくことは、政治家の本質につながる。

　大人は、投票するにもしがらみがあったり、私利私欲で安易に選択することもある。地域の30年後、50年後を考えたとき、70歳の有権者と10歳の主権者とでは、自らにかかる責任が異なる。孫や地域の子どもたちのためにより良い選択をしようと考える高齢者も当然いるだろうが、自分の年金、医療、介護を第一に考えるのが普通だ。

　そこに、子どもたちの意見や希望を可視化して、その行動の一部始終をレポートとして発信するメディアが、全国すべての自治体に広がったと考えよう。それは大人たちを変えていくはずだ。

▍投票用紙と候補者に送られたメッセージ ‥‥‥

「ちがさきこども選挙」は、最初は友だちどうしの会話から始まった小さな波であるが、それが他の地域に飛び火し広がっていくことで、多くの子どもたちの共有体験も全国規模で広がっていく。そして、ネットを通じて大きな波となり、国政にも影響を及ぼすはずだ。

　子どもたちの動きを伝えるウェブメディアが、ローカルメディアを動かし、マスメディアも巻き込んでいく。「政治」は「生活」と離れたものではなく、それを繋ぐメディアを通じて政治家と市民が感化しあい、お互いに協力して地域を良くしていく。

　茅ヶ崎で起きた小さな輪が、大きな輪になっていく。最初に茅ヶ崎で始まったことなど忘れて、勝手に広がるようになると日本は変わるかもしれない。逆に考えると、この動きにまったく気が付かず、知ったとしても自分ごととして意識できない自治体は、廃れていってしまうかもしれない。

　次はどこの自治体に飛び火するのか。そして、茅ヶ崎では次の小さな輪が生まれているのか。期待を持って自分も耳を澄まして足を運び、発信していくようにしよう。

（高橋　茂）

（写真撮影：池田　美砂子）

あとがき

　この本では10名の執筆者が持続可能な地域づくりに向けて、地域メディア、ミュージアム、市民活動の各現場の取り組みや課題を、全国各地の事例をもとに論じている。

　多くの著者が様々な形で述べているように、今日、地域づくりにとって重要なことは、地域の文化環境の整備とシビックプライド（地域に対する市民の想い）の醸成である。地方都市の多くは、他所からの転入者が少なからずいて、歴史風土面、あるいは自然環境面で市民のシビックプライド醸成に必要な資源（市民の地域に対する記憶の集積）が脆弱である。

　しかし、そうしたなかで市民のシビックプライドを育むためには、ユースカルチャーを含めて地域の文化環境を盛り上げ、地域の市民同士だけでなく全国各地で将来に向けた先駆的な取り組みを行っているキーパーソンともつながり、その経験から学ぶことのできる仕組みを提供する地域メディアと市民の交流の場が求められる。

　本の中で紹介した「地域の情報を伝えるメディア」、「地域の情報文化拠点としての博物館」、「市民が育む地域の情報メディア環境」は、市民が地域の魅力を発信し、また若者からシニアまで世代を超えてリアルに集まって交流することを通して情報を繋ぎ、相互にコミュニケーションを通して地域づくりについて様々なテーマで考えて学び、シビックプライドを高めるために重要な要素である。

　地域メディア（コミュニティFM、市民によるニュースサイトやインターネット放送局）と地域の博物館、図書館（公共図書館、まちライブラリー）のような施設、地域アーカイブ構築や市民による地域の内外の様々な人を繋ぐ活動などが連携することが重要である。

　そして、そこに関係人口である地域の外の応援団を含む多くの人が関わり、地域の市民のシビックプライドを醸成するみんなの場所（サードプレイス）的な空間が生まれることが、様々な地域づくりの取り組みが継続し、次の世代へと継承されるための土壌となる。

この本で紹介した各地の事例が、地域と個々の市民やNPOやNGOを繋いで
シビックプライドプレイスを立ち上げるのに際し、少しでも役立つことになれ
ば幸いである。

　最後にこの本は、取材で貴重なお話をうかがわせていただいた地域づくりに
取り組む多くの方々の協力のもとに成り立っている。あらためて感謝の気持ち
をお伝えしたい。
　また、辛抱強く本書の原稿を待って編集していただいた久保企画編集室の久
保則之代表、出版業界をめぐる環境が厳しいなかで出版の機会を与えていただ
いた同時代社の川上隆代表取締役に、深くお礼申し上げたい。

　　　2023年7月5日　　　　　　　　　　　　　　　　　　松本　恭幸

筆 者 紹 介

松本 恭幸（まつもと やすゆき） まえがき、第4章、第5章、第6章、第7章、あとがき
早稲田大学大学院経済学研究科修士課程修了。摂南大学現代社会学部准教授。著書
は『市民メディアの挑戦』（リベルタ出版）、『コミュニティメディアの新展開——東
日本大震災で果たした役割をめぐって』（学文社）、『令和のローカルメディア——
防災・関係人口拡大に向けた課題』（共著・あけび書房）、『地域でつくる・地域を
つくる——メディアとアーカイブ』（編著・大月書店）など。

北郷 裕美（きたごう ひろみ） 第1章
北海道大学大学院国際広報メディア研究科博士課程修了。国際広報メディア学博
士。現在、法政大学大学院政策創造研究科教授。NPO法人放送批評懇談会ギャラク
シー賞選奨事業委員会ラジオ部門委員。著書は『コミュニティFMの可能性 公共性・
地域・コミュニケーション』（単著・青弓社）、『新・公共経営論：事例から学ぶ市民
社会のカタチ——「ソーシャルメディアと市民放送局」』（共著・ミネルヴァ書房）など。

安藤 歩美（あんどう あゆみ） 第2章
1987年千葉県生まれ。東京大学公共政策大学院修了後、産経新聞記者として宮城
県に赴任し、東日本大震災後の東北各地を取材。独立後2016年に住民参加型ニュー
スサイト「TOHOKU360」を立ち上げ、代表・編集長。NHK仙台放送局のニュー
ス番組「てれまさ」みやぎUPDATEのコーナーにも出演中。

牛山 佳菜代（うしやま かなよ） 第3章
目白大学メディア学部教授。立教大学文学部卒業後、CATV局制作担当、早稲田大
学大学院、シンクタンク研究員を経て現職。コミュニケーション学博士。主要著作
『地域メディア・エコロジー論』（芙蓉書房出版、2013）、『最新インターンシップ』（学
文社、2023）他。地域メディア・地域PRに関係する取材・連携した活動を行っている。

吉成 信夫（よしなり のぶお） 第8章
1956年生まれ。CIコンサルティング会社（東京）などに勤務。その後、県立児童
館いわて子どもの森館長、岐阜市立図書館長を経て、現在はみんなの森ぎふメディ
アコスモス総合プロデューサー。東海国立大学機構参与。著書『ハコモノは変え
られる！ 子どものための公共施設改革』（学文社）がある。

どむか（本屋さんウォッチャー） **第9章**

本屋をテーマにしたリトルマガジン『本屋さんか』を学生時代の1984年に創刊。『東京ブックマップ』（書籍情報社）で本屋の取材を担当。『出版ニュース』の連載や雑誌の本屋特集への寄稿多数。書皮友好協会、日本出版学会、地域デザイン学会などに所属。Facebookなどで個人的に本屋関連の情報発信を行っている。

佐藤 正実（さとう まさみ） **第10章**

"仙台の原風景を観る、知る"をテーマに、2005年「風の時編集部」を設立。仙台の古写真集や今昔地図帳、仙台市博物館との共同企画「仙台まちあるきシリーズ」など約40商品を企画・発行する。2009年3社でNPO20世紀アーカイブ仙台を設立。震災後は「3.11オモイデアーカイブ」を立ち上げ、沿岸部交流および記録化を進める。

松浦 さと子（まつうら さとこ） **第11章**

龍谷大学政策学部教授。中京テレビ放送報道部を経て、名古屋大学大学院人間情報学研究科博士後期課程修了。著書は、『そして、干潟は残った』（リベルタ出版）、『非営利放送とは何か』（ミネルヴァ書房）、『コミュニティメディアの未来』（晃洋書房）、『日本のコミュニティ放送』（同）、『英国コミュニティメディアの現在』（書肆クラルテ）など。

渡辺 裕一（わたなべ ゆういち） **第12章**

映像作家、NPO法人地球対話ラボ理事。2002年から日常では出会えない人々の間で「地球対話」を続ける。他のメディア・プロジェクトとしては市民放送「いま私たち市民にできること」、自分が住む団地が地上げで消えるまでをカウントダウンしたWebドキュメント「美野里ハイタウン・消えゆく町の記録」など。

高橋 茂（たかはし しげる） **第13章**

1960年長野県上田市生まれ。電子楽器の開発エンジニアだった2000年に長野県知事選挙に関わったことがきっかけとなり、東京で政治家のインターネット活用をサポートする会社を創業。2006年には日本全国すべての選挙のデータベースサイト『ザ・選挙』を立ち上げる。株式会社VoiceJapan、株式会社世論社代表取締役。『選挙ドットコム』顧問。

市民が育む持続可能な地域づくり
—— 地域メディアの役割と文化拠点としてのミュージアム

2023 年 8 月 1 日　初版第 1 刷発行

編著者　松本恭幸
　　　　まつもとやすゆき
発行者　川上　隆
発行所　同時代社
　　　　〒101-0065　東京都千代田区西神田 2-7-6　川合ビル
　　　　電話 03(3261)3149　FAX 03(3261)3237

制　作　久保企画編集室
組　版　いりす
装　幀　クリエイティブ・コンセプト
印　刷　中央精版印刷株式会社

ISBN978-4-88683-947-3